老子的正言若反、莊子的謬悠之說……
《鵝湖民國學案》正以
「非學案的學案」、「無結構的結構」、
「非正常的正常」、「不完整的完整」，
詭譎地展示出他又隱涵又清晰的微意。

曾昭旭教授推薦語

願台灣鵝湖書院諸君子能繼續「承天命，繼道統，立人倫，傳斯文」，綿綿若存，自強不息。蓋地方處士，原來國士無雙；行所無事，天下事，就這樣啓動了。

林安梧教授推薦語

喚醒人心的暖力，煥發人心的暖力，是當前世界的最大關鍵點所在，人類未來是否幸福，人類是否還有生存下去的欲望，最緊要的當務之急，全在喚醒並煥發人心的暖力！

王立新（深圳大學人文學院教授）

人們在徬徨、在躁動、在孤單、也在思考，希望從傳統文化中吸取智慧尋找答案；另一方面是割不斷的古與今，讓我們對傳統文化始終保有情懷與敬意！依然相信儒家仁、愛之說仍有益於當今世界。

王維生（廈門篔簹書院山長）

鵝湖民國學案
呂榮海 賴研 蕭新水 洪文東 周隆亨 潘俊隆 陳蕙娟 陳韻媛等35人 合著
老子的正言若反、莊子的謬悠之說……
《鵝湖民國學案》正以
「非學案的學案」、「無結構的結構」、
「非正常的正常」、「不完整的完整」，
詭譎地展示出他又隱涵又清晰的微意。
曾昭旭教授推薦語
台灣鵝湖書院
華夏出版

人心之危脆恐慌與世事之紛亂顛危互為因果

人生學（上）

人生之實相

仁智之士咸亦欲昌明正學以奠定人心而祈世道之治

王恩洋 著

人生學總目

（頁數）

第一編　人生之實相

第二編　世間學：儒學大義

第三編　出世間學：解脫道論

第四編　大菩提論

願求第三……八
正行第四……一四
惠施……一七
淨戒……三九
安忍……八六
精進……一一二
靜慮……一三一
智慧……一六三
六度抉擇……二一四
正行清淨第五……二三五
(一)大士行果……二三八
五位……二三八

人生學

第一編

南充王恩洋著

內具情感心智之性，外具手足頭目之形，智慧特高，善作事業，如是之物，名之曰人。

凡物之生起長養相續存在，於可能時間中不就息滅者，曰生

人生也者，卽人之情感心智手足頭目生起長養相續存在，於可能時間中不就息滅者也。

學也者，凡事爲本所不能，必須效法他人；或資於事物，而推究其理，以得其方；習焉而後能之者，是曰學。

人生學者，學爲人生之道，人生之學也。

禽獸蟲魚下逮於草木，亦各自生其生，而無所謂學。獨於人生而有學者，何歟？

曰，草木得雨露土壤而自能生，禽獸蟲魚或孵化而卽能自生，或稍待乳養而卽能

生，本能充足，肢體速成，是故無待於學。獨人不然，其身體柔輭而成熟之期遲，其本能薄弱而求生之道拙，是以必賴先人之長養教導而後得生，必發展其智識能力而後得自謀其生，又且必資於衆人之力而互助以生；人之生也，既如是之不易，是以必有賴於學。

人生之學至繁也，少之時，學步學行，學言學笑；稍長而學文字交接；再長而學農工商賈；其才而能者，又進而窮究物理天然之故；又進而學修己治人之道；俾人克遂其生存而不絕滅，又能優裕美善其生而弗困苦也，是皆所謂人生學也。雖然，言笑步行，習焉而自能之，可不專用敎；文字交接，蒙養小學之事也；其窮究物理天然之故者，有科學哲學，專門言之；今皆不以入人生學。今之所謂人生學者，乃狹義的專就立身爲人之道而言焉者也，在西洋謂此學曰人生哲學，日人曰倫理學。近人有所謂人生觀，有所謂主義云云者，亦屬此學範圍也。

世變愈急，學說愈龐；人心之脆弱恐慌與世事之紛亂顛危互爲因果；仁智之士咸亦欲昌明正學以奠定人心而祈世道之治；人生學其當務之急也恩洋數年抱病，偃息山林省過洗心，無益於世。得黃聯科居士之助，建修龜山書房；門人漸集，因與之講人生學。前後四篇，初篇實相論，人生之原理；二篇世間學，根本儒學明人生之正道；三篇出世間學，根本瑜伽聲聞地品論出世道及彼道果；四篇大菩提論，詳述菩薩宏願仁智殊勝難行，不住世間，不捨世間，自度度他勝德大業，及彼無上清淨轉依，最極莊嚴身土智果。以爲人生最後之依歸。是皆依據聖言昌明正理，意以振發愚蒙，救其沈溺，是以公布天下，昭示同仁。其有聞而興起，實所願焉。或乃致而正之，彌爲幸也。中華民國二十三年一月王恩洋誌於南充龜山書房

人生之實相第一

所謂人生之實相者，在說明人生之實在情形也。此人生之實在情形，本來如是，而常人日用不知。由其不知，是以其行爲生活多背理妄作者也。故欲求人生之正道，

不可不先明人生之實相。

人生之實相，第一爲業果之相續，第二爲羣體之共存，第三爲心智之創作，第四爲苦惱之拔除。

一　業果相續

何謂業果相續？人生有其情志意欲，由是而有趣求，由有所求，故有作業，由業力故，所作事成，所求事得，是之謂報。是故業者行爲也，報者果報也。行爲謂身心之所施，果報謂身心之所受。如耕耘工作，是爲業也，得食得衣，是爲報也。求衣而衣之，求食而食之，是曰業也。衣已而身安，食已而腹飽，乃至身體得其滋養保護焉，是爲報也。身體既得滋養保護，則不壞不死。由其不壞不死也，更得造業工作。由其造業工作也，又得衣食滋養。由得衣食滋養也，又得令身體不壞不死。由得不壞不死，又得造業工作。……如是循環往復，而人之生命得以相持於不絕。故曰人生者，業報之相續也。設不造業，則無以得報。設無有報，則不能更造業。無業無報，卽無有生，卽無有人，故無業報卽無人生。人生卽業報，人生之相續，卽業報之相續也。

所云相續者，前者滅而後者來之謂。人之生也，日日時時皆在變滅中，非特幼壯衰老之不同而已。由其身心之密移而不易覺也，宛然若一體之固存焉，實則昨日之身已非今日之身，前念之心已非後念之心。滅已卽生，隨滅隨生，是故不覺其滅，不覺其生也。此隨滅隨生之相謂之相續。誰則令此相續？曰業報令此相續，亦可曰卽業報之相續，故曰人生者，業報之相續也。

業報之相續，獨人生爲然耶？曰一切有情皆然，獨人生爲尤顯著耳。羽者善飛，毛者善走，不高飛遠走則不能得食而遂其生；魚之游，蟲之行，凡所以勞勞而不息者皆造業也。造業以得食，得食以營養其身而遂其生，是卽報也。故無無業之報，無無報之生，不動作行爲，則不能有享受，無享受則無以存身而遂生，身不存，生不遂，則亦無有事業云爲也。此一切有情皆然，故不但人生爲業報之相續，一切生活皆業報之相續也，故謂生活卽業報之相續可也。所謂獨人生爲尤顯著者，禽獸虫魚之生，須於外物者少，有羽毛足以蔽護身體，無須夫衣也。山之凹，崖之穴，樹之枝，河之滸，皆足以棲身，無須夫宮室也。——其高等者僅營巢穴耳。——又無家國社會之組織，乏文字言語之交通，——如蟻蜂鳥獸之一部分，雖有家庭社會之組織，而簡單無有變化，縱有聲音之相和，而無進步，終無文字也。——且其營生活也，多分倚賴天然而弗能自營生產。其攫取食物也，但憑肢體本能之作用，而不假器具與心思。故動物雖亦終日飛翔奔走，攫食營生，而作業至爲簡單。作業受限制於其本能與身體，受報受限制於環境與自然。求其能越夫身體之能力而自造環境自營生產以自食其報焉鮮也。唯人則不然，無羽毛之蔽護身體，則不得不求衣。身體脆弱，弗耐風雨猛獸鷙蟲等之襲擊，故不得不營宮室。飲食之須欲其無害而寡爭，不得不耕作農稼以自營生產。又欲其常給而不匱，則弗能但賴天然。須求既多，非一人之力所能獨營獨造，故必結合多人以成國家社會，既爲羣體之生活，則須有語言，欲智能之傳於久遠，則有賴夫文字。國家社會之既成，則不得不有維護此家國社會之道，於是而有法律政治。心智日進，追求愈多，紛亂而不安，憂患而弗寧，則不得不求道德學說。於是人事日繁，作業愈衆，遠非禽獸等之能企及矣。約而言之，有最不相同者三：一者、禽獸等但食天然，而人則必自營生產。二者、動物但憑身體與本能之直接攫取，而人則用心智與器具間接以營求。三者、動物多分憑一己之追求，人類則全賴羣體之協助也。有是三點不同，故人類生活之報，全賴自作而自營。苟世人一日息其作業，卽一日不克生存。——其有少數遊民不勞作而生者，皆賴他人爲之作業耳。——故鄉中人謂作工爲做活路，意謂工作者，生活之路也。無工作卽無生活之路，生活無路，卽不能生活。不能生活，亦卽不復能工作，二者循環，互爲因果。工作者業也，生活者報也。謂人生爲業報之相續，誰復能謂非然？是故業報相續，爲人生第一實相。

二　羣體共存

所謂人生由羣體之共存者，謂人之生，無能獨立，必待人羣之互助互養乃能生故。第一、人無父母，則莫由生。第二、生已肢體輭弱，飢弗能自食，寒弗能自衣，更無力能求食求衣，更無力能避禦險害，故離父母或養育者，弗能生長。第三、人之本能薄弱，身體不强，必賴智慧技能，乃克作業生存。如是智慧技能，又非獨自發達，必待學習，必求敎誨，敎誨之者，又賴他人。設離他人之敎導，則盲昧無知，直同愚魯，亦莫由生存也。第四、人生之須求至多，而非一人之力所能供給，能農者弗能工，能工者弗能商，而一人之身，百工之所爲備，欲以一人之力作百工之事，弗但力所不給，智所弗周，又且作業勞而成功少。於是人羣乃有分工合作之道焉。大之如農務耕稼而供菽粟，工務製造而給器具，各分其業，而互濟其用。小之則同一農工，而事又人各作其一部分是也。是曰分工。合作者，一人之力弗能舉者，合多人之力以爲之。小之如石大難舉，則合多人以舉之。再重難移，則合多人以推之。大之則宮室之建造，家國之組織，更非合衆人之力不能成功也。又復分工之中有其合作，合作之中有其分工，參伍錯綜，經緯繁密，而人羣社會以成、社會既成，分工合作之用愈著、於是人各有長，人各有用，用其長者去其短者，用其長則成功易，去其短則損害除，於是交相利益，交相補救，人之生活乃利便而安全也。況夫人之生存，全賴智慧，而智慧非一時之所得，乃千百萬年人類經驗之所得。人之生存，又必賴器具。器具又非一時之所造作，乃積千百萬年人類之所發明。其他思想也，學說也，敎化也，皆遠古之人，遞傳遞演，以迄於今者。則人類之生於今日，又非特賴今日並世之人之相助相輔而已，實乃有賴於亘古之人以生存者也。是故人生實非孤獨所能生，必待羣而後生。故人謂人爲社會的動物，此語非虛也。故人生第二之實相，爲羣體之共存。亦如一人之身，眼耳心思各有其用，五臟六腑各異其功，而眼耳心思有賴於五腑六臟之長養，五腑六臟必有賴於耳目心智之營求，失其一而百體病，失其百而一體傾，息息相關，共生共存，世有謂人羣社會爲一有機體者，其說亦是也。唯人生爲羣體之共存，餘物則否耶？曰，餘物亦有父母夫婦家庭社會之共存互助，然多分暫時而乏永久性，羽毛既健，則母子之情亡。牝牡既交，則夫婦之義廢。唯蜂蟻之羣體至爲恆久，而且秩序整然。然出於生理本能之自然，不同人類智情之選擇。其他乃有無父母而自生，不勞養育而自存，自生自滅而無所賴於羣體社會者，又比比然也。

三　心智創作

所謂心智之創作者，動物之生存，多分利用身體與本能，人類之生存，多分利用心智與器具。所謂多分利用身體者，禽有嘴爪，獸有牙角，龜介之屬，有其介殼，以爲取與趨避之用。又其下者，身體無攻敵禦侮之具，則恃肢體之續生以維持其生命，生殖之强盛以延續其種族，是皆恃身體生理之利便以圖存者也。人類異此，無嘴爪以資搏擊，無牙角以資決觸，又無健羽捷足堅固介殼以資避匿，又其復生之力微，無有斷首落足而續生者。又無甚强之生殖機能以苟延民族，是其身體之用，不如禽獸等也。動物之生，多分本能生而具足，不待父母之長養衛護而自能生存，蜂之釀蜜，蠶之作繭，蜘蛛之結網，亦自生而能之，不待學習教導也。是故動物之生，全恃本能。人則異是，其初生也，飢不能自食，寒不能自衣，疾病痛苦弗能自治，毒害傾危弗能自避，人之本能，唯生而知啼與吮乳耳。故人之本能又至爲薄弱也。然則其所以克存者，何歟？曰身體雖不足以應付外境，而知利用器械以補其短。本能雖不足，而有智慧以濟其窮。器具者，又由智慧所造作者也。故謂人類之生存，全恃心智之造作謀爲焉可也。蓋人之生，無爪牙以資搏擊也，則知利用木石金鐵以敵外侮。無羽毛以禦風寒也，則知製衣服以衛身體。又能築宮室以安其居，修城郭以防敵，更能變遊牧狩獵而爲農工，食其力之所作，不純恃天然，不純食異類。迨科學愈進步，天然物理愈窮及，精微工業製造愈加便巧，於是凡天然之不足者，心智可以補濟之。凡環境之不適者，心智可以改變之。雖無動物一切之長，而能補救其一切之短。是故動物之生存，多分恃身體，人之生存，多分恃心智。亦可曰動物之生存，肉體之質素居多，人類之生存，精神之質素居多也。恃身體與恃心智之短長有三：一者，身體之能力有限，永無變化，無擴充，無進步。心智之能力無窮多變化，有擴充，有進步。二者、用身體者多分受天然之限制，而倚賴天然以生存。用心智者，多分不受天然之限制，能利用天然，而不全倚賴天然。三者、用身體者，寡能改轉環境，多分改轉其身體以求適合其環境，用心智者，善能改變環境，時且能自造環境以自適其生存。——動物之中如蜂如鳥等亦能營巢儲食以適生存，亦有自造環境之力，但始終一致，終無變異無進化——人類之能力所以高出於一切動物者，一心智之功用耳。故心智之發達，又爲人生之實相也。

四苦惱之拔除

所謂苦惱之拔除者，苦謂苦痛，身之所受。惱謂憂惱，心之所感。由諸違緣拂逆身心，於是有苦惱生。苦惱既生，則有避除之欲。有避除之欲，則有拔除之業。由起彼業而苦惱因是以除，則復有安樂之感受，是卽爲報。人生亦日日時時希求快樂，何不以快樂之營求爲人生之實相而曰人身之實相爲苦惱之拔除耶？曰、人生本無眞樂，但有衆苦，亦緣衆苦之逼人也，而後有諸作業。由業得報，而後生生相續。是故不曰人生爲營求快樂，但曰人生爲拔除苦惱也。

云何應知人生無有眞樂，但有衆苦耶?

曰、人之生也，必賴有身。身之存也，必賴衣食住等之享受。身者，苦具也。諸所享受，如衣食住等，皆不過拔除苦痛之具而已矣。所云快樂者，於苦痛除去時暫起適意之感覺，不眞實，不究竟者也。是故人生但有衆苦，無有眞樂。

云何應知身爲苦具耶:

人之身，血肉之所成，待外物以爲養。是以不食則飢，不衣則寒。飢寒交迫，未有已時。苟失其養，而痛苦疾病，甚而至有死亡隨之。飢寒之迫人也，未有休息，故人之勞勞以營救其身，以求免於飢寒疾病死亡也，亦未有休息。人之身既日日有其飢寒之患，日日有其疾病死亡之憂，而使人不得不勞勞役役，終生以衞其身，而蘄免夫死，而又終不得免夫其死。故知身者，飢寒疾病死亡之具，是卽苦具而已矣。況夫此身，外雖似若姝好，內實極其惡穢，膿血垢瘀之所和雜，屎尿汗液之所橫流，雖飼以香美潔淨之飲食，入之卽變糞穢，著以精良淨潔之衣服，久之自爾垢濁，居以明潔莊嚴之宮室，不灑不掃，不通其空氣，照以日光，久之則成汙廁。佛言人身不淨，此語豈虛，近人更有謂人身爲造糞機器者，言亦非謔也。隨此不淨而生之憎惡與疾病，又爲苦痛之根本。然則身者過患之聚，苦具之說，豈其誣也耶？

何言夫人生諸所享受如衣食住等，皆不過除苦之具而已耶？

今夫食，待飢而後思食，不飢則不須食也。食之而甘，以其飢之甚也。故曰，飢者易爲食。言夫飢之甚者，雖粗糲皆適口體。是以帝王零落，不厭麥飯也。反是，食之飽者，珍羞不感其美，習處奢富者，日食萬錢，猶無下筯處也。蓋飢則須食，不飢則食無所須，是飲食者，徒以拔除飢餓之苦痛而已。

衣亦然。待寒而求衣，不寒則不須衣也。衣之而覺溫者，以其寒之甚也。故曰，寒者易爲衣。言夫寒之甚者，雖蔽惡不恥。否則豐於財者，非輕麗不美也，夏葛而冬裘，苟違其時，則成病也。故衣者，亦但足以爲拔除寒凍之苦而已矣。

住亦然。人何以須住？蓋夏則有烈日蒸炙之苦焉，冬則有霜雪凍冽之苦焉，四時有風雨飄零侵襲之苦焉，由是而爲之宮室居處以避之。宮室之用，亦唯在避苦而已矣。否則天高雲淡，水碧山青，逍遙夫無涯之境；放曠夫廣邈之鄉；以天地爲廬，以日月爲明，以萬象爲徒侶；洋洋乎自得，飄飄乎若仙，返視人間宮室之居，廬冪之宅；何以易夫鳥繫藩籠，獸入陷阱，人閉牢獄，而尸陳塚間也耶？

衣食住居而外，人生享受有近乎純樂而非除苦之具者，則聲色歌舞之娛樂是也。雖然，細按之，則其與衣食等用，初無分別。蓋人有抑鬱愁苦之情，則發而爲詩歌。有拘掣疲悶之感，則發而爲舞蹈。雖亦有樂而後歌，懽而後舞者，然其樂其懽，又未始非痛苦得其解決時之所生者也。如孤兒見母，遊子還家，則其懽樂之感，必倍乎尋常。所以者何？以尋常母子未有分離失散之苦，則終日團欒，愈覺平淡而無奇，不以爲樂。或時有咀唔之感也。故樂之愈大者，必其苦之愈深者也。國亡而得光復，家破而得團聚，社會紛擾天下大亂而得治安平定，此其樂爲何如哉？而皆承至苦極痛之後者也。故古人功成作樂治定制禮。無難不成其功，無亂不成其治。樂也者，亦息苦痛之具而也。——樂必麗夫詩歌，而自來詩人少達而多窮。司馬遷曰詩三百篇大抵皆古窮人之辭也。自後屈原賈誼乃至李白杜甫，所處之時位雖殊，而篇章率多危苦涕泣之詞。李白至爲放曠，寄志神仙，縱情酒食，宜其至爲快樂。然其言曰：棄我去者，昨日之日不可留，亂我心者今日之日多煩憂。乃至抽刀斷水水更流，舉杯消愁愁更愁，人生在世不稱意，明朝散髮弄扁舟。蓋其中心至爲愁苦，念人生之須臾，悲衆苦之逼切，而無安定心志之法，於是乃下求之於酒以圖昏醉其神志，上求之仙以冀塵世之解脫。彼其言之愈放者，實其心之愈窘者也。詩之愈達者，實其情之愈苦者也，豈其有超然懽樂之感哉？亦共愁苦困迍抑鬱悲哀以俱死耳。自古大詩人無不如此。然唯其處境愈苦，憂思愈深，則愈能了達人生之眞相，其詩亦愈能表現人生身世心情複雜悲哀之狀態，而曲爲之形容。使並世之人乃至千秋而後有同其遭遇同其感慨者讀其詩如代爲己言，故惻然生其同情，徘徊詠誦，以泣以歌，流連愛慕而不置。於是此詩人之精光赫奕，流譽千載矣。其實在彼困抑鬱牢愁以終身者也。故曰千秋萬世名，寂寞身後事。中外古今大詩人大藝術家，靡不如是也。詩歌如是，戲劇亦然。常人謂悲劇易作，喜劇難工。豈不以悲劇能表現人生實際之艱難困苦，故愈能感發人之同情，使人哀泣，使人長思。若喜劇則滑稽荒誕，遠於人生，僅足以供人哄然一笑耳。戲劇之性質如是，其功用亦然。農人四時勤苦，故歲暮年首，農事旣暇，則爲之蜡會樂以歌舞，此戲劇之所由始也。孔子曰，弛而不張，雖文武不能也，張而不弛，雖文武不能也。戲劇歌舞之用，亦在息除人終年之勤劬勞苦耳。若夫荒婬之主，亡國之君，桀紂幽厲明皇唐莊，恆舞於宮，酣歌於室，巫風競扇，政事不修，國是以衰，身由是死。古人謂生於憂患，死於安樂，豈不然哉？詩云，蟋蟀在堂，歲聿其休；今我不樂，日月其慆；無已太康，職思其憂；好樂無荒，良士休休。可謂識好樂之分量而不過者也。方今工業發達，農事凋敝，於是通商大埠，奇技淫巧，大興風俗日偸，習尚奢靡，歌舞戲劇，俾夜作晝，長年不休，可謂樂之至矣。然此有所餘，彼有不足富者日事淫逸，貧者時嗟困苦。失業日多，生計日蹙於是社會革命如矢在弦，亟亟不可終日矣。古人謂宴安爲鴆毒，豈不然哉？蓋小則爲身家之憂，大則成天下之亂矣孰謂娛樂之事可以無憂而長享受者哉？

云何說言所謂快樂者，均不過苦痛除去時暫時所生之感覺，不眞實，不究竟耶？謂如上言，諸衣食等，皆不過爲除苦之具。然而吾人終以彼爲享樂之具者，謂飢而得食，則有飽滿之樂。寒而得衣，則有溫煖之樂。孤露飄零而得住居，則有安適之樂。於苦痛勞倦鬱抑不解時而得歌舞聲色之娛，則有舒暢懽忭之樂。此等諸樂，實皆於苦痛除去時所生耳。故飢寒彌甚者，得衣食而倍增其樂。不飢不寒而衣而食，則反覺不安。既飽既溫，再食再衣，則成苦痛矣。宮室音樂等之於人也亦然，如前已說，無風雨等患，而緊閉房室，則同囚獄矣。無抑鬱愁苦而恆舞酣歌，則敗國亡身矣。是知一切快樂，皆不過苦痛除去時所生，待苦痛而有，非眞實有也，又此快樂暫時而非永久，已飽已溫，久卽消矣。過飽過溫，反成疾矣。滯居斗室，則思出遊。歌舞既終，情志卽倦。故一切快樂皆爲暫時而非究竟也。古人云，樂極則生悲。又云，歡樂極兮哀情多。然則過分之快樂，非苦痛之媒歟？

佛法云：一切享受，如衣食等，皆同醫藥。但有拔苦之功，別無享樂之用。人生快樂，如病得瘥，暫覺安適。負重擔者稍得休息，亦覺其樂，都非眞實。設謂藥爲生樂之具，病已而復食，則藥復致病；大苦愈增矣。由是應知，人生無樂，但有衆苦。

所謂緣是衆苦之逼人，而後有諸作業者。此言人生作業，皆爲拔除苦惱也。云何知然？人爲除飢餓之苦，故求食。爲除寒冷之苦，故求衣。爲除孤露飄零之苦，故求宮室。爲除抑鬱悲愁，故歌舞娛樂。諸有所求，皆爲除苦，此與禽獸同也。既有所求，不能無作。爲衣食也，而狩獵牧畜焉，而耕耘稼穡焉，而烹調蒸煮焉，而紡織繅練焉，而縫紝裁量焉。爲居處也，而營巢構木焉，而宮室庭宇焉。爲娛樂也，而調聲制器焉，而遣詞叶樂焉，而高歌長舞焉。又進之而有種種工業之興，種種商業之起，又有財貨之蓄積，有久遠之謀慮。凡所有爲，凡所作業，何有非爲拔除苦痛而後爲之者？設人生而無飢寒等之憂苦，則卽無衣食等之追求。苟無衣食等之追求，則卽無佃漁牧畜農工商賈一切之作業。更何爲擾擾熙熙，勞勞役役而弗敢休息者？是故人生一切作業，皆爲拔除苦痛也。或謂設云人生一切作業皆爲拔除苦痛而已者，則彼無苦痛者，宜夫一無所事矣。曰、是豈不然！彼富貴紈綺之子，生而衣食充足者，豈不遂嬉嬉終日，遊惰而無所事事耶？曰、然則彼富貴之人，猶有貪求無厭，作業不休者，是則何也？曰、人身之苦痛易去，人心之憂患難窮。秦始皇旣併六國，復憂人民之叛亂，故燒詩書以愚之，銷兵器以弱之，中國無患，復患四夷，亡秦者胡，故築長城以防之。登山則有隕墜之憂，乘舟則有沈溺之慮，居身愈高，操身愈危，彼安得不營營以生，役役以死，而弗敢一日息耶？設無憂患，卽無貪求。無貪求者，淡泊超然，何事營營而不已也？彼有德之士，無求於人，而復勤勞不已，孔席不暇暖，墨突不得黔者，則人飢己飢，人溺己溺，視民如傷，自別有其不得已者在也。是故人生作業，皆緣拔苦。由拔苦故，而造諸業，由業得報，生生相續，此理決定。

五結論

由上四相，說明人生，茲合言之，得人生之意義如次。

人之生也，挾死亡以俱來。飢寒愁苦，在在逼人，日日時時，皆足致人於死。人爲欲拔除苦惱以延續其生存也，故不得不勤造諸業，與苦惱戰，克而除之。而一人之力有限，弗能獨存。且生不自生，長不自長，生長教養，皆賴父母人羣慈護互助之益。故必合羣以圖共存。人之生也，本能薄弱，身體弗強，身體弗強，故必假器具以爲用；本能薄弱，故必賴智慧以圖存；且器具者，又由智慧之所作也；故人之生也，全賴智慧。而是智慧，多分又由人羣歷久之所積，又必合羣以効其用，由合羣智羣力，故善巧方便，造種種業，天然之害，避而除之。環境不良，改而善之。又且自營生產，以濟造物之窮，自造環境以適身心之安。由是而苦惱以除，福利以得。——福利者，苦惱既除所起之感覺耳。——得是果報，而後人類生生相續。是爲人生之實相人生者，業報之相續也。誰感是報？

曰、業感是報。誰造是業？曰、人羣心智共所造業。何故而造是業？曰、爲欲拔除一切苦惱也。何故而欲拔除一切苦惱？曰、爲求生生之相續也。是故人生者，人羣心智爲除衆苦，造作諸業以圖人類之共存者也。是爲人生之實相。

人生之謬執第二

所謂人生之謬執者，謂由人對於人生之實相不明不知故，於是生起種種迷執。略約言之，可得六種。

一者、由不明人生爲業果之相續故，執有實我常恆不變，造業受果，以生以老以至死焉。不知既我實常，則不應有生老病死。又我既恆常，則亦應無業報，亦且無須衣食等。何者？以我恆常不變故。是知人生但有業果之相續，除此業果之外，別無恆常不變之我；以造業受果以至老病死焉。或謂既無有我，誰則造業？誰復受果？又誰生老病死者？曰、由有心智意欲故造諸業，由業故得果報，由依果報復起心智意欲而復造業。

除業無我，除報無我。譬如衆水成流，羣熖成燈。衆水相續，卽自成流，無流之我以流水。羣熖相續卽自成燈，無燈之我以燃燈。業報引發亦如水之相推，光之相生以相續。別無造作感受之我以主持之也。

二者由不明人生爲業果之相續故，執有上帝主宰，造生人類，人類之生老禍福皆有上帝爲之主宰。是故但當虔事天神，卽可得福。不信天神，卽當得禍。苟如是者，則人但當虔事天神卽得自延續其生命，而無用勞苦勤造諸業也。然而徒事天神，不造諸業，則不克延續其生。是知上帝於人，別無用處也。又有人於此，雖事天神而不修善業，又有人焉雖不信上帝而勤修善業，是二人者孰是孰非，孰適於生存，孰不適於生存也歟？雖三尺童子，亦可斷前者之非，而後者之是。前者不適於生存，而後者獨適也。是知苟不善造業，事天無益。苟善造業，不事無害。則是人類之生在業而不在神矣。況夫雖事神仍須食人之食，衣人之衣，居人之宮室，又仍須勸人爲善勤造諸業也乎？故上帝主宰之說，適成贅疣。人從彼生，全屬妄誕。

三者、謂人之生也，既賴物質以爲養，既依身體以爲生。身體者，又物質化合集成者也。是故人生者，但物質進化之結果。其動作云爲，一物質變化之作用耳。其苦樂榮枯，一物質之盈虛消長耳。人之生也，一物質之聚。其亡也，一物質之散而已、人心無所用其力焉。如是者，是爲物質命定論。此說不然。充此說者，當謂有物而無心。當謂人生無有情志意欲，亦無思想言辯。苟如是者，則彼主張唯物命定論者，自應無心，自應無情志意欲，亦更應無思想言辯。誠如是，則何以復言人生者，物質之變化，乃至謂苦樂榮枯但物質之消長盈虛也耶？或曰、吾言唯物，不謂無心之用，但謂心者，卽身體之作用耳。而身體又卽物質。是故說心卽物之作用。故言唯物。設爾，由物質以成身，由身便有心之用耶？則吾人配合物質以成身，由人身便可以起心智之用矣。然而今之科學製造，何以但能製造機器，而弗能造生物，弗能造人？且並有機物而亦弗能造耶？是知心也者，必除物質之外，別有自體也。又謂心卽物質之作用云者，是卽認定物質有心之作用也。物質既有心用，則物質應卽是心。所以者何？以有心用故。如心既一切物皆有心用，應卽一切物皆心。設爾，應成汎心論，或唯心論。何以復云唯物而不許有心乎？如是可曰一切唯心，以一切物卽心故，如心旣謂心卽是物，而不許物卽是心，是徒爲名詞之爭執，而不避自語之矛盾。知二五而不知一十矣。設謂心雖爲物質之用，但此乃物質進化複合之用，故心之用不在原始而係後起，非單一物質之用，乃諸物質共通之用。故物與心有其不同也。設爾則心與物既已不同，何以復云唯物乎？譬如輕養合以成水，則吾人見水而不謂唯輕養也。土壤雨水等合以成樹，則吾人見樹不謂其唯土壤雨水等也。今心旣不同於物質，又非物質所固有，烏在其爲唯物耶？且複合云者，是已認心之用較物之用爲更繁。進化云者，是已認心之用較物質爲更高矣。心旣高於物質，用旣宏於物質，乃不許人生爲業報之相續，而謂人生爲物質之聚散。是則何耶？設人之生但聽物質之聚散而無業力之造作，則亦但如山之峙，如水之流，如草木之榮枯，烏在其爲人生？又烏所用其思想言辯行爲動作耶？況夫斯人也，內有飢寒病苦之相逼，外有風雨水火之相陵，人非金石，烏在其能相續以生，而不卽趣散滅歟？

當知人生之所以能聚集相續而不卽散滅，是卽心智業力使之然也。故唯物論者，無有是處。

四者，由不了知人之生也，賴羣以共生。於是倡爲個人主義之說，以自利而自私。以爲人之所以勤勞而不怠竭力以造業者，爲求自己之福利，有利於己，故爲之也。設爲之而無益於己，或乃有損於己，則誰復爲之？人人了知自利而發憤，則人皆獨立而進取。人皆獨立，則不求利人而自無倚賴他人以損人者。人皆進取，則人類文化事業，自日進於光明矣。昔楊朱爲爲我之說，曰：拔一毛以利天下弗爲也。舉天下以奉一人弗受也。人皆不拔一毛以利天下，人皆不舉天下以奉一人，而天下治矣。是亦個人主義之雄乎！此說不然。所以者何？以彼不知人類之生，賴羣以共生故。蓋如上言，人生不能自衣自食，又弗能自有智慧，一切胥賴父母師長之敎養而後成人。是個人必受父母師長之施，既受其施，則不能無報。或報之於父母師長，或轉施之於子孫後進。人羣乃以相續而長存。人羣之得以相續而長存者，固全在夫慈愛賢善之仁心與同情，非以苟求自私自利者所得相續而長存矣。今爲個人主義之說者，充其量，父母師友妻子均可弗顧乎？以彼固皆自我以外之人也。夫然則子弟可弗愛敬其父與師，父師亦可弗慈護其子若弟，然則人類身心智德相似相續之道絕，人類不其澌滅耶？況夫農工百業，一人之身弗能營，全賴分工而互助。彼爲個人主義者，可以遺世而獨立耶？既不能遺世獨立而賴羣以生，而不思利他以互利，是則已受羣施而弗圖報答也。少數人如是，羣或不因是滅，人皆存受施而弗圖報之心，人類不其消滅也？人類既消滅，爾個人者又烏所由存？是由去其全身，而欲存其一手一目。不知全身盡去，此一手一目者何所依也？是故充個人主義之量，不至絕滅其個人不止。又彼個人主義者，以爲人之作業，所以弗辭勞苦者，皆求自利也。然則父母之敎養其子女者，皆求自利者耶？或曰、養兒防老，積穀防飢，原爲自利也。若爾，人之養子盡求防老者，然則彼子女幼年夭折，不克防其老者，爲父母者遂無悲哀憫惜之情乎？若爾則何弗委之道路，棄之溝壑以飼鳥獸，又何必悲哀以泣之，厚歛以葬之耶？雖持個人主義者，吾亦知其必弗能殘忍計利以對其亡子也。父之於子如是，子之於父亦然。彼慈父孝子，自然有一體同情之愛，雖捨身相殉而弗之惜，非但圖自利也。孝子慈父之相與也，固如是。彼志士仁人之於同類有情，同樣有其慈悲勇敢之心，願人飢己飢，人溺己溺，勞身焦思以憂勤天下，豈果出於私利之情哉？又彼所謂人皆獨立則不求利人而自無倚賴他人以損人者，而不知人原不能獨立而必相依相賴以互存。既必賴人羣之共存，而不求利人，則捨損人以利己更何道之由哉？又謂人皆進取，則人類文化事業自日進於光明者，此進取言，亦當問其果爲自利自私之進取耶，抑捨自私自利外而別有更高之欲求也？根本個人主義，則所謂人皆進取者，當然爲自私利之進取。夫然人各挾自私利之心以圖進取，則必相爭。爭則必亂。亂極乃至於亡。烏在其人類文化事業日進光明耶？彼楊朱之言，拔一毛以利天下而不爲。慳鄙小人，則誠有是心也。顧不知舉天下以奉一人者，彼果能不受天下之奉耶？一人之身，百工之所爲備。孰能不受天下之奉也。夫以於陵仲子之廉，猶必身織履，妻辟蘆，以易粟帛，與人共存。彼楊朱乃欲遣天下而獨立，拔一毛以利天下不爲，舉天下以奉一人弗受，是誠不知天下果否有此怪物，彼之爲說徒見其妄誕不稽耳。

五者，有爲環境決定意志之說者，以爲人之生也，既必賴天然之營養，又必賴社會以共存。是故人生之心思意志，完全被決定於環境。人生世間，但當順應環境，以自適其生存。一切社會之改造，個人之求知，亦不過由是焉以適應環境耳。此其義蓋本於生物進化天演淘汰之說，而張大於唯物史觀。彼以爲一切禽獸，隨所生之地域山川平原沙漠大海之不同，寒溫熱氣候之差異，於是其所生之動物之種類以殊，卽同類之動物而身體之組織顏色之深淺亦因地而異。彼其所以有生不生者，以其適不適也，彼其所以形體顏色因地而不同者，乃改變其形色以求適也。是爲天演淘汰適者生存之說也。是之謂生物進化論。人之進化也亦然，彼其心智之所以發達，社會之所以改變，則亦爲求環境之適合，是亦天演之淘汰也。唯物論者本如是義，乃創環境決定意志之說，以爲人生第一大事，厥爲生活，生活所須第一，厥爲物質之營養，物質之營養，第一厥賴夫生產。人類爲共謀生產，於是結合以成社會。生產之方式關係不同，因是而人類社會之組織以異。社會之組織既異，於是而制度法律思想信仰道德種種精神文化皆隨之而異。是謂生產決定社會環境，決定心智也。此實不然，其根本錯誤乃在不明人羣進化根本動力之所在。夫達爾文天演淘汰之說，在新生機主義者，如杜里舒之徒，已不認其爲進化論。謂其不過積疊說耳。然以說明下等動物之生存，或尙可通。若以說明高等動物，已覺不合。更以論人，則愈不可通矣。間嘗論之，以爲生物之愈高等者，多少必有改轉創造其環境之能力。至於人而此力益宏。今夫草木，生物之無知覺運動者也。——如捕蠅草含羞草等雖人謂其有知覺運動，其實乃相似的知覺運動，非眞的知覺運動，實不過枝葉隨他部分被感而連帶的㲉動與收束，與他植物之被搖撼而屈折動搖者無異。捕蠅草之食小蟲，亦不過如他植物根之吸收水分，葉之吐納空氣耳。——然猶能吸收根葉所及之土壤空氣中之養分同化之以自營生長。吸收也，同化也，是亦有轉變無生物之能力，已異夫無生物之無是力能也。是卽具有改變環境之能力者也。——據今之科學家言地殼表面之所以形成今日之形式者，多分由植物生長變化之力之所致。苟世界而無植物，則當仍爲荒野岩石之世界，或沙漠之世界也。故憂土地之變爲沙漠者，必培植森林以防禦之。然則植物又豈無改造環境之用哉？——至於動物則更能移動其身體以就養於自然焉。更能消化吸收植物以爲養。其高等者，身體愈强，本能愈富，其能力亦愈大。能營巢掘穴，自造環境，以自適其生存。至於人，則身體本能，雖不及動物而智慧發達，乃能作器具，營生產，以自適生存。此如前實相中已說。誰謂動物與人但受天演之淘汰，但求適其環境而已哉？至謂人類社會之組織隨生產之變革而變遷，乃至環境決定心志者，說更膚淺。彼徒知生產之革命，能影響社會之革命，社會革命能影響思想道德之革命，以爲生產者物質也，社會者環境也，於是遂爲環境決定心志之說。而不思生產之所以興起與革命者，豈不原於人智之發達。社會之所以成功與變化者，又豈不原於人智之努力歟？蓋在動物，但知吸取自然所生以營其生活，而無所謂生產。至於人類，乃發達其心智，製造器具，發明方術，而後乃有農工之業，而後乃有人工之生產以濟天然產物之窮。是生產之起，起於人智也，迨人智愈進，而後科學日昌，研究自然物理愈深，於是而工業製造愈進，工業愈進，而後產業生起革命。產業之生起革命，是又人智發達使之然也。產業既起革命，而社會舊日之組織，乃不適宜於今時。於是少數有智之士，憂深思遠，乃更為理想之組織，以學術倡之於前，以人力實現於後，而社會之革命，乃隨時以進行，是社會之組織與革命，又在在隨人智之發達而起者也。苟非人智發達，則生產莫由起，亦無從而革命。即社會之存在，亦如蜂蟻等萬古如一日。蓋狗始終吃屎，牛始終吃草，烏在有生產革命社會革命云乎哉？又為社會主義者，每每過張大社會之功能，而抹殺個人之心智，雖與個人主義若廣狹有殊，要其不合於事理則一。夫人誠必待羣而生。然羣亦實賴個人而立。苟盡去個人，焉有所謂社會者？故社會者，乃個人之集合體。社會之關係，乃各個人相互之關係也。法律政治者，範圍社會之具，而實即範圍全體個人之具也，故去個人，社會無物。個人之智慧知識，信賴社會人羣之習染敎導與前人之遺傳。然使個人之心智但有承受之力，別無開發創新之功，則人類智慧亦將千古如一日而永無進步。人羣智慧及社會文化之所以日進無疆者，乃全在個人既受先人及現世人羣之敎染而吸收其智能，復能以此爲基礎而更事推闡與發明。其或古昔知能技藝學說有不適於今時者，更能修正改革而創新。此人類文化所以日有變遞者也。否則如蜂如蟻如牛羊犬馬，習性已成，終無變異。個人則誠受制於社會，心理誠規定於身體，精神誠限制於物質矣。其如生物永不進化，人類永不進化，生產社會之永不革命何？是又與彼所持之進化論相違矣。吾人雖主張個人待羣體而俱生，然更主張羣體隨個人而進化，且羣體之進化也，更賴少數天才，出其聰明智慧，以領導羣衆。此少數天才，必其心智之不隨流俗而有特立獨行之精神者。夫然乃能領導羣衆，改革舊習，使之進步。是卽以個人轉移社會，以心智轉移環境者也。雖個人之改良社會，不可徒恃理想，要當根據事實，審時度勢，而爲如量應機之處置與建設；否則必悞夫人心，背乎時宜，而無有成功。故古人云，識時務者爲俊傑。

然所謂審時度勢，根據事實云云者，乃量其社會弊病罪過之所在，與可能達到其理想之程度如何，而酌與之推移與改進。決無隨俗而流，與習共腐，個人心志一味聽社會之決定，而莫之振作。譬之善醫者，必無成見與師心，不以一理想之藥劑，妄投一切之病人。必審量病之所在，及致病之由，而爲之立治理之方。又必審其病之輕重，與其身體之强弱，而加減其藥之分量。或須急治，或當徐治，或當攻伐，或當培補，一以客體之實在情形爲主，而自無成見以施治。其有病象未能十方準確者，則又必投之輕劑，以求實驗，驗之而效，乃進以重劑，以期成功。又或有中途變遷，忽起意外者，又必臨機應變，改其方劑，決不可仍執前方，以遺大害。此可謂虛心克己，善執客觀態度之至者也。然其唯一之目的，乃在求疾病之祛除，與健康之恢復。能收此功者，乃全恃彼醫者才智經驗學識之豐富，有以應付事變而不窮。是卽以醫者之心力，轉移改變病者之身體也。是卽以心轉境也。人徒見醫者之施方，必憑病者之環境而決定，便以爲環境決定意志，而不知彼之所以如是敬愼準病情以施方者，完全爲克服轉移彼環境也。

設非然者，醫者自無智慮才藝，凡事但隨病者之意欲而與之俯仰，以迎合其心意，頭痛醫頭，足痛醫足，暫求病者須臾之安，而無救其終身之害。或又從而敗壞其元氣，摧毀其身體，是誠所謂庸醫殺人不用兵刃者也。環境決定心志之說，雖可施之一般庸俗之羣衆。然此乃非吾人之所求。吾人之所求者，乃在少數特立獨行之士，以其德慧術智精神毅力負羣衆以前趨，使之出迷途而入光明之路者也。此社會人羣之所由以進化改良者也。今之人於學理既主張環境決定意志，於主義又要求革命進取，徒見其思想之不一致，言行之自相矛盾耳。豈眞足以論人羣社會之治道哉？

六者，有不知人生是苦，一切作業均爲拔除苦痛者，於是有樂天之說，功利之論。以爲宇宙至善，眞實不虛，美滿無缺，地寧天淸，山峙水流，草木之繁榮，鳥獸之飛行，莫非太和之祥洽，生意之流行；耳遇之而成聲，目接之而成色，取之無盡，用之不竭，陶陶然皆足以怡蕩心目，涵養性靈者也。是故自然可樂，天地多仁，吾人更何爲哉？優焉遊焉，聊以卒歲耳。此東方之樂天論也。生物進化，爲人獨尊，俯視羣生，皆吾役食。以其智巧，應其願求，戰勝天然，以利人事，人之所求，斯爲幸福。何謂幸福，樂利是也。是樂利者，爲人生最終最大之目的。人之所以勤勞辛苦而弗辭，爲此而已。獵人搏虎，不避險難。漁夫射鯨，不懼顛溺。彼何爲哉？爲求利與樂耳。當今天下，人類雖未及於安然，此不安之情形，正所以磨礪吾人之心智，精神，訓練經驗日豐，以科學之萬能，自不難得人生最後之目的，使宇宙人類皆安寧福利，其樂未有窮焉。此西方功利之說也。雖爲此類說者派別繁多，精神意趣，要不出此。是皆無當。所以者何？以不了知人生實相故。彼見天之清而忘其晦霾，彼見地之寧而忘其震裂，彼見山之峙而忘其阻，彼見水之流而忘其險，於草木忘其榛莽，於鳥獸忘其猛鷙，見其並生而忘其相殺，見其共存而忘其相毒。作如是觀，雖亦足以涵養吾人和平沖淡之心，與物一體之情，而消釋其競爭急躁之氣。然而要之無當於事之眞相，則莫能諱也。且夫明月，常人所共賞者，離人或以增故鄉之悲。錦瑟，常人所共樂者，嫠婦或以墮相思之淚。然則宇宙之美善，或亦詩人雅士中心適悅時忽起之美感耳，無當於事實也。若以論夫人生，則前不云乎，內有飢寒之逼切，外有風雨之飄零，生老病死之相尋，日日時時求避禍害，而未有休息。古之聖人，驅民之患，憂民之憂，兢兢業業，不敢康寧，悱惻慈仁，視民如傷，誠非無謂而然也。樂天云乎哉？前既言之，人生無眞樂，苦除去時，忽覺其樂，樂也者，不過苦之消釋耳。西方樂利主義所求者，不過衣之溫，食之飽，居之安，一切嗜欲之滿足，如是焉耳已矣。進之則求富與强耳，尊與榮耳。前豈不云乎，食之而樂，以除飢也，衣之而樂，以除寒也，居之而安，以除風雨烈日之零炙，毒蛇猛獸盜賊强人之禍害耳。過溫過飽，皆足致病。嗜欲之極，終以戕身，樂利云乎哉？若夫富强者，對貧弱以爲名。尊榮者，對卑弱而立號。彼有不足，故此有所餘，掠奪他人而後有强富，損抑異己而後有尊榮，此世界之所以不平，而人類之所以憂苦者也。由今之道，無變今之俗，盡心力而爲之，苦日增耳。進化云乎哉？樂利云乎哉？故彼所言，直同夢囈。人生唯苦，一切所作，但拔苦耳，斯爲實相。

世間謬執雖無量種，約略以言，有此六家，餘有當辯，後當再說。

人生之目的第三

人生之目的一問題，實爲不關重要之問題。所以者何？以人生原無目的故。特以今人每對於此希求解答，是以今特繼實相言之，以釋世人之疑。

吾謂人生全無目的，云何知然？所謂目的者，謂起心動念希求某事，由是爲求其事故搖脣動舌，而有所言；舉手移足，而有所行；深慮遠謀，而有所思；如是言也，行也，思也，皆爲求得彼事者也；於是謂某事爲此言行思慮之目的。如曰：某人之劬勞，爲求學問之大成也；某人之辛苦，爲求一家之幸福也；某人之堅忍犧牲，爲求人類之安寧也；是皆對於有心志意欲的行爲言語思惟而起之判決。何者？既言行等而有欲求，則可加以目的之判決，以其原有目的也。若夫人生者，全爲業報之相續，由彼彼業得彼彼報，依彼彼報，造彼彼業，其生也不得不生，其死也不得不死，是皆決定於因果，而不關係夫心意，則烏有所謂目的者存乎？人生之無有目的，亦猶之人老人病人死之無所謂目的也。設謂人生而有目的，然則老病死亦皆有目的耶？且夫人死或尙可曰有其目的，何者？以人有因生之苦而自殺者，則其死必爲有意志的死，可曰其死在求避免人生之苦痛也。然此亦但限於有心之死，其餘自然衰老或遭不幸而死者，死旣非彼所欲，百方求免之不能，吾人可曰死有目的乎？至於生，則任執何人而問之，汝何爲生？彼皆將伸舌而不知所對。所以者何？未生之前，非彼所知。已生之時，又且無知。知之且無，何所意欲？意欲且無，何云目的？是故謂人生爲有目的者，蓋未了然業報相續之義而妄爲解說者也。

若爾，則人生一切行爲動作思想言語，盡皆無意識，無目的，如草木聲光，風雨雲霧之忽起忽滅，純受環境機械之推移者乎？曰是又不然。前所言者，謂人生何爲而生，不謂人生何爲而行也。謂人生何爲而行者，則亦有其目的。然此行爲動作之目的，實因人而異。古語云：貪夫殉財，烈士殉名，夸者死權，衆庶憑生。十人十異，百人百異，卽一人之生亦且隨其年齡思想前後而互異。造業旣各有不同，夫焉有所謂一致之目的乎？如是設有問人生一切行爲動作其目的何在者，吾答之曰，爾有如何之目的是卽汝之目的也。人各自知自喩，有時或且不肯不可以告人者，又何勞哲人智士之代爲解說乎？

旣人生本無目的，人生行爲又各異其目的，然則目的問題又何因而至乎？曰，有二因。一者出於生活之疲倦，二者出於意欲之刼持。所謂生活之疲倦者，謂有人焉，初亦壯志有爲，殉名逐利，勤勞辛苦，皆優然樂之而不厭，是時皆自有其目的，故不問人生到底爲何也。及其爲之旣久，或有求名而得，求利而諧，享受旣倦，覺天地間所謂富貴榮譽云云者，初亦不過爾爾；始覺昔之勤勞，今之享受，皆無有價值。於是乃反求諸心，人生到底爲甚麼耶？人生之目的問題，於是焉起。又有求名而不得，求利而不諧，役役勤勞而無所成功，心志漸灰，退然思反，於是覺平昔所志所求及以一切行爲，皆屬虛空，皆等夢幻，故乃反省曰：人生到底爲甚麼耶？於是人生之目的問題又起，是皆出於生活之疲倦者也。凡起如斯問題者，多分出於厭世者之心。上焉者或有因是了然於人生之全無目的，而起超世之心。下焉者，亦有求目的而不得，因以自殺戕身者也。所謂意欲之刧持者，謂有人焉，意志堅强，希求猛利，事業功名之心旣重，於是欲風靡號召天下之人使皆從我，與我同志，隨吾之希求以爲希求，隨吾之意欲以爲意欲；而懼夫人之以我爲專制，心終不服也，於是乃倡爲學說以蠱惑人心，俾自然而宗依於我。情志旣定，令出唯行，則勢力强盛，而功業可成矣。此則近時講主義者，多爲此說也。故爲個人主義之說者，則曰人之目的，爲求自由耳，爲求自我之福利耳。爲國家主義者則曰，人爲國家而生，以國家之光榮福利爲最高唯一之目的，故當竭忠盡力以爲之，雖犧牲其生命財產焉可也。爲社會主義者則曰，人爲社會而生，以社會之福利爲最高唯一之目的，故當竭忠盡力以爲社會，雖犧牲小己以爲羣衆可也。凡此種種，皆視人生爲一種機械，爲某事某物而生者也，是皆妄也。且如個人主義謂人生爲自我而生者，是無異曰人生爲人生而人生也。蓋自我旣不外人生，離人生外無自我，我爲我生，或生爲生生，是皆羌無意義者也。蓋目的者，方便或手段對待之名。旣以自爲目的，復仍以我爲手段，一事無待，卽二義不立，故我爲我生，卽無異於言我生卽我生，我別無有目的也。若夫自由者，對不自由言，福利者對苦痛而言，苟無不自由與苦痛，卽無所謂自由福利矣。故言求自由者，無異於言除束縛；求福利者，無異於言除苦痛。旣爲除之，必將求彼束縛與苦痛之因。其因爲何？吾可決然答之曰：束縛與苦痛，隨人生以俱來，因人生而後有者也。吾苟不生，吾有何不自由？吾苟不生，吾何所苦痛？旣生也，卽內之不能無飢寒之逼迫，外之卽不能免危害之侵陵，生老病死之相尋而孰能免焉者！是故生卽是苦。苟以求幸福求自由爲目的者，其人始焉卽以不生爲至捷至當之方法，而奚爲紜紜碌碌以生爲者？況夫業報相續，本無有我。因果相感，別無自由。爲善者，雖無求於福利，而福利自來。作惡者，雖力求榮利，而榮利終不至。人事之不隨意欲，彰彰然也。是故個人主義之言無當於理。至於以國家社會爲人生之目的，其言尤誣，國家者人類爲特別利害之關係而起之特別組織；社會者，人類爲普徧相互生存之關係而有之自然集合；苟離個人，皆無有物。人時有賴於國家之護衞，故對於國家有相當義務；亦猶之人須宮室之住居，則對彼宮室有相當之愛惜也。人見宮室之利於人，故愛惜之；設見其腐敗朽壞，匪但不足以蔽風雨，且瓦落棟崩，時有破頭殺身之患，則改造而修理之可也。今人見宮室之有資庇蔭之用也，遂謂人生爲宮室而生，言宮室爲人生最高之目的，人當爲彼犧牲，雖見其敗壞而弗敢改造修理焉，是誠愚人之尤者也。本爲人民而建設國家，卽謂國家爲人生之最高目的，是何異於愚人之擁護其宮室哉？社會既人羣共生共存自然集合之體，亦猶之朋友親愛相輔相助而集會結社以成團體耳。未交朋友，兩相平等，既成朋友，則便以自身爲其手段方法焉。而曰朋友者人生之目的也，是已不經。設更去其朋友間之互相關係而不談，但就其空名之社會團體而曰某社某會某團體者，吾之目的也，豈不更可笑哉！——案國家亦社會之一種，特社會一義更爲普遍，小之可用於少數個人某某職業之集合，大之可以擴爲全世界人類生存相互之關係，又不必有成文法制之規定，亦不必有權威之運行，且不含與他國敵對之意義。國家反此，必有成文法制之規定與權威之運行，且必有他國之對立；故國家主義均有狹隘性，社會主義多普徧性。然終不能謂國家非社會之一種也。故彼二主義所有弊病，時時相通。卽以實有之個人逮屬於假合之團體，而以爲其手段工具焉，一也。——蓋嘗論之：一切生物本皆平等，皆隨業報以相續，同以不得不生而生，不得不死而死，而無所謂目的與工具也。人以智力克服生物，既克服已，則便自大自慢，以爲一切生物唯人獨尊，見犬馬牛羊之奴役於人而弗能抗也，於是便覺犬馬牛羊皆特爲人而生者，於是謂犬馬牛羊乃有其生活之目的，其目的安在，曰爲人之食用焉耳，故迷信宗教者，常以天或上帝爲仁慈，而時致其敬畏、與謝感，曰旻天上帝，豈不仁哉，既爲人生五穀，又爲人生犬馬牛羊以供人食用而備其福利也，吾人可不感恩而敬服哉！專制君主之下，視其臣民，亦猶人之視牛羊犬馬也。今之人既知其皆妄矣，乃上帝君主之迷信既去，而國家社會之偶像復來，囂囂然號於衆，曰國家社會者，是吾人之目的也。人生爲彼犧牲焉可也！是所謂意志之刼持也。

或曰、既謂國家社會非人生目的，然則彼爲國亡身捨身救世者，皆非乎？曰、何爲其然也？國家社會雖非實有，而建設組織之個人不無。既爲人羣結合之體，則其利害禍福，卽人羣相互關係之禍福也。志士仁人，爲國爲世而犧牲自我，是亦對人羣所起之慈仁勇敢也。如斯勇敢，卽彼志士仁人自身之偉大，成仁取義，是卽彼自身之目的。由斯目的而益自增大其人格，是亦自盡其仁勇，自達其目的耳，豈果以國家世道爲其目的而自身爲之工具也哉！苟以國家社會爲目的而自身爲之徇，是亦宗教徒之徇教主臣僕之徇獨夫；義雖可嘉，然與志士仁人之慈仁救世者高下固有辨也。

雖人生本無目的，然人既生矣，一切行爲亦有共通目的乎？曰、前已言之，貪夫殉財，烈士殉名，夸者死權，衆庶憑生，實無共通之目的。設必求一共通之目的，則可曰：人生一切作業，其目的總爲拔除苦惱也，此則前實相中已言之矣，是亦可謂爲人生行爲唯一之目的，然不可曰人生之目的也。

人生之矛盾第四

前言人生爲業報之相續，又言人生賴羣體以共存，又言人生賴智慧以發展，又言作業爲苦惱之拔除，如是則人生如能和合其羣體，發達其智慧，作諸正當之業以除諸苦惱，俾美善之報相續於無窮，斯眞人生之正道也。雖然，人生未能眞實，常常如是，每有相反之現象與之隨逐。謂彼人羣之聚集，不但不能相益以共存，有時且相損以俱亡；智慧之發達，有時不但無益於人生，時且危害其人生；人生作業，本爲拔除苦惱，乃有時不但不能拔除苦惱，且益加增其苦惱，於是苦惱煩悶慘惡之果報，相續於無窮，時且絕滅其人生焉；是誠人生極矛盾之現象，而爲人生之罪惡也。如斯之現象，乃隨人生之演進而益著，是又特異於一切生物者也。是亦人生之另一實相也。

此言何等？謂如禽獸昆蟲下者，未有父母子女兄弟夫婦朋友君臣之關係，又無國家社會之組織也。故無所得益於羣，而僅單獨自營其生活。其高等者，如烏鴉鴛鴦蜂蟻等，則有親子夫婦君臣之關係也，有家庭社會之組織也，則多分本於本能自然之結合，一成不變，相益而不相犯。是皆不見其矛盾之現象也。獨於人則不然，人旣賴羣以生，卽時有賊害其羣之事。父子之恩最親也，而卽有不慈不孝之父子；夫婦之情至密也，而卽有不義不順之夫婦；君臣之分至嚴也，而卽有不仁不忠之君臣；兄弟因家財而相爭，朋友因利害而相賊；一家之內，一國之中，紛擾怨害，禍亂無端，此古今之所常聞者，且人之情，憎怨每起於所親，狠毒時施於可愛，田園舍宅之爭，多起於兄弟；政權爵位之爭，必起於同僚；而路之人，與異國之人，本非一體，無利害之衝突者，不預焉，是猶愚鄙之人，役役於利害間者也。又有不因利害，但任性情，以好惡之相乖，意志不相得，見理之相左，而父子兄弟夫婦朋友，分崩離析，相怨相尤，乃至一國之人，同秉國政，而以政見思想之不同，於是各集黨羽，相軋相傾，以至內爭起，而外侮來者，更時有之；此人羣之怨害，起於相親者也。亦有雖非相親，而以同居一地域一社會，故亦彼此時有我詐爾虞，相陵相害之事。至於大亂之世，盜賊蠭起，刼奪相循，則其象尤著。又有異族相攻，異國相侵，殺戮縱橫，姦淫刼掠，無所不至，是又禍害之起於異族者也。由是可知，人既結合為羣，賴羣以生，共圖安樂，而即於一羣之中或親或疏或異羣異族之間而互生其賊害。此等賊害，苟離羣而獨立則均無有。是誠人生一大矛盾也。又人羣如斯之毒害，每隨人羣之進步而愈增；上古之世，人穴居而野處，未有城郭宮室，不但國之組織未成，即家之聚散亦無有定，其時人與人之相助也固不如今時，乃其相賊相害也亦多分為個人與個人之關係，無與於一國一世也。迨部落既成，國家既興，則每因一人之喜怒利害而影響及於全體。昔之個人相爭者，進之乃為一部落與一部落爭，再進則一國與一國爭，再進則一國有變天下諸國皆受其影響不得不入而互鬬；此國家主義帝國主義勃興之世，所以演成昔年世界之大戰也。殺人流血之慘，為千古所未有。死者，傷者，至於數千萬人。設在太古，則一人有難，無與他人。一方有難，他方安謐。禍不至於如是其廣徧而猛烈也。是則何故？曰，由社會國家進步之故，內部之組織愈密，則對外之害愈深。交涉愈繁，則影響愈速。此老子所以有小國寡民，老死不相往來之思想也。此猶禍害之出於異國與異國戰爭之時也。卽在平居一國之內，又復因其政治法律之進步，所以爲維持其國家社會之安寧與存在而防其破壞與滅亡者，愈勤愈密，則其束縛防範其人民之自由與適樂者，亦愈煩愈苛。蓋政事愈多，用人愈衆，則賦稅愈重；外侮愈多，則兵力須厚，而人必當兵。賦稅愈重，則財產有時非其財產，兵役既起，則身體非其身體。而此財產身體之犧牲，多分又非人心之所欲。其所以犧牲者，又多分無益於個人，無益於國家，無益於世界，而適爲害個人害國家害世界者也。此則中國歷年之內爭，與歐洲往年之大戰是也。人之所以結合而成羣體，更進而爲國家者，本以求其有益於各個人之自身者也；今乃不相益而相損，不受其利而受其害，是又非人生之一大矛盾歟？

人羣結合，其矛盾也已如上述。至於智識之發展，其矛盾又有可得而言者：爲禽獸之生存，賴本能，顧未有以本能自戕害其生命者。人則賴智慧，智慧誠能對人類造多分之利益，然用之不當，則又反以增加人生之痛苦。此如刀鎗弓矢，本憑智慧造成，用之以防禦鷙蟲野獸，非欲用之以戕害人羣者也，乃用之以賊害人類。乃至今日，科學愈發達，製造愈精奇，於是殺人之具日精且備。飛機也，戰艦也，機鎗也，坦克車也，炸彈也，毒瓦斯也，斯皆殺人之器，世界各國竭智盡力以製成之者也。初本以禦人侵人，終則侵人者人亦侵之，禦人者人亦禦之，相侵相殺而不已，卽相殺相害而不已，是與自殺自戕何異也？此則人智進化未有之奇觀，而皆用以自殺者也。又人智日進，則作姦犯科之術愈精，相詐相虞之事日甚，以言外交，則陰謀起而信義廢；以言內治，則法令煩而至德虧；又況奇技淫巧，衒惑人心，工戰商戰，動傾人國；以成今日詭詐浮僞縱橫捭闔之天下，人與人不共出智力以共圖幸福，乃各長奇謀以互相賊害。此亦人類特有之現象，而禽獸所無；今人之所特異於上古質樸愚魯之人者也。老子曰：絕聖棄智，民利百倍；絕巧棄利，盜賊無有。誠哉，非無故而云然也。

更有進者，人爲求人類之治安，社會之秩序，爲防止禍亂，故乃有法律與政治；爲敎導人類，救正人心，培養德性；故乃有仁義道德。乃既有法律，則政府卽藉法律以拑掣人心；既有政治，則姦雄卽藉政權以作罪惡；既有仁義道德，亦卽有藉仁義道德以網名而市利者；竊鉤者誅，竊國者侯，侯之門仁義存焉。然則人生之矛盾，又至乃並其防止此矛盾之害之法律政治仁義道德而並呈現其矛盾焉。斯又至奇而不可解者也。

上言之：人之造業，凡以爲苦痛之拔除也，乃今人羣智慮日進則日增其苦痛，是已極其矛盾矣。卽其求樂拔苦之念，苟知進而不知止，盡心力而爲之，則亦自成矛盾焉。蓋人生不能無求，所求不必盡得，縱時得也不能不失，於是患得患失之心生矣——如是患得患失之心，是卽爲苦。其求彌切，其苦彌增。況乎衣食之須，逾量卽苦；如病服藥，過則病增。乃人之於財產貨利也，求之無厭，得隴望蜀，未能受用，反爲奴役；水火之憂虞，盜賊之刼奪，多藏厚亡，自古如此。況乃爲求貨財，作姦犯科，躭着財貨，縱情極欲，禍亂由是而生，災厲由斯以起，諸所以亡身家而亂天下者，固無不源於爲求拔除苦惱以得幸福，乃反致此苦惱之彌增，而去幸福以彌遠也。是又非人生之極大矛盾哉，由上種種之矛盾，故人生業果之相續也，每爲惡業與苦惱之相續。而人世乃眞成茫茫苦海，欲度脫而弗能也。是非大可痛悼者哉？

人生之二重性格第五

人生享受之苦樂多由行爲之善惡而定。由諸善業，得諸樂報，（能拔諸苦之謂樂，）由諸惡業，得諸苦報。（苦惱續增之謂苦。）由業之善惡雜，故報亦苦樂兼。此人生所以成其爲矛盾之狀者也。然此業之所以善惡雜者，是則何故？曰由人生原有善惡相反之二重性格故，

何謂性格？性謂種性，本來故有而爲情志意欲之根本者也。又謂性情，卽由種所生之現行心法也。格謂格式，由性有種種不同，故發爲情志，現於行爲，則亦有種種相異之形式以表現夫人羣。人各隨其性以成其人之格式。格由性起，性必有格，故曰性格。

人生之性格各有多種，有仁者，有暴者；有廉者，有貪者；有智而明者，有愚而妄者？有誠信者，有詐偽者；有勇猛精勤者，有怯懦懈怠者；有光明正直者，有卑鄙諂曲者；又有非仁非暴，非廉非貪乃至非光明正直亦非卑鄙諂曲者；如是人類乃有多種性格。然約略言之，則不過三種：一者善，謂仁，廉，明智，誠信，勤勇，光明正直。二者不善，謂貪暴，愚妄，詐偽，怯怠，卑鄙，諂曲。三者無記，謂非仁非暴等。無記者，謂善與不善俱不可說，不可記別也。如是善不善無記，在佛法則名之曰三性。如是三性，顯見於世間人羣。無論何種人羣，必有如是三種人格；或為君子，或為小人；或為庸夫。所謂君子者，其言行動作存心處事，有益於人羣之謂。所謂小人者，其言行動作存心處事，每損羣以利己者也。庸人者，無罪無過，不能作善，亦不能作惡者也。如人羣中有如是三等人格，其在一人亦復俱備如是三種性格，或善，或不善，或無記。無而君子小人所以分者，隨其善惡無記之性之分量有輕重之異，故善心而重，則能降服惡心，存心處事，言行皆善，是之謂君子。雖有不善焉，然不怙過，不飾非，能速改，人亦以其過之少也，而不遂斥為非君子焉。小人反此，惡心重，善心微，存心處事言行皆不善，縱有善焉，亦每不足以掩其惡，人斯名之小人也。然人類無絕對之君子，亦無絕對之小人；隨其善惡之大小而品類又別。是以君子之中，又有良善聖賢之等。小人之中，又有首惡頑懦之分。是皆以善惡種性之弗能純也。其善惡之種性皆微，行爲無損益於人羣社會者，是則庸夫庸婦，無記之人也。然世亦實無絕對無記之人，多少皆有幾分善惡焉。

雖人之性格有三種，然無記之性，無損益於人己，其於人羣及個人之影響不大；是故知人論世，但論其善惡二者而已足矣。故今但論人生善惡之二種性格。

何謂善性？何等善性。

種現淨善，離諸愆穢，能生善行，故名善性。信，慚愧，無貪，無嗔，無癡，精進，輕安，不放逸，行捨，不害，乃至善欲，善解，善念，善定，善慧，皆是善性。

何謂種？種謂種子，諸法親因，未具彼諸法之形而能生彼諸法。如穀麥等種，爲穀麥等苗稼親因，雖無穀麥等苗稼根莖等形，而能生彼苗稼根莖等，故名種子。心等諸法，皆有種子，隨彼勢力，能起彼現行。種有善惡，故行有善惡，隨彼善惡種子勢力，起彼善惡心情，故名種子。此種子又名習氣，又名薰習，廣如佛學概論佛學通釋中解，此中不述。現行者，謂從種所生，行相業用現可得，故名曰現行。如苗稼等從種已生，言種現淨善離諸慾穢者，淨謂淸淨性，非染穢，善謂賢善，無有過失。體淨而用善，故名淨善，善法必由善種生故。如嘉禾從穀麥等生，故云種現淨善也。次言能生善行者，行卽是業，業行賢善，不損惱自他，於現後世均作利益，故名善行。能生善行者，謂此善法，旣從自善種生已，卽能令彼俱起行業，悉成善業，不惱自他，二世俱利，故名能生善行。此如無貪旣從自善種生已，還能令俱時業行，於境不著，行布施等，是卽謂業。若不與無貪等善法俱起，則不成善業，不能行施等也。是故說言善性者，種現淨善，能生善行也。

所謂信慚愧等者：

信，謂於印順境，至誠倚任，心淨爲性。對治不信，樂善爲業。

慚，謂依自法力，崇重賢善爲性。對治無慚，止息惡行爲業

愧，謂依世間力，輕拒暴惡爲性，對治無愧，止息惡行爲業，

無貪，謂於有有具無着爲性。對治貪著，作善爲業，

無嗔，謂於苦苦具無恚爲性，對治嗔恚，作善爲業

無癡，謂於諸諦理明解爲性。對治愚癡，作善爲業，

精進，謂於修善斷惡事中，勇悍爲性。對治懈怠，滿善爲業。

輕安，謂遠離粗重，調暢身心，堪任爲性。對治惛沉，轉依爲業，

不放逸，謂精進三根，於所修斷事中，防修爲性。對治放逸，成滿一切世出世間善事爲業，

行捨，謂精進三根，令心平等正直，無功用住爲性，對治掉舉，靜住爲業，

不害，謂於諸有情不爲損惱，無嗔爲性，能對治害，悲愍爲業。

正願，謂於諸善法深起希望，善欲爲性。對治邪欲，正勤所依爲業，

正忍，謂依正教理證力，於實德能深生印持，善解爲性。對治邪解，淨信所依爲業。

正念，謂依正教理聞思證境明記不忘善念爲性。對治失念，定依爲業。

正定，謂依正教理，調治其心令於所緣專注寂靜靜慮爲性。對治散亂，伏諸煩惱，智依爲業。

正慧，謂依正教理，聞思修習觀察諸法因果性相，於諸境界無有迷惑，簡擇爲性。對治惡見，斷諸煩惱，菩提涅槃果依爲業。

何謂不善性？何等不善性？

種子現行，體不淨善，能起不善業，是謂不善性。一切煩惱，謂貪，嗔，癡，慢，疑，惡見，掉舉，惛沉，不信，懈怠，放逸，失念，散亂，不正知，無慚，無愧，忿，恨，惱，嫉，害，慳，憍，覆，誑，諂等二十六法，是爲不善性。

種現不淨善者，謂性是穢惡，用多過失；由不善種生不善法，故名種現不善，能起不善業者，由彼不善種性，生起不善法，已卽能令彼相應心行造作諸不善業，故如由嗔故，起殺害業；由貪故，起淫盜業，設無貪嗔等不造惡業也。是謂種現能起不善業是爲不善性也。

此中所云煩惱者，煩謂煩擾，惱謂惱害。由性染汚，不寂靜故，擾惱身心，損害自他，故名煩惱。凡不善性，皆是煩惱，離諸煩惱，無不善性。然有煩惱，非是不善，謂諸有覆無記所攝煩惱，由彼無能造諸業故。必能造業，損自他者，乃名不善。然離煩惱無不善故，是故說言不善性者卽諸煩惱。

言貪等者：

貪，謂於有有具染着爲性。能障無貪，生苦爲業，

瞋，謂於苦苦具憎恚爲性。能障無瞋，不安隱性，惡行所依爲業。

癡，謂無明，於諸理事迷闇爲性。能障無癡，一切雜染所依爲業

慢，謂恃己於他高舉爲性。能障不慢，生苦爲業

疑，謂於諸諦理猶豫爲性。能障不疑，善品爲業。

惡見，謂於諸諦理顚倒推度，染慧爲性。能障善見，招苦爲業。

掉舉，謂卽囂動，令心於境不寂靜爲性。能障行捨及奢摩他爲業。
惛沉，謂卽瞢重，令心於境無堪任爲性。能障輕安及毗鉢舍那爲業。
不信，謂於實德能，不忍樂欲，心穢爲性。能障淨信，惰依爲業。
懈怠謂於善惡品修斷事中，懶惰爲性。能障精進，增染爲業。
放逸，謂於染淨品不能防修，縱蕩爲性。障不放逸，增惡損善爲業。
失念，謂於諸所緣不能明記爲性。能障正念，散亂所依爲業。
散亂，謂卽躁擾。於所觀境令心流蕩爲性。能障正定，惡慧所依爲業。
不正知，謂於所觀境，謬解爲性。能障正知，毀犯爲業。
無慚，謂不顧自法，輕拒賢善爲性。能障礙慚，生長惡行爲業。
無愧，謂不顧世間，崇重暴惡爲性。能障礙愧，生長惡行爲業。
忿，謂依對現前不饒益境憤發爲性。能障不忿，執杖爲業。
恨，謂由忿爲先，懷惡不捨，結怨爲性。能障不恨，熱惱爲業。

惱，謂忿恨爲先，追觸暴熱，狠戾爲性。能障不惱，蛆螫爲業。

嫉，爲殉自名利，不耐他榮，妒忌爲性。能障不嫉，憂戚爲業。

害，謂於諸有情心無悲愍，損惱爲性。能障不害，逼惱爲業。

慳，謂耽著財法，不能惠捨，祕悋爲性。能障不慳，鄙畜爲業。

憍，謂於自盛事深生染著，醉傲爲性。能障不憍，染依爲業。

覆，謂於自作罪恐失利譽，隱藏爲性。能障不覆，悔惱爲業。

誑，謂爲獲利譽矯現有德，詭詐爲性。能障不誑，邪命爲業。

諂，謂爲罔他故矯設異儀，險曲爲性。能障不諂及障教誡爲業。

上來總依瑜伽唯識諸書，略出善不善法，體性業用竟。此皆修瑜伽者，於靜慮中，觀察心行，分析如此。若從業用，更可多分。但究體性，終不外此。因非專論，故未詳釋。欲求詳者，可取唯識瑜伽及拙作佛學通釋等書讀之。

或謂人性，無分於善惡，且亦無所謂性。人之造善造惡，因環境習慣之養成。蓋有主張唯物論者，以為人之所有，身體而已。身之中，血肉筋骨臟腑神經等而已。由彼彼器官和合而成有機體，因其與外物相觸，受其刺激則有反應。如水被擊而有波，如鐘因叩而發響，人類之語言動作，亦如是焉而已矣。見好色而思合，聞惡聲而思離，一切取捨屈伸皆起因於外物。而猶萬有之有吸引力與抵抗力等。本無有心；更何論夫性？又人之行為與一切生物相同，皆為保存自身之生存，此外別無目的。既一切出於自衛，故行為無所謂善惡。然由行為之效能有適合於生存者，有不適於生存者，是則智力有其巧拙耳。智力之巧拙，緣於經驗與學習。經驗學習，起於既生之後，而不同生以俱來。故智力不出於性，而出於習。不由於心，而由於境也。由前之說，有物無心，由後之說，有習無性。心性之不存，故善惡無所有。凡爾善性惡性種種分別，皆是烏有。

是不然。彼言人之所有身體而已，身體之中血肉等而已者，是謬以形質求心者也。以形質求心，則將目無見，耳無聞，身無觸，鼻舌無臭味，由是而曰物是有，心是無者，斯誠不知心之所以為心者何也。凡事之有，不但以形質為有。若但以形質求，則物亦有非可以形質求者也。如磁與電是也。電能發光，而光非卽電。電能發音，而音非卽電。非可以耳目求也。非但磁電不可以耳目求而已，彼所謂地心吸力，萬有引力，亦非可以耳目等器官識，然而謂其有者，豈不雖離形質而有功用存焉乎？心之所以爲心者，何也？曰，亦由功用而知有之。其功用奈何？曰，見色，聞聲，嗅香，嘗味，觸堅輭冷熱輕重，乃至思想記憶等，彼能見，能聞，能嗅，能嘗，能觸，乃至能思想記憶者，是卽心也。此心又名識。識者，了別，能覺了分別，能認識彼色聲香味觸等者，是卽心也。心非所見而是能見。非所聞而卽能聞。獨可以意識思慮之耳。今夫以鏡照面，則鏡中所現者唯面無鏡。以手持杖，則手中所持者，唯杖非手。以眼識見色，則識中所見者唯色非識，彼見其唯色非識也而遂謂無是識焉；是何異於謂唯面無鏡，唯杖無手也耶？彼執唯物無心者之說，是不大可以已乎？或曰，視聽嗅嘗感覺知覺乃至思想記憶，如是心理作用，吾唯物論者亦不撥無，特吾人之解釋此作用也，與衆大異。吾唯物論者，謂如是作用，是卽身體之作用，是卽物質之作用。所云無心，無獨立自存之心；非謂無由身所起了別認識之心也。是亦不然，離身體作用別無心識，意謂眼之見色是卽視神經之作用，耳之聞聲，是卽聽神經之作用，嗅香嘗味能感覺冷熱堅輭乃至一切知覺運動思想等，是卽嗅神經味神經觸神經乃至大小腦之作用也。今人於睡眠時，悶絕時，其眼耳鼻舌身之器官如故，神經如故，然而刺激之以色聲香味觸等，而彼感覺不起。是則彼諸器官與神經，不能直接營司視聽嗅嘗觸等作用明矣。又於夢時，耳目之用雖廢，而視聽之用猶起。雖無境界，而色聲顯然。是則雖無眼等器官，視等神經，而心理之功用依然也。然則豈能謂離於身體，便無心識乎？（五官非卽五識，可取吾八識規矩頌釋論以詳其義，）若夫大小腦之司知覺思想運動等，尤非定說。蓋自近時實驗，有雖腦髓之某部損壞，而某種知覺自如。某部損壞，而某種運動自如者也。又昔人以腦髓與其身體比重之大小，以定動物智能之高下，以爲思想在腦之明證。乃今實驗，竟有動物焉，其腦髓與身體之比重超過夫人，而智能並不如人者。是則心存乎腦之說，已多不可靠也。既心非腦之作用，於是乃不得不更別求器官。乃求之終不可得，於是乃以心理思想運動等作用歸之於全部複合之身體，以爲見色聞聲眼耳等單獨所司，思想運動則全體之功用也。此則行爲派之心理學家所言者，彼喻意識作用如三角形之三線相連則成形，多面相合則成體；又如音樂多音相合則成調，故身體各部起而合用則有心思意欲焉。心理現象如是而已。然彼不知三角形之由三線相連而成形者，非實形也，乃吾人爲求解說思想之便，於紙面上以三線連合而爲之圖形耳。圖形不異符號。符號絕非實物。眞正之三角形，豈果但三線之連合而已哉？線上之三角形亦三角形，三角板亦三角形，眞三角形無寧捨紙上之圖畫符號而取三角板也。彼三角板者，豈果三線所成哉？故三角形必自有其面積形態，決非三線相連遂爾成形也。卽果取紙上之圖形，則吾人亦當取三線所屬之面，彼三線者，特不過定其界域耳。如國之所以爲國，自有其土地山川，決非地圖上之赤白線界及國境上之界碑界域遂圍合以成國家也。三線不能合而成三角形，如是：多面不能合以成體亦然。要有內容實質乃成體。故若夫音樂之結合單音遂成曲調者，此其曲調之優美，乃全由人類心理聯想審美之力得之。設無審音之素習者，則亦如鳥獸之聞音樂，亦但有單音之斷續，無有曲調之揚抑也。若夫心理作用，乃存夫自知而不關夫人之審察。豈得以是爲例。況夫線之成形，形之成體，單音之成曲調，必其各個分子同起作用。心之作用，既爲全體作用之總和，則應心之思惟，全身各部亦應起其作用也。然心之思也，必無賴夫肝胆脾肺，無賴夫骨肉筋皮，有時方當閉目無視，攝耳無聽，並其耳目之官而廢其用，然後心神以靜思乃有得也。思之極也，目視若無睹焉，耳聽若無聞焉，食之無味，嗅之無香，乃至忘飢寒起居而弗之覺也。然則心思之用，是人身全體複合之功用乎？將遺全體之功用乃得之乎？不待智者而能判之也。

夫耳目之官既不能獨司視聽，（如睡眠時）雖無耳目猶得有見聞，（如夢中）意識心思既不在腦，又非由於全身複合之功用，然則離身而外必有心也明矣。且果心之用，卽身之用，而身之用不過物質之用，則結合相當人身之物質便有心也已。果如是，則機器可以有心靈，而人類可以由物造矣。然而果能之乎？心識既別有體異乎物而有然而必藉身體器官以行其作用者何也？曰一切諸法，皆待緣生；雖具自性，必藉外緣；此亦如手足耳目百骸肢體心胆肺肝，雖各有體，而必互相待，不以相待遂謂爲無也。識依根起，五識依五淨色根，五淨色根依於肉身，是故前五識生必藉身體，第六意識有時與五識俱起，有時獨起；俱起者必藉五識以觀察外境，故亦間接依身體；之用其獨頭意識，不藉五識者，如思如夢，則無藉於身體也。心有時必待身，猶之夫身之必賴失心。身之必賴夫心者，前六識能支配引導令身趨吉避凶，取利遠害，目視耳聽，口言身行，造作諸業，取諸享受，飲食臥起，無非心爲之司令也。是故有心則能生，無心則必死。顚狂瘋亂，苟無他人爲之護養，則必自趨滅亡也。若夫第八阿賴耶識，執持根身，令得長養，令不壞爛；一日去身，便成死屍；是則身體之存，全藉夫心，不可一刻而離者。人但知身之有助於心，心之有賴於身；而孰知心之助身，身之賴心，更百千萬倍於心之賴身也？唯物云乎哉！

已言心之必有。次言性之不無。然當先知此中心性差別何在。所言心者，多分就現行言，謂認識之現起。所言性者，多分就種子言，謂功能之先存。又言心者，多分就心言，了別之總相。所言性者，多分就心所言，謂善惡之差別。雖經論中言心有性，言性有心，種現熏生，王所相應，未有如是劃然之分別；然此間隨世俗方便說亦不妨也。上言心之必有者，意在證明有情之身異夫塊然無知之物，有覺了認識之心者存。此言性之不無者，意在說明人心之善惡，有本來備具之種子，不但隨外境而習成也。

云何應知人心善惡本來有種，不但隨境習所成耶？

於此當先成立人心實有善惡。彼謂人心無善惡者，以爲人之行爲，皆爲自求生存故耳。夫自衞自存之行爲，吾人亦不謂其卽爲善惡。此等行爲，如求食求衣等，佛法稱爲無記之業，以非善惡性故。然人之行爲，實不限於求生存。卽以自求生存論，亦有因是而成善惡業者。謂如爲自求生存故，於是乃至處心積慮，以防害他人之生存焉，是則不得不謂之爲惡也。又有爲自生存故，因而處心積慮亦爲人羣社會而共謀生存，或時犧牲自己之生存而衞護人羣社會焉，是則不得不謂之爲善也。世間實有如是不同之人，人實有如是不同之心，是則心有善惡明矣。

心既有善惡，則當更求此善惡之原因。如是原因，或有求之於外境者，則以爲環境之習染由學習以成也。然而當知世有兄弟朋友所處之家庭同，社會同，所受之敎育同，習染同，而其結果有進而爲君子者焉，有退而爲小人者焉。堯之於丹朱，禹之於鯀，父子也；舜之於象，周公之於管蔡，兄弟也；荀卿之於李斯韓非，師弟也；孫濱之於龐涓，朋友也。彼其骨肉之相親，學說之相習，而結果成就之不同，乃如此；然則人心之善惡，豈可盡歸之於環境學習耶？

且夫卽以經驗學習論，亦必其具有能經驗，能學習之智能，而後乃有經驗學習之成就。設其本爲頑冥不靈之動物；心同木石，而情同鳥獸，則雖有經驗莫知戒法，雖有德義莫由修習，則亦將何經驗學習之可言者？蓋經驗者非但一事之經過而不忘之謂；乃謂某事之當前，既經吾身受而心感，便能察其利害之原而得取捨之方；於是而彼事未至而能先爲之防，既至而能治理之，防之而患免，治之而事理，由是定爲良法而傳之後世，俾後之人雖不身歷其事而猶能心知其利，而身受其福；是則經驗之始雖由於外物之感人，而經驗之成，乃完全由於心智之觀察思慮推理與實證也。是故捨心智與推理而言經驗，其經驗乃同死物，了無意義，彼草木之被風雨，禽獸之受飢寒，其經驗亦云富矣。然而由彼經驗而發明製作者何事？由經驗而得者何物？世徒知經驗足以增長智力，而不知必待智力而後可有經驗。由是而謂智力生於經驗，是亦倒果爲因之甚者也。

學養習慣，亦猶是也。凡學其事而得習其事而成者，必其天才於某事某業之特宜，故能不勞而成也。非其才，習其業，長於商者使業工，善思想者使勞力，必扞格而難成，時且屈抑天才而使之愚癡病廢；此教育之所以貴因才而施教，學者所以貴擇術而專精也。故苟無其才，不能其學。苟非其性，不宜其習。習之必因其性；亦猶之學必因其才也。世徒見學習之足以成才定性，而便謂一切性皆由於學習，因謂有習而無性；是何異於見鐘鼓琴瑟之必待叩擊彈撥而後發聲，便謂聲音之出於椎棰指爪哉？

由是可知，苟無有性，習亦不成，狗馬狼虎，弗可以人類之教化教化之者，亦曰，彼無人之性也。故彼有習無性之說，了無意義，人心之必有善惡之性，亦猶是也。彼頑梗不化之徒，雖施以極良善之教育，猶難格其惡心；又有特立獨行之士，雖處濁亂之世，而能自保其純正而標其高節者；所謂上智與下愚不移者是也。何故不移？則以其性之特强，弗可以習俗變之也。中才之士，善性惡性不純，而勢力均等，則每因習染教育而移其性。習於善者，則善性得緣而勢力增，因以成爲善人。習於惡者，則惡性得緣而勢力增，因以成爲惡人。中人之爲善爲惡，雖樞紐於習染之緣力，是以教化於人爲大有功；而要其根本，則必其人之本有可善可惡之性，而後乃可賚以學習。是非明於緣生之理者，弗能知也。

何謂緣生之理？謂諸法之生，必具親因，及與助緣。親因者，謂諸法種子。（此中言性）助緣者，謂外力增上。譬如禾稼，種子其親因也，土壤，肥料，人工，雨水，日光等，其助緣也。無因不生，故人心善惡必先有其性。無緣不起，故雖具善惡之性而必待習染教化而後起。又種有特强，或緣有特甚者，則其生起之方便又有偏重於己於人之勢。凡此皆詳於拙作緣生通釋，此非專論，故不詳也。佛法不廢學習，而世人撥無種性，大覺之與癡迷固根本不同也。由是可知種性定有。

種性既有，故遇緣則發爲善惡。其由善種而生起者，則爲信慚愧無貪無嗔無癡等，因是而造一切善業。其由不善種生者，則爲貪嗔癡慢疑惡見等，由是而造一切惡業。孟子曰、仁義禮智，非由外鑠我也，我固有之也。謂善心心所之爲本性有也。荀子曰、人生而有好利疾惡耳目之欲，聲色之好焉；順是而有爭奪殘賊淫亂之生焉，是謂不善心心所之爲本性有也。凡此皆合於事理者也。然孟子偏言性善，而以一切不善歸於不能盡其才，歸於梏亡。性既盡善矣，則凡不能盡其才者，但不能充其爲善之量而已；未至於爲惡也。雖有梏亡，亦但善性之遺失而已，未見其遂有惡之增加；是則亦但不能爲善而已矣，仍未至於爲不善也。今世人明明見有縱情任性處心積慮以爲不善者，是非但不盡其才，梏亡善心而已矣。苟性皆善，何說以處此乎？將亦曰：人心之本有其不善之性焉，遇緣而遂生起其不善之行耳。荀子偏言性惡，而曰：其善者，僞也；聖人起禮義，置法度以矯飾人之情性而正之，以擾化人之情性而導之也。又曰、不可學不可事而在人者謂之性，可學而能可事而成之在人者謂之僞。又曰順情性，則不辭讓矣。辭讓則悖於性情矣。凡此皆謂善之出於學習與矯飾矣。前不云乎？苟無其性，雖習不成。聖人之以禮義化人也，必其誠於禮義而後可以化人；人之樂學禮義，必其心眞覺禮義之美，誠服聖人之德，故能節制折伏其不善之心而從之也。如是誠於化人，誠於學道，是皆惻隱恭敬是非羞惡之出於本心，而弗可以爲僞者也。而可曰人生之性惡，其善者僞也哉？苟其性之盡惡，則將聞禮義而怫然，見賢聖而遠之，深惡痛絕之不暇，而何能心悅誠服以學之耶？聖人之敎人，豈如獄吏之威囚奴，刀鋸鼎沸以强之免而無恥者哉？若是以爲敎與學，其必扞格而不相入也，明矣。故由人之能學聖賢，守禮義，是卽見其性之善。於其能抑其惡，去其不善以從善，愈見其性之善。謂性而皆不善，其亦大背乎義理矣。又有謂人之性無善無不善者，是亦不然。旣無善無不善也，何以復可以爲善爲不善乎？善不可以爲不善，不善不可以爲善，故無善不善亦不可以爲善爲不善。性不同故，體各異故。凡是種種皆由不了因果正理種現各異之義也。何謂因果正理？曰：善因唯生善果，不善之因唯生不善果，無記之因唯生無記果，是謂因果正理。何謂種現各異？謂不同之現法，各由不同之自種生。是故有若干之現行，斯有若干之種子。現法既多，故種性亦不一。善法有善法之種性，煩惱有煩惱之種性，於善法中信有信之種性，慚有慚之種性，愧有愧之種性，無貪無嗔等亦各有各之種性。善法如是，煩惱亦然，貪嗔癡等又各異其種性故。一切有情所有種性原非是一，善惡並存，其未現行則隱而弗現，既得緣已卽便現生。得善緣者善法生；得惡緣者煩惱生。既得生已，復熏成種。隨習多少而勢有强弱。勢力强者，則能伏餘種，善種强者由是而爲君子，爲聖賢乃至煩惱斷盡則成如來。惡種强者由是而爲小人，爲兇惡乃至善根斷盡而成闡提。有情之所以差分，人生之所以矛盾，衆業所以不同，苦樂所以混雜，求其根本皆由有情心性本來複雜，善法煩惱迭起互滅，原有如是不同之性故。

人生因果之通於三世第六

上章言煩惱善法各有種性此種性者，與生俱起，本來而有；如是本來而有之種性，爲從何所來乎？或曰從父母遺傳而來蓋人秉父母之精血以生，同時卽將父母之性情心術而秉受之，及其旣生而次第發展，是以人之子孫性情容體多有肖其父母；亦猶犬馬牛羊飛禽昆蟲無不以類相似相續也。是之謂遺傳說。雖然，近世多反對之者，非定論也。蓋以人之子孫，其性情多有酷異其父母宗祖者，使人類之性情智慧等而盡出遺傳，則堯舜不得有丹朱商均而瞽叟及鯀不得有舜禹武王周公管叔蔡叔，父母同也而性行各異。自古及今賢聖豪傑之子孫不必爲聖賢豪傑。而大亂之世英雄奮起，多出於草莽農工之家。名世大賢，其學說思想人格行義足以振發人心風靡一世者尤必精神毅力前無古人，後無來者；舉世尙乏其儕侶，更非家庭之中祖宗父母血胤相承以遺傳之智能遂得如是之人傑也故父母遺傳之說爲不可通。旣非遺傳，將由學習？然學習之必本乎種性，非可無彼種性者可資學習，已如上章詳論。則此種性其果何自而來乎？曰：是不可不知人生因果通於三世之說。

何謂三世？過去世，現在世，未來世，是謂三世。自從入胎出胎，由生至死，中間身心相續未息滅時，爲現在世。從生以前一切身心生死相續已謝滅時，爲過去世。從死以後，當來身心生死相續猶未生起，名未來世。一切有情皆從過去世轉至現在世，復從現在世轉至未來世，前前世之因得後後世之果，如是因果三世相續，是爲有情因果三世相續。

三世因果依何相續？由何相續？如何相續？復如何知如是相續？曰：三世因果，依於阿賴耶識而相續。由於業識種子而相續。種現生熏，業報酬引，如是相續。由於聖教正理故，知其如是而相續。

所謂依於阿賴耶識而相續者，佛法阿賴耶識，義謂藏識。藏謂儲藏，由於此識能儲藏現行諸法一切種子故。又藏讀去聲，藏謂庫藏，由於此識是諸種子所依存之庫藏故。又藏謂執藏，一切有情執藏此識以爲自內我故。（執藏之藏謂愛護覆藏義）由是三藏之義，故名阿耶賴識此又名心，以能聚積諸種子故又名阿陀那識，此名執持識，執持種子及諸色根令不壞故。又名異熟識，能酬引業，是善不善業異熟果故。又名所知依，能與染淨所知諸法爲依止故。

此阿賴耶識其功用略有二種：一者，能攝藏諸法種子。一切法生必有種子，此種存於何所？曰在阿賴耶識。一切法滅，種子不壞，種子復存何所？曰阿賴耶識，種子現時，賴耶望彼舊種之用，名爲持種。現滅種生，賴耶於彼種子之用，名爲受熏。蓋佛法言諸法之生，不從無而忽生，有其固存之功能。諸法之滅，不從有而盡滅，有其遺留之習氣，是爲諸法之潛勢力。現法者，彼潛勢力之顯現而已。彼潛勢力方其不得緣而未起時，似若無有。及得緣而起時，則功用顯然。是知彼未起用時，非遂無有。既有則必有寄存，之處所。此之處所，阿賴耶識是也。故此阿賴耶識之第一功用，爲持種受熏，攝藏種子也。此識第二用處，在執持根身。根身者，眼耳鼻舌身五根，及彼所依處血肉之軀是根身也。執持者，執受持守，令不壞爛。設此識去身，則所有肢體卽時僵冷，便成死尸，不但感受全無，亦且不久腐壞。人當睡眠等位，六識全無，而非死者，全以有此識執持根身故也。

此阿賴耶識所以定知其有者，依心理學此識必有。蓋人之生也，性質各殊，智愚迥別，此之性質及與智愚從何而出，必不可謂出於身體。蓋身體優越而愚且頑，身體柔弱而智且明者，世多有之；絕不可以身體構造而定人智愚故。是則必有心識，挾持本有之種性以俱來。二者，人之既生而有經驗，及諸學習。此經驗學習所以能存而不失，久而不忘者，亦必有其儲存之所。此之儲存必不可儲存於身體，以身體肉血所成，時時變化，新陳代謝，自無持久之力故。又經驗學習原是心智之用，彼血肉軀體作用不相似故。是以必不可不有心識以爲知識經驗之儲存者。三者，變態心理，每有人格之分裂，及多重人格之迭現者。人格之分裂，則人於一日之間，言語行動判若兩人，異乎常軌。多重人格之迭現，則每每一人於數日之間，言行性格時起變化，而前前後後互不相知。於是心理學家乃有多重人格之說：以爲人之心理，結合多種觀念概念思想習慣情緒欲望以爲一團，在此一團之觀念思想等互不衝突而調和一貫者，便成爲一種人格。設於此一團之觀念思想外別有另一團之思想觀念而與此不同者，則爲雙重人格。設有其他不同之思想情欲等而自成一團者，則爲多重之人格。凡人之人格，每爲多重者。特多種之人格中，必有其一較强之人格，能將其他之人格屈服限制之，令不生起。於是其人之言行動作，前後一致，名爲健全之人格。其不然者，各團之思想情欲勢力相等，則互相凌虐，作用迭興，此起彼伏，此伏彼起，在內則爲心理之擾亂，在外則爲言行前後之不一致，是卽人格之破裂與人格之迭現也。彼謂人實無整個之我。在一團之思想情欲內成一統系不相衝突以成一人格者，卽名爲我。人有多重人格者，卽爲有多我。此心理學家之言也。此種說法，甚有合於佛理。特彼未能推此多重人格之所由成者，根本由於人心中有多種不同之種性。又不能說明方彼某種人格之生起時，餘不同之他種人格復存於何所也。（彼心理學家或稱此等人格爲下意識。下意識者，謂被屈抑之意識也。）又設謂人格之成因原於思想習慣，皆出於既生以後；則有奇異之人格出現，其思想動作有絕非此生之所習者，其來復何自也？是故此等變態心理亦必有所本，有所存，何本何存？是必本於心識，存於心識。佛法謂卽阿賴耶識。由阿賴識，能持種故，能將前前多生之習慣思想情志欲望儲存之以至於今生，彼人之生而有聰明智慧性質種種之不同者，卽其前前生之習慣思想等熏習之不同也，今生之種性，卽多生所傳來也。今生之習慣經驗等之能存不失久不忘者，則亦由此識之能受熏，故令其習氣儲積不失也。多重人格之迭起，亦由起於賴耶耳。由賴耶能持種故，凡不同之人格之種子皆存於其中，得緣而起，違緣而隱；隱非滅也，隱於阿賴耶識中耳；是以得緣而復現行耳。由於人之心理有如是種種現象，是故阿賴耶識決定必有。五識意識所以不能有此用者，第一，彼時有間斷故，謂如睡眠等位不恆相續故不能持種。第二五識意識性時變故，謂或時善，或時不善，不能平等執持諸類種子；由彼於餘，互有抑制屈服之用故。如下意識之與意識，互不並立，何能執持？阿賴耶識，性是無記，一類恆時，無有間斷，故能常時平等執持諸法種子，令不失散。是謂由心理學言此識必有。

二者，阿賴耶識由生物學，生理學言，此識必有。所以者何？世間之物，有無機物，有有機物，有無生物，有有生物，有植物，動物，乃至於人。或曰：諸有機物，皆是無生機物進化而成者也。由無機物化合化分而成繁複之組織，則成有機物焉。由是進化，因環境之不同，彼有機體爲適應其環境，故第次改變其形體，使適於生存。由是次第改變，乃進化而爲人焉。是故諸有機物，無不假無機物以爲原質原素，又無不賴物質之營養。是則一切生物，皆不過物質複雜之組織而已。此唯物論者之主張，而達爾文拉馬克生物學之大意也。信其如是，生物但以無機物爲其原質組合以成，而別無其他心識之原素以爲之根本，則吾人可以無藉於牝牡之構合，而但由物質之化合，卽可以製造世間之生物而有餘。然而今之科學雖進化發達，迄無有能製造生物者。不但高等之動物不能製造，卽下等之有機物亦不能製造。欲求動物，必求之於牝牡之構合，欲求植物，必求之於種子之播殖，科學家但能爲之外緣，如農夫之於禾稼，略加培植而已矣。於是物種之由來，乃成絕大之疑問。達爾文尙謂生命由何而來爲吾人所不知。又曰、生命之源，是否由上帝先造一細胞，或造多數之細胞，亦爲吾人所不知，至於物種如何而變更，無斷定之語。自彼而後，諸生物學家，對此問題之解釋，略有三種：一者、謂物種自他行星隨隕星之下降而來；二者、謂最初之生命由半流質之炭素化合物偶經酵素作用而成；第三則謂地球之質點中本具有生命，得適當之機緣而出現，由是進化遂成今日之象。此三說中，第一第三兩說，皆謂生命別有種子，本來而有，不因物質之化合而成，獨第二說，始謂其隨物質之化合而成耳。是生物學上最根本之問題，迄今尙未解決。彼唯物論之生物學破綻至多，近世德意志之生機主義者杜里舒氏，批評其學說，以爲不可成立。詳見其達爾文學說之批評。彼生機主義者，乃主張生物之生存，必有非物質之成分，以爲之根本，而後生物乃有進化之可言。否則但有物質之疊積耳。雖彼所主張所謂隱德來希者，不必與佛法之阿賴耶識同；然其謂物質化合天演淘汰不足以說明生物之進化，則爲不可易之理也。

蓋嘗論之，生物之與無生物異者，不但自體對付外物有其不同之反應，即其內部生理之組織亦有絕對之不同。無生之物，如金石土塊，但爲物質之積疊而已。生物則各部分有其相互營養滋生之用焉。無生之物形體既成，不加外力，則每一成而不變。生物則由少至長，而老而死，其內部自然時時改變其形體，而生而長以至衰老焉。無生之物，其上下內外各部分之疊積也，既乏長養之功，是以雖缺壞其一部分，其餘各部不從而補償生長之，亦不因是而壞爛消滅。生物則不然，苟其全體之一部分損傷，輕者可由餘部分生長之力使其既受損之部分復生回原，重則隨彼受損部分而全體死亡消滅矣。由是可知，生物雖假借物質以成形，而彼形體之構造絕異物質之化合與結晶也。自科學發達而機器大興，於是而機器各部分相關相連相互作用之巧，亦正如人之舉一髮而全身動也。於是有謂生物形體之配合，亦但如機器之構造而已。雖然，吾人且置生物構造之繁複異於機器而不問，然彼科學家有一至疏忽之事，卽於機器則知有人焉，用其心思，竭其巧智，盡其精神，然後乃能造一機器。而於生物乃至於人，其爲機器，繁賾精妙如此，其極乃可不有造之者，而但曰，此物質進化之自然結果也。然則，吾人可不用人工而物質自會進化以成機器乎？又不須有司機者，而機器自能動作無損乎？夫以機器之爲機械的構合與動作，尙必有心智神識以爲之配合製造而司其動作，則生物乃至於人亦必有心識以司其生長組合焉可無疑也。由有心識司其生長組合，故人之一身，其四肢百骸乃能息息相關，營養生長，共同安危，而不同於物質之疊積。此心識爲何？佛法名之曰阿賴耶識是也。司生長之識必有，故阿賴耶識必有。

阿賴耶識如何而司有情之生長耶？一者、由此識執取精血，有情自體乃得生故，二者，由此識執持有情自體乃得長養安住故。三者、由此識捨身，有情死故。所謂執取精血自體得生，乃至此識捨身有情死者，謂諸有情生必有死，於其死時，諸根壞爛，諸識不起，獨有阿賴耶識相續不絕，故彼相續不絕，故捨此身已，隨彼業力應生何趣，卽便生起中有之身；由彼中有之身，得父母緣會合交構，于極愛位，各出一滴濃厚精血，二滴和合，住母胎中，合爲一段，猶如熟乳凝結之時；阿賴耶識即便執取以爲自體；於是中有身滅，同時即由阿賴耶識功能力故，有餘微細根及大種和合而生，及餘有根同分精血和摶生；於此時中說識已住，結生相續，即此名爲羯羅藍位。此羯羅藍中，有諸根大種，唯與身根及根所依處大種俱生。即由此身根俱生諸根大種力故，眼等諸根次第當生。又由此身根俱生根所依處大種力故，諸根依處次第當生。由彼諸根即根所依處具足生，故名得圓滿依止成就。又此羯羅藍色，與心心法安危共同，故名依託。由心心法，（此處心謂阿賴耶識，心法謂五偏行心所作意觸受想思。）依託力故，色不爛壞，色損益故，彼亦損益。是故說彼安危共同。又此羯羅藍識最初託處，即名肉心，如是識於此最初託，（謂生時，）即從此處最後捨。（謂死時，）又於胎中，經三十八個七日，此之胎藏一切支分，皆悉具足，從此以後，復四日，方乃出生。又此胎藏六處位中，由母所食生粗津味而得資長。於羯羅藍等微細位中，由微細津味資長。又此胎藏八位差別謂羯羅藍位，遏部曇位，閉尸位，鍵南位，鉢羅賒佉位，髮毛爪位，根位，形位。若已結凝箭內仍稀，名羯羅藍。若表裏如酪，未至肉位，名遏部曇。若已成肉，仍極柔輭，名閉尸。若已堅厚，稍堪摩觸，名爲鍵南，卽此肉摶增長，支分相現，名鉢羅賒佉。從此以後，毛髮爪現，名毛髮爪位。從此以後，眼等根生，名爲根位。從此以後，彼所依處，分明顯現，名爲形位。（根者爲淨色根，發生五識者，肉眼所不能見，約有當於生理學上所謂神經。依處者，謂根所依處，卽眼球耳腔等是也）既成形已，卽出母胎，名正生位。凡此種種，詳見瑜伽師地論第一二卷。既出胎已，復由阿賴耶識執持根身力故，令不壞爛，次第成長，至於成人。既成人已，持令相續，安隱而住。中間一切身內動作：呼吸循環，消化，分泌，疾病之恢復，創傷之完好，不由意識等司其功用，而自然運行不息者，是皆阿賴耶識之功能也。及至業報已盡，或福盡，或不避不平等位，故識便捨身。識既捨身，則一切支分縱極完好，（如遇恐怖等死者）由此阿賴耶識捨身故，雖有完全之一身，一切失其作用，便爾僵斃，壞爛不救，是之謂死。是謂一切有情根身自體，由此識結生，由此識持長安住，由此識捨已死，此識之用，如是如是。（此中所言但就胎生說；餘卵生，溼生，化生，則其結生之相與此略異，溼生化生不待父母之緣，自能生故）世人不知阿賴耶識，故於是對於人物之生死，不爲宗敎家之萬物神造說，則爲唯物論之物質變化說。神造說者，以爲萬物之生，皆爲上帝所造。上帝既爲造物主，則當問彼造此萬物者，其目的安在？爲求自己之快樂乎？則有情之生老病死，世間之禍變往復，於彼何樂？設爲求有情之快樂乎？則生而無樂，困苦顚連者，天下皆是也。此於意志爲不可通。又上帝既爲造物主，則可自由造生萬物，何以必藉於牝牡雌雄之合？既有所待，則非萬能，何以名爲造化主耶？況既生之，則不應復令之死；以生爲樂，則自以死爲苦，生之而復令死，是直以有情爲兒戲而供彼笑樂也。設謂生死者賞罰之大柄，生之所以奬善，死之所以罰惡。誠如是，則生善人，死惡人可也，乃善人惡人並生並死，而無所殊異；賞罰抑又何其不明？況上帝既萬能矣，何不盡造善人，而乃並造惡人？設謂方其造之也盡善，既生乃有惡；則是上帝其已失控馭有情之能力，而有情之善作惡無與上帝明矣。既造業有其自由，則果亦由於自取。生生死死，夭壽禍福，又何待於上帝爲之主持哉？故神造萬物說理不可通。唯物家言萬物化生，由物質之變化，乃至於人，其生也亦不過父母精血和合如是而次第發展以至於成形也。設然但有父母精血之和合，便足以生人。然而亦有夫婦配合終身無子嗣者何歟？又爲精血和合生人之說者，同時多分主張遺傳之說，以爲子之身體既由父母分化，其性情亦卽由父母所遺傳。然而父母子女之間其形體性情乖反差異者，又何多也？況機械之說，不足說明生物之構造；物種之來原又有多難，故唯物之說爲不可通。今既知有阿賴耶識爲生死之本，有情之生也由阿耶賴識執取精血而次第發育之，故無待於上帝之創造。設無賴耶之執取，則夫婦交合而不能成胎，故有夫婦終生無子嗣者，以其未種子嗣之業也。有情雖藉父母而生養，然其性情心智自由其種子發生，故有類似其父母者，亦有絕不同於父母者。蓋父母之於子女，但爲增上緣，而非因緣。子女之於父母，但有習染而無傳遺也。既由阿賴耶識執持根身，是故五官百體五臟六腑雖作用各別，而有其統一綜合之性，有其資生長養之功。於是唯物機械之說所不能解釋者，得阿賴耶識而皆獲解決，是非信而有徵眞實不妄者乎？

由是吾人已由心理學上生物學上生理學上推定此識之必有，又知此識之大用在執持種子與執持根身。由是可知三世因果之依於此識而相續義。蓋一切有情，自其形體觀之，似若有生有死；而阿賴耶識，則常時相續，無有斷絕，攝持種子，執取根身，於此歿已，卽於彼生。生死往復，無窮無盡。前生所作，今生得受。今生所作，他生得受。是故三世因果依於此識而得相續也。

所謂三世因果由於業識種子而得相續者，種子之義如前已明，是爲諸法之因。諸法雖有生滅，而種子則無失壞。今之物理化學有所謂物質不滅能力不滅者，彼以爲世間萬象雖時變化，而質力永無增減。萬象之生，是由質力之由隱以趨顯。其滅也，是由質力之由顯以趨隱。種子之與現行，是亦隱顯之易位也。吾人讀書，既識其字，則久而不忘。吾人作事，既得其方，則常時能之。一切經驗習慣，所以久經遺棄，待機緣而復發起者，以平時雖若遺棄，實乃隱伏其勢力而爲種子存於阿賴耶識中，故遇緣而復發也。吾人既知種子永無滅，則知有情之心識業力無滅壞者，既無滅壞，則其勢力長存；則必遇緣而出現。故死於此者，生於彼。隱於今者，顯於後也。是故三世因果，由於業識種子而相續。

所謂三世因果由於種現熏生業報酬引，如是以相續者，此言三世因果相續之形式也。言種現熏生，謂種子生起現行，現行熏成種子也。現起之法，必有親因而後得起，是爲種子，生現行，如前已說。然種之生，亦必有因。其因爲何？曰：有二種：一者，由自前舊種，自昔傳來，是爲本有之種。二者由現起之法，熏習而成，是爲新熏之種。譬如學問，固有之聰明，是爲本有種所發。後起之知識，是爲新熏所成。無固有之聰明，則莫由以資學習。無新熏成之知識，則聰明無長進。是故人因其本有而得新熏，因於新熏增其本有，如斯展轉相益無窮，此本有新熏之義也。本有者，人所固有之能力。新熏者，由本有之能力資於環境習染以成之新能力也。此新能力，於隱而未起之位，是爲新熏種，以對舊種而得之名也。然既經熏成種子，則遇緣復生現行，再資於別種之熏習則又成新熏之種子，則彼前之熏生，又何不可謂其爲本有也？是故前前生之新熏種，望後後生之新熏種，可謂爲本有種。後後生之新熏種，望再後後生之新熏種，則復爲本有種也。然則彼前前生之本有種，望更前前生之本有種，豈不又成新熏種乎？是則本有新熏亦相待之名耳。（此處所說本有新熏，不如唯識宗義之嚴格，彼以法爾所得者，爲本有種也。然於種子取體不增而用增義，新熏之種仍卽本有種之既經現行遇緣而增其勢力者也。以彼不謂本有現行而本有不失，復由現行另生新熏，與本有種而爲二種故。）諸法種子如是生起，由種生現，則可轉而增大種子之勢力。由現行熏種，則可因而永保存此現行之功能。種現熏生，互爲因果，是以因果永遠相續而不斷絕也。

所謂業報酬引者，業報之義，首章已明。造作事業，是謂業。由業得果，是謂報。春耕夏耘，是謂業。秋冬收藏而享用之，是謂報。人之一生，卽是業報之相續。然今所言之業報，乃超夫現世之業報，而爲異生相感之業報也。異生相感之業報，何以異於現生之業報歟？曰因果之義不殊，而勢力之大小絕異。蓋一生之業報，雖一舉手，一動足，一喜一怒，一笑，皆自成其因果也。若夫異世之相感，則業必其出自心意者而無心偶作之業不得爲他生之因焉。業必其具有善惡之性者，而無記之業不得爲他生之因焉。既出有心而又具有善惡之性，如是之業，然後乃能引生他世之果焉。他世之果，何謂也？曰三界五趣之根身器界，及彼中所受之苦樂，是爲他生之報也。欲，色，無色，是爲三界。人，天，地獄，餓鬼，畜生，是爲五趣。界趣之義詳拙作佛學通釋界趣章，此中不詳。一切有情，由其平生所造之善惡異果，於其沒也，則隨業力之別，感五趣之報。謂由造善業故，於其沒也，得人天報。由造惡業故，得地獄餓鬼畜生報。此中善業又有大小純雜之分，故天人之苦樂有異。其善業大而純者，多分生於天中。其善小而雜有惡業者，多分生於人中。其惡業又有輕重品類之別，故三途之苦又殊。惡業極重而多分殺業者，生地獄中。惡業次重而多分貪盜者，生餓鬼中。惡業稍輕，多分爲淫癡者，生畜生中。善業惡業廣如拙作佛學通釋十惡業道十善業道章詳，此亦不述。所謂感彼報者，謂生彼世界，得彼形身，同彼種類，受彼苦樂，如得人報者，生人世界中，阿賴耶識，住於母胎，成就人身，成人種類，受人苦樂，生天生地獄變狗變牛其義亦爾。（地獄等由化生者不住母胎，身分頓成，畜生中又有卵生溼生者生時又異。此不詳說。）諸有一生作業前後不同，善惡並有，得何果耶？曰、次第受。所謂次第受者，善業先作，或力極强，於死時適又得善緣，則善業先熟，得於善報，生人天中。受報滿已，再由惡業，生三途中。雖經百劫，業力不失。惡業力强，善業力弱，又於死時惡緣現前，則惡業先熟，先得惡報，生三途中。受報滿已，再由善業生人天中。雖經百劫，業力不失。設能續作善業，則續生人天。續作惡業，則續生三途。作善而怠，則報盡墮落。作惡知悔，則報盡上昇。如是五趣輪轉，如環無端，不聞聖法，不修聖道，終不出離；是爲業報輪廻。

種現熏生是爲諸法親因親生自果曰等流因果。業報酬引，（酬引者，業能引報，報以酬業故。）是爲增上緣，得增上果；異餘增上因果，特名異熟因果。云異熟者，由不同性之因得不同性之果故。以業定善惡，（無記業無能力招異熟果。）果定無記故。（三界五趣苦樂雖殊，而彼身器皆屬無記。業能損益自他及以二世，故分善惡報，唯自受，又但現世，故爲無記。）又業在異世果在餘世故（於現世中業所得報，業有士用，及增上果；無異熟果；以無改轉根身器界力故。）由此異性而熟，異時而熟，故名異熟。異熟果中又分異熟與異熟生。異熟者謂第八阿耶賴識，及彼所變根身器界由引業所得者。異熟生者前六識中諸無記法，從彼八識根身器界等爲緣所生諸法，由滿業所得者。引業謂引生彼趣根身器界。滿業謂圓滿成就彼趣苦樂異熟，又名總報。異熟生又名別報。總報總得彼果趣生體，故別報，別受彼界趣苦樂，故界趣同者，總報皆同。彼衆同分無不同故。界趣雖同，別報或異，同生人中，苦樂異故。天中受樂，又有等差。地獄受苦，亦有輕重。故名別報也。

雖五趣識身及彼器界，自從識種色種等流而生，然異熟識性是無記，要待六識善惡業力引發乃起，彼業勢力隨先所作強弱不同，故異熟果修短有異。業力既盡，則報果亦終。復由餘業生餘異熟。是故論言，由諸業習氣，二取習氣俱，前異熟既盡，復生餘異熟。諸業習氣，謂卽善惡業種子。二取習氣謂卽異熟識中相見名色心心所等及六識中異熟生攝所有種子。由現熏習是彼氣分，故名習氣。不言現法言習氣者，不由善惡現業直得彼現果。但由業習氣引異熟習氣令生彼果故，所以現業不能直得彼現果者，由此生中先業勢力未盡，現果正起，是故不能於一世中生二異熟；業雖起已，但熏成種，要待前業勢力既盡果報已終，乃能生起餘異熟果，是故說言由諸業習氣，二取習氣俱不言現法也。諸業習氣是當來果勝增上緣。二取習氣是當來果親因緣種，俱謂業種二取種俱，是親疏緣互相助義。前異熟者，謂前前生業異熟果。餘異熟者，謂後後生業異熟果。雖二取種受果無窮，而業習氣，受果有盡，業力既盡則現異熟失增上力，卽時退失現起勢力，是故說名前異熟盡，前異熟盡則由新業習氣力故，引生新異熟果，令之現起。是故說云復生餘異熟。一切有情，由於種現熏習，業報酬引，故無始時來，五趣輪廻，生死相續。是爲有情三世因果如是相續義所謂依於聖敎正理了知有情三世因果如是相續者，謂依於我佛聖敎處處經中，宣說有情造業受果死此生彼五趣輪迴。又說有情十二緣起，苦集聖諦，又爲宣說種種出離，解脫之道，及彼道果。一切釋子，無不信受。此不繁述。所謂由正理故了知有情三世相續者。謂如前說，一切諸法種現熏生，永無窮盡；是故有情不應本來有者後時忽爾，身心頓滅，又諸有情原來俱有一切種子，所謂心色善法，以及煩惱由諸善法種子遇緣起故，說名善人，由諸煩惱起諸業故，說名惡人。善種雖起，惡種不滅，（除諸聖人）惡種雖生，善種仍存。是故時有待緣生起相陵伏義，此卽證於一人現生善惡交戰，亦時可得。故彼心理學者，謂每個人有多人格，每一人格由其一類思想意欲以成一性特强，餘種被伏，則謂人格統一。諸類力敵同時並起，則謂人格破裂，個性不健全。是故一人，本有多我。（此之我字，隨俗假名。）其人我之光明正直者，與天爲徒。其我之仁柔多愛者，與人爲徒。其我之癡淫雜亂者，與禽獸爲徒。其我之貪鄙詭祟者，與鬼爲徒。其我之兇狠好殺者，與地獄爲徒。性雖有此五種，又隨遇緣與不遇緣而生起有別，光明正直之性，遇緣而生，則多造天業。仁柔多愛之性，遇緣而生，則多造人業，餘性遇緣，即造餘業。由多造彼業故，則彼彼之習氣日增，而勢力日盛。勢力日盛，則能伏制餘種，令不生起，而能自成其果。與天爲徒者，自感彼天，與人爲徒者，自感爲人。與地獄餓鬼畜生爲徒者，自感彼地鬼畜。此人格之迭起，因果之自然，奚足怪者？是故依於正理而得了知一切有情三世因果相續不絕。此依常義，略述如此。若欲詳究其義，則非深研唯識教理不能抉擇。

或謂三世若實，五趣不虛，云何彼天地獄鬼等不現見知。既非現見現知，應非實有。昔者，作佛學通釋界趣章中，曾辯此義，引述如次，以答此難。

常人知識，原有限量。諸不知者，取證聖言，由聞知故。諸聞知者，不違理故，眞實是有。如聞科學家言，地圓動等。謂地之圓，及地之動，雖不爲人現見能知，然由不違理故，聞彼科學家言而信實有。現見世間，一切有情作業異故，得果亦異，因果定理，眞實不虛。三界五趣，依業報立，不違緣起，故眞實有。既有善惡，及諸定業，故應有福及非福不諸報。隨業類殊，界趣以異。不爾，善既無功，惡亦無報，有情既死，應成斷滅。有因無果，違緣生義，亦違世間，又彼聖人，是實語者，如語者，不妄語者，不誑語者，既諸所說苦集滅道，善惡業道等，皆應正理，皆是實有。云何果報之義，而獨非有？況夫鬼趣有情，雖不盡爲人共知見，然親見者，亦在在有之。古書所傳，今人所說，世多信有。故既此諸趣，皆非無有，然有不可知者，有情果報隨業而殊，或細或粗，或劣或勝，境界既種種不同，而識力強弱又種種差別，故有可見或不可見。同界有情，多分能見，以業報相似，識力之差不過遠故。異界有情，多分不可見，業報過異，識力過差故。識之所緣，卽自界地，亦多有不可見者。謂過細則不可見，如顯微鏡所見，非常目所可見。過遠則不可見，如藉望遠鏡所見，非常目所可見。過大則不可見，如蟻虱等不能見人爲長爲短，爲狀何似；人亦不能見地球是圓是方，是動是靜，及其輕重等。（昔人謂地方而靜，依懸想說。今人謂地圓而動，依推理說；要皆非現見也。）有過近則不可見，如眼見山河等，而不能自見其睫，有過強則不可見，如日光過烈，人不能直視其光，細省其形。有過弱則不能見，如人於黑暗不辨四方，不見物形，以光極微弱故。有非其境故則不可見，如眼不能聞聲，耳不能見色等。有根闕故不見，如盲者不能視，聾者不能聽。有心亂故不可見，如瘋狂昏醉者於諸事理。如是雖自界地而有多不可見。其他由障礙故而不得見，如人不見隔山隔壁之物，及自肺肝腸胃等。由映奪故而不可見，如人於白日不見辰星，（辰星之光，爲日映奪故。）等，尙不計焉。雖然，如是之不可見，皆非絕對不可見。隨識異故而皆可見。蟻等之聲音語言，雖不爲人聞，彼等自能聞。微生物之形體，雖不能爲人所見，而彼等自能見。人牛之大小等，雖不爲蟻等所見，而人等自見。自睫雖不爲自眼識見，然他識自見。日雖不可爲人直視諦觀，然可爲天直視諦觀。人於黑夜雖無所見，然犬貓鼠貍自明了見，如是等。由是可知，隨識異故，所見亦異。凡有皆可見，而有不可見者，但識力不及耳。地獄餓鬼及天趣等，雖有而彼根身及所依器界，隨業不同，得報亦殊，或過大過小，或過强過弱，如是乃至或非其境，既皆非人趣識力所及，云何而能一一了見也？然而當思卽諸旁生，如彼微蟲等，多分已非人所見，故非是無也。若依唯識道理，一切有情所變境界，如光光相網，不相障礙，但由心異，互不可知。譬如多人，共寢一室，中宵夢起，各變相生。或有自覺身登高山，或有自覺身沒大海，或有自覺榮寵欣樂，或有自覺困苦顚連，或有自覺親愛聚集，笑語高歌，或有自覺仇對會遇，相殘相賊。同處同時，各自識起，天高地卑，宇宙懸絕。寧可執自爲有，斥餘爲無，自卽是眞，餘皆妄者？佛說生死長夜，輪廻不窮，造業受果，三界五趣，境界各殊。然而有同俱隨心生，一切如夢耳。

附　評進化論之無據

本文原名『讀羅廣庭君「用眞憑實據來答進化論者」一書感。』海潮音月刊記者芝峯師改爲此題，爲省題文，今仍之。羅君原文見東方雜誌第三十卷第八號。讀者幸取讀之，蓋能了然吾人之評斥進化論唯物論等爲非無故也。

生命緣起，爲學說上最根本最重要之一問題，自來略有四種解答：一者神造說，一般宗敎家多主張之；二者進化說，自達爾文以後一切科學家多主張之；三者自然說，中國儒道諸家多主張之；四者業果說，佛法主張之。

四種主張中，在近代以進化說於學說界最有權威。蓋自達爾文種源論出世以後，一切科學家多附和其說，益以解剖學，分類學，胎生學，地質學，古生物學等之論證，於是此說遂若至極究竟顛仆不破者也。其由此說所生之影響，則一者爲對於神敎迷信之破除，二者爲對於哲學上唯物論之新建立。蓋進化論之學派雖多，然其共同之點，卽謂一切高等動物由下等動物次第進化而來，有機物由無機物進化而成。說世界本無生命，亦無心靈，但有物質而已。物質進化乃有生命，生命進化乃有心靈；心靈之所以爲本無而後起者，從生物之進化證明之。蓋生物之愈進化愈高等者，其心靈乃愈發達；其生命之愈不進化者，如下等動物，乃至植物，則心靈愈不明了，或且等於無有也。心靈既隨生物之進化而後有，則知心靈爲非本有，心靈既非本有，則宇宙間本有者唯物質而已。心靈者，不過生物進化有機體上所起之作用耳。生物如機器，心靈如機能，機能不離機器，故物質外無心也。此唯物論之依進化論而建立者也。

進化論之推翻神造說，誠爲有功，然卽依是而立唯物論，則與事實完全不符，抑且流弊滋甚！故有欲破唯物論者，對此進化論不可不先闢除其謬也。

去年某君與吾辯唯物論，吾答之書有曰：

關於進化論的爭執，我們須當顧到本題。本題是何？是爲物質是否先於精神，精神心意是否物質產生。主張進化論者，以爲宇宙之先，但有無機物質，漸漸進化乃有有機物，生物，以至由猿猴進化而爲人也。故精神後物質而起，精神者，乃爲物質之最高的產物也。（辯證的唯物論如此說）我的反駁，則以其爲推論而不憑事實，假說而未由證明爲難。你則以爲這是從地質學等攷較起來的。地體由星雲進爲冷體，乃至有生物之生產，皆是科學界用不着質疑的事實。至於由古生物學云云，人類學云云，人之從猿而來，昭昭在人耳目，一加否認，世人便當嗤之以鼻。……自然，此等科學，君等奉爲金科玉律者也。其實何金科玉律之有？我以爲皆臆說也。星雲之說，自是假說，果可以從地質考出嗎？下等動物進化爲高等動物，動物進化爲人，此又可實驗嗎？吾以爲欲知古者驗於今，欲知彼者驗於此，論理學所以先大前提，因明所以重喩也。今有人焉，其父母皆人也，父母之父母又皆人也，乃至百代之前又皆人也，則謂千萬年萬萬年以至於無窮世以前皆謂爲人焉可也。已往者雖不能徵，於比量固不謬於事理可證明也。如曰：古人之祖宗皆是人；以其子孫是人，故如今之人父若祖。既人之祖先皆人，今乃謂某某世紀之前，其祖若宗爲猿，爲狗，乃至爲牛鬼蛇神，爲阿米巴焉，是眞所謂無參驗而必之，弗能必而據之，其因不可立，其喩無可徵，烏在其爲定理也？！人類學之所可比較者，骨骼形骸之相似耳；地質學之所可知者，骨骼化石之多寡有無耳；是遂足爲生物進化相生之據乎？今之世，貓狗熊猿乃至微生動物，並存天壤，曾不見其相生；一經死後，變爲化石，而遂謂某某從某某生，某進化爲某，此中神秘，非爾科學家孰能知之？！且古既進化，今何不亦可進化？縱猿之不能進化爲人，以環境之不許耳。彼下等動物，得煖溼而卽生，附草木而卽存，且明明生生繁殖，並育而共存者，何不亦可稍變其種類乎？況乃依唯物說者，以爲心也者，身之產物與作用也；身也者，不過若干化學原質化合而成者也。旣如是，何不可集合原質以成身，卽由彼身而生長動作言語乎？今人體之物質成分已明，而人工製造之人終弗能得。豈惟人也，狗亦弗能造焉！豈惟狗也，卽阿米巴有機物亦終不能造焉！焉在其爲物質生心科學萬能也？近有新生物學新生機主義者，德人杜里舒其代表也。彼評斥達爾文之說非進化論，乃堆積說耳。又謂生物之生有其生機，是曰隱德來希；苟非此者，生物弗能生長肢體，旣斷弗可續生。心識之起有其源泉，此源泉者曰靈魂。苟無此者，經驗記憶不能儲積，又變態心理人格之分裂，多重人格之迭現，更無從解釋。又曰：如是在生物界則曰隱德來希，在心理界則曰靈魂，然安知二者非互通爲一。此互通爲一者無物足以當之，獨佛法唯識之阿賴耶識足以當之耳。——自另有最不大同處——根身種子，由彼執持；大地山河，從彼變現，此有故萬法有，此無故萬法無，誰謂物質先於精神？誰謂生物由無機物進化？更誰謂圓顱方趾之人，果由四手之猿，四足之狗，乃至無手無足之原生動物，乃至不動不生之老祖宗炭酸瓦斯金石土塊以生成者？吾謂唯物論爲可信，則拜物教亦可信。何以故？以彼同謂精神產自物質，物質爲人等之祖宗故。

吾此所言，雖於論理自覺理由充足，惜少事實爲之證明。近閱東方雜誌羅廣庭君，用眞憑實據來答復進化論學者一文，其言曰：

應用各種物質，如瓊脂，葡萄糖，蛋白，酯潑吞等物，而製成培養基，盛入試管內，以藥棉及多層厚濾紙封塞其口，或再放入數個大小不一的玻瓶裏，而每個瓶裏亦以濾紙封之，然後用高溫消滅一切種子，經過三星期以上的變化，管內卽自然發生各種小生物，——植物和動物。以顯微鏡觀察這種生物發生的經過，則見試管內的消毒物質所揮發的氣體凝集於試管壁上，而成水點，由水點而漸成小粒，復由淡黃而變深黃的顏色，這些小點有些可產出枝幹而成小植物，有些則漸漸吸引鄰近的小粒而集爲小團，小團更繼續吸收物質水分和已成的小植物等，而構成一很美觀的小蟲，到了相當時期卽能活動行走和吃食物，有些小團漸變成蛋，孵化後卽有幼蟲破殼而出。構成蟲的方法有很多種，或由小粒先成頭部，或先成後部，或先成一透明的小胞，再吸收附近小粒而構成多細胞的動物，或由已成的芽胞集合而成小蟲，總之，自然發生的生物其構成的經過，五花八門，與同種子生殖的眞有天淵之別，而且賴種子產生的生物斷不須經過長久時間的變化，由氣體而凝集小粒，由小粒再結合成各各種生物。自從這種試驗成功之後，再經過無數精密的研究，我便決斷各種生物的原始是在適當的環境裏，不賴種子而自然生的。……這種眞確的事實不但能將以前的錯謬理論打倒。就是達爾文的進化論，也失卻根據了。……

他以下更就解剖學說處女膜在獸類如猩猩猿猴等皆無，而人類則有之；陰莖骨雄獸皆有，而人類獨無。謂依進化論者謂生物身體上無用之部分則被淘汰，其有用部分則日進化；如是便證明人不由獸類進化而來！何以故處女膜本無用而反增生，陰莖骨雖有用而淘汰，於進化之理相違故。

彼又謂動物各種之器官相似與否，乃是偶然的事實，並不能謂爲同出一個祖先的證明。如在試管內自然發生的生物，其構造及形體或很相似，或相差甚遠，但相似者並非同一祖先而來。難道相差甚遠者（意指下等動物與人等）是同出於一祖先嗎？

彼又謂進化論者，以胎生學證明物種的變異，以爲人的胎兒先數月生鰓，其後逐漸消滅，便謂人是由有鰓動物而來。此說不然，如在實驗時所見的生物，有些須先自然構成蛋然後孵化出美麗的動物，此類動物難道原是有壳的動物嗎？

彼又謂進化論者，說人體內部有種無用的退化器官，如爛尾與動耳肌等，而兔猪等均很發達。便說人的祖先必是有爛尾與動耳肌等的動物，因爲無用才退化的。但如南美洲土人，雖極厭惡處女膜；猶太人雖極厭惡陰莖包皮，代代加以毀割，然其子孫代代仍然生長而終無消滅。由此可知生物的器官，不隨人的喜憎，有用無用，而便消滅生長，或進化或退化。乃是原來如是終久如是的，所以人體的某器官不發達或退化，並不能證明人類是由別種動物進化而來。

彼又謂進化論者，直接應用古生物學，以爲由地層所掘出的生物化石，因層而異，便以爲生物進化的證明，亦不合理。蓋據地質學家考察古生代末期地球起一次大革命，地軸變遷，寒溫熱三代改變位置，恆風的地方亦隨着轉移，……於是古生代以前的生物因不能繼續生存而消滅；新的生物，逐漸隨新的環境而自然發生。各層不同的生物，乃各自發生的，非由前進化的也。

由羅君之實驗及彼論證，於是進化論之爲臆說完全證實。余讀其文已，不禁色然喜，以爲此文於學說思想上有重大的革命性也。

自科學與人類對於宗教上之迷信雖多分得其解除，而科學者，則又每以一知半解之科學知識而武斷一切；凡有思及玄深理超象外者，動輒毀之謗之，字之曰此非科學之談，以爲除科學外無眞理。而科學萬能之說，震赫於人心也久矣。於是宇宙之故，人生之理，一是皆以唯物論釋之，而取證於進化論，以爲天經地義，神聖不可謗毀也。於是養成人類思想行爲上之偏執與固陋，重觀察而賤思惟，尊經驗而卑修省，尙功利而輕道德，有現世而沒當來，崇競爭而薄敬讓，美享樂而忘受用。以爲人者一求食求衣求安求樂之機器耳。人類之行爲，思想志願，唯競生存，而飽食煖衣逸居享樂之是求耳。學說教育，亦唯導人於何以競生圖存，飽食暖衣，逸居以持續此架機器而已。思想旣域於此，行爲自不外此，故使天下之人熙熙而往，攘攘而來，唯利之是趨，唯害之是避，唯生命財產之是保存，漸乃不惜損人利己而成爭鬥侵略之天下，禍變以與大亂無已！而彼方自以爲是科學知識之未普及，人類思想之未進步，物質文明之未發達之所致焉。此種迷夢，誠吾人所欲驚破警覺而不得者也。

蓋自杜里舒等新生機主義出，稍稍說破達爾文等舊生物學之謬；愛因斯坦相對論出，始見舊物理學上定律之非。有識者已知現世已往所有科學之非究竟眞理方在探索中也。惜其說理稍深，舉例不徧，無以曉喻一般平庸寡識之人，故持進化論唯物論者依然氣燄不肯稍殺。今羅君此文出，取證旣明，實驗復易，可以廓淸一般人之耳目，而抉破進化論者藩籬。進化論旣破，則依進化論而起之唯物論豈不亦當同歸消滅耶？是故吾謂此文所生之影響，或當更較新生機主義，相對論等，爲尤大。更喜此種事實之發現，與論理之說明，乃出於國人羅君。以中國數十年來思想學說唯西洋人之馬首是瞻，步亦步趨亦趨，奴隸附和，曾無獨立自主之精神思想造詣發明；益以養成其萎靡頽廢盲從迷信之習。今羅君固習科學者也，乃能獨立自樹其生命自然生起之說，而斥最有權威於學說人心上之進化論非但警覺世人之迷謬，亦且增進國人之自信力。倘自此一祛依傍他人之習，而積極的自建自樹，則將來於學說上之成就，所以貢獻於世界人類者豈少也哉？此則尤爲可喜可慰者也。

或謂羅君文中明明謂環境與生物之種類也有密切的關係，在一定環境間必產生某種生物，在相似的環境必自然發生相似的生物，而由實驗證明之，彼自物質環境外更不別立有生命心靈等，安知其非仍爲唯物論者耶？進化論雖破，何動於唯物論之毫末耶？曰：唯物論之全部學理，是否因此而破產，且不必說，然而其根據生物進化以說明唯物論者，則決定因進化論之破滅而歸破滅。至於羅君之是否唯物論者，固不必問也。

或謂羅君自然產生之說遂爲生物生起至當不易之說乎？抑與爾佛法業果之說不相違背乎？曰：此是另一個問題。吾固確信業果說者，自不以自然說爲究竟。所以不謂爲究竟者，唯境之論不能說明生物自動發展消融攝取境界以自成身，更能以心力轉變環境以自適其生存故。蓋生命爲攝取境界而生長者，非全受宰制於環境者，苟唯境之論可通，則達爾文自然選擇之說仍可通。然而杜里舒輩不云乎：物種爭存因而有生者有滅者，而其器官因以微異。若其滅者，概以歸因於自然選擇，固無不可，若其生者，而其器官因以微異者，固必有創造之動因，而不得以自然選擇四字了之。以自然選擇爲新種發生之理由者，何異以樹葉未被花匠剪去爲樹葉尚存之理由乎？（見杜氏講演錄三期達爾文學說之批評）雖羅君之說不必同於自然選擇說，亦不必爲唯環境論者，然其積極建樹所以解釋生命之動因者固缺焉未聞，倘非錯誤，固其缺點也。又設眞爲唯環境論，則固可以解於境同而生物同，境似而生物相似然。何以解釋同一之境而有各別之生物產生乎？然羅君之同一試驗瓶中固有多種各別不同之動植物生也。是故環境雖爲生物之所必須憑藉，然此所憑藉者，非卽生物之動因，更必有能憑藉此者，能攝取此者，能同化此者，能轉變此者之物焉，斯爲生物之眞因耳。是非通於佛法業識緣生之義者，何能解釋之？雖然，如是之重大問題，固不能責之羅君一人解答，吾取其能以實驗取進化論而掊擊之，以使人知今世科學及由今世科學而推論之學理爲非眞理而袪其迷焉，是已足矣。至於業果之說如何，可取吾人生學中人生業果通於三世章讀之。他日或當更作生命緣起論以詳其理。

人生之正道第七

人生之實相既明，人物之謬執已破，人生之目的既悉，人生之矛盾既著，人生之二種性格已顯，人生因果通於三世之義既彰，由是而人生應行應止善惡之標準以立，可以出迷途而入光明之正道矣。

何謂善惡之標準？何者人生之迷途？何者人生光明之正道？善者人類所當行應爲之事業行爲也，惡者人類所當除應戒之事業行爲也，此應行應戒者有其至當不移人所共由之則焉，是謂善惡之標準也。

雖然，人之智愚賢不肖種種不一，所見所執各殊，所行所爲各異：所謂貪夫殉財，烈士殉名，夸者死權，衆庶憑生：既各熱心盡力乃至以身殉之，是必皆以爲至當無過應行應爲者也。況夫方今天下異說蠭興，主義雜然，各以爲是而互相非：崇之者奉若神聖，反之者棄如糞土；曲直無定，評論不息；然則世間安得有所謂善惡之標準而爲人所共由者乎？

曰、是由於不達人生之實相，少有所見而固執焉，是以蔽於一曲而失其大全，思想之雜然，行爲之紛競，皆由此耳。若夫達人生之實相者，則善惡標準確然可立，而爲人所可共由共止者焉。其標準爲何？

曰、人生者，業果之相續也。故當勤造諸業以圖生，不可苟且偸惰以幸存。人生者，賴羣互助以共生者也故當合羣愛衆以相生，不可自私自利以獨存。人生之事業由於智慧之造作者也。故當發展智慧以進人羣於光明，不可摧殘智慧以墮人羣於黑暗。人生者，苦惱之拔除也。故當明覺奮勉以力求出離，不可躭著沈湎以日深陷溺也。是故勤造諸業者爲善，苟且偸惰者爲惡；合羣愛衆者爲善，自私自利者爲惡；智慧光明者爲善，愚癡黑暗者爲惡。奮勉出離者爲善，沈湎陷溺者爲惡。善惡之辨，彰彰然矣。孰謂無一定之標準而可爲人類所共由者乎？

吾人又知人類有其矛盾之現象，隨人羣之進化而益甚：人羣聚集不相益以共存，而相損以俱亡；智慧不用以利益人生，反以危害人生；作業不以拔除苦惱，反以增加苦惱；使惡果相續而人生之道窮。凡此矛盾之現象，吾人字之曰罪惡。夫然而有免除此矛盾現象之德行志業者，吾人字之曰功德也。前者爲善，後者爲惡。善惡之辨，彰彰然矣。孰謂無一定之標準而可爲人類之所共由者乎？

吾人又知人生有其二重性格：曰善，曰惡。由其善心，是爲善人。縱其煩惱，是爲惡人。善人惡人之所由判，善行惡行之所由生，胥由所從所本者異耳。如是發展善性，伏除煩惱，是爲善之本也。摧損善根，縱任煩惱，是作惡之尤也。正本清源，長養善心，是爲人類行爲根本之至善。撥棄根本，縱任煩惱，是極重之大惡也。善惡之辨，彰彰如是。寧，無標準，人可共由者乎？

吾人又知，有情業果通於三世，業報往復，五趣無窮。然則但圖現世之快樂，不怖當來之苦害，撥無因果，縱任一時，貪嗔癡慢，殺盜邪婬，不孝不忠，無禮無義，自陷陷他，惡趣往復，烊銅灌口，烈燄焚身。躅蹢膿河，供人趨役，是罪惡之慘報，而爲人生所當鑒戒者也。反是而嚴一生之行踐，植他世之福德，善識因果，修養性情，不貪嗔癡，斷婬殺盜，忠誠孝弟，禮義廉恥，自利利人，同生善趣，得大富樂，色身莊嚴，衣食隨心，志意清淨，靜慮無色，超然出離；或乃修行聖道，永斷煩惱，出離三界，實證無生，則又人生最上之解脫，苦惱畢竟之拔除也。此非爲善之至樂，而爲人類所應遵從者歟，善惡分明，顯著

如是，寧無標準人所共由者乎

善惡之標準既明，人生之迷途，人生之正路斯定。何者人生之迷途耶？曰、違逆人生之實相，助長人生之矛盾，趨逐外境，捨棄性情，昧略三世，逞快一時，損己損人，增益苦惱，凡是種種，皆所謂人生而入迷途者也。易言之，卽人生之罪惡也。行於罪惡，入於迷途也。入於迷途者，造諸罪惡也。反是，通達人生之實相，消除人生之矛盾，不逐外物，反正性情，善識三世，行思久遠，齋明肅愼，自利利人，以拔除人生一切苦惱，是卽人生之光明正道也。易言之，卽人生之至善也。行於至善，入正道也。入於正道，行至善也。迷途正道，如是如是；易行易知，不須窮索也。

夫然，人生行爲善惡之標準如是其明，人生迷途正道如是易辨，然而人類竟不行正道，盡入迷途，捨棄善行，增長罪惡，以成人生極端之矛盾者，其故何耶？曰、原因雖無量，約略言之，蓋有三端：一者我見之分別，二者境界之迷著，三者邪說謬執之蔽害是也。人類之生也，內有我見之分別，外有境界之迷著，而禍烈於邪說謬執之蔽害蠱惑，遂使頑梗不化，顛倒妄爲，人我憤爭，羣體破裂，智慧技能祗以增貪嗔之勢，政令法律反以助盜賊之威，而生人之道窮，禍亂之興無有已矣。

何謂我見之分別耶？謂諸有情由不了知所謂生者但爲業果之相續，以爲有眞實常一之我爲人生之主宰，能作事業，能受果報，與人爲對，互相差別，我貪我慢俱由之起，是爲我見分別。由執我故，復起我所，於是有境界之迷著。

何謂境界之迷著？言境界者，謂諸世間資生什物，田園宅舍，國邑王都，山川土地，人民僕使，美色好音香味觸法等心之所對，意之所取，是爲境界。言迷著者，迷謂迷惑，不了實相，著謂貪著，無有厭足。謂由不了知資生什物衣食住等但有拔苦之用，別無享樂之功；以爲人生有其大樂，所樂卽在外境之享受，由此迷謬，故起貪求，愛著不捨。其未得也，唯患不得，其既得也，唯恐或失。貪著無厭，執爲我所，慳吝鄙嗇，執持不捨，是爲境界之迷著。

既有我我所執，故有貪愛等生。愛著我故，不慈愍他。與我相違，復起嗔恚。於我盛事，復起憍慢。於我衰損，復起憂悲。由是私欲橫流，沈迷不返矣。

雖然，使有正見在心，了知諸過：於貪嗔癡生過失想；於世惡法，殺盜等事，起罪惡想；慚愧深重，畏法畏人，則雖有煩惱，尚不敢作惡；雖小作惡，尚未敢猖狂妄爲；則人生之罪惡不極，而人生之大禍不生，猶可爲尋常守分之人，世亦未至紛爭而大亂也。及有邪說謬學出，於是而人類之妄想惡見以深，每以其似是而非一曲片面之見解，察焉以自好，以惑亂人羣。於是人乃不顧禮法道義，無慚無愧，放膽妄爲，而且執以爲功德矣。今夫殺人，人類大不仁之事也；而殺敵者彼豈謂爲不仁乎哉？刼貨，人類大不義之事也；而刼敵者，彼豈謂爲不義乎哉？欺詐，人類大不善之事也；欺敵人者，彼豈謂爲不善乎哉？蓋自國家主義與共產之說行，國與國間，階級與階級間，彼直以殺盜欺騙爲應作應爲之事，而大仁至義之行也。其他宗教與宗教之間，如往日耶教回教之征伐；朋黨與朋黨之間，如今時政黨之傾陷；莫不以殘忍險詐爲正當之手段方法也。是則何故？曰以其有主義故，以其有信仰故，質言之，彼各有所崇所惑之謬執與邪見故

耳

或謂敵國外患侵人無已，自既託國家以生存，故不得不合羣以禦侮，合羣禦侮故不得不尊崇國家犧牲小己，欲人之捨己以爲國，故不得不有國家之主義學說以事鼓舞，而後乃能齊一人心殺敵致果，有時乃至侵略他國而增自土宇以爲一國之榮光，是正人羣羣性之發達而道德智慧之增高也，奚其過歟？曰是不然。所謂道德者，公正而無私，利他而無求，汎愛萬物而無界域者也。今爲國家主義者，行於自國不以爲德者，對異國則以爲德；行於國內以爲不道者，行於國外則執以爲道；是豈得爲公正而無私？又彼之說，以爲國存而後身家可存，是以當愛；則彼愛國實無異於自愛其身家也；是豈得爲利他而無求？對己國則愛，對他人之國則不愛而仇之；是豈得爲汎愛而無限域？故愛國而存敵視他國之意於其間，乃至有帝國主義者，一以侵略異民族異國家爲事，是眞罪惡之淵藪也，烏得爲道德？彼爲階級鬥爭種族鬥爭之說者，其過亦同此也。蓋嘗論之：彼狹義之國家主義，乃非羣性之增長，實爲我執之擴大。我執之擴大者，實卽我所有執之擴大也。蓋由執我遂起我所，由我所故聚積愛護而不能捨。始爲家庭之儲蓄，於是執我田園，執我廬舍，執我牛羊犬馬，執我拏僕妻子，是皆我之所有，而爲我所得私，因而愛護之心存焉，久且竭盡心力以專注之，於是有爲財產而忘身以求之，爲田土而捨命以衞之者，是則以身殉物，以我而殉我所者也。此常人鄙濁之情，世多有之。及其進也，則我所之心轉熾，於其家之所在，鄉土境物，皆有愛護之心焉。又進，則於其鄉之所在，由政治之範圍以爲國土城邑者，亦以爲我之所有而起其鄙吝愛護之心焉。是則國家觀念之所由生也。適不幸而有幷生於世之他羣人焉，亦爲生活之須而有政治之組織，於是又釐定某某地，某某城，以爲其國。國既立矣，政治生矣，而有好大喜功貪婪暴戾之人焉，欲以侵陵異國夸大功名，於是而國與國兵戎之事起。兵戎既起，則敵愾以生。敵愾既生，則國執彌重。國執既重，於是始以自衞自防爲正義者，終乃以侵人害人爲正義矣。至是道德之說，乃入歧途。始於一二人之夸誕貪嗔，繼之則有衆人之同仇敵愾，由此羣之同仇敵愾，而引彼羣之同仇敵愾，輾轉相尋，久則但知有仇敵而無所謂正義；終則且以殺敵報仇是卽爲正義也。既以彼爲正義，於是捨其身而弗惜，縱其惡而無罪，率人類共入於顚倒狂亂而不可救藥，世變頻興而人生之大難成矣。人生之大難，不成於離羣析居之日，而成於國家固結之時。因緣湊合而要根本於我我所執，而禍烈於謬見邪說。我我所執，謬見邪執，罪惡之本也，而奚道德之云？夫既非德，故亦非智。所以者何？國執深重，侵略相尋，互爭互鬥，殺人流血盈城盈野，此何異於自殺者？人類不相親以共生，乃相殺以共亡，迷惑顚倒而不可救，尚烏得爲智者？所謂智者，豈徒在能發明製造殺人之具而已哉？貴其能明人生之實相，弭禍亂於無形，以率人類於正道耳。是故國家主義，都無是處。國家主義如是，其他爲個人主義共產主義，乃至迷信宗教偏執朋黨者，其過亦然。彼爲共產主義者，敵視異階級，慘刻無情，曾不以人類相視，而追逐外物，競求福利，以爲財產既共，人類遂平；資本集中，遂無私利，而不知逐物彌甚，則貪心貪熾，貪心愈熾，則私蓄情深。既以唯物鬥爭之說鼓舞其貪嗔我見之心，又從而刼奪民財而廢除私有財產，愈求其平，而人心愈不能平，人心愈不平，則大亂大害終有發露之一日也。俄國殺戮放逐饑餓死亡千餘萬人僅乃成今日之勢，工業雖興，而農產日乏，食糧恐慌，人民流離，前途何如，蓋難逆睹。況夫中國赤黨之徒以殺人放火，刼掠財貨爲事者乎？然而彼固曰吾行吾主義也，吾救濟人民也，吾力爭平等也，吾力求人類方來之最大幸福也，吾何所施行而不可哉？故曰人類之罪惡，本於我見之分別，外境之迷著，而禍烈於邪說謬執之蠱惑蔽害也。

或謂子之非難國家主義如是其甚，子將不愛爾國家乎？曰惡，是何言也。當今天下，帝國主義大行，逞其强暴，盡其機謀，以互相殘賊而成水深火熱之天下。人生學之作，本不爲一國一地之人，欲天下之人皆破其謬執，而同趨正道，庶幾乎强陵弱，衆暴寡之禍，可以少戢，卽爲弱國之人言者，愛國亦自有其正道。蓋聞之國於天地，必有與立。管子曰：禮義廉恥，國之四維，四維不張，國乃滅亡。德義政敎立國之本也。有人於此，欲其身之尊榮，不立德立行，而唯他人之我欺我陵是懼，而日日與其左右之人爭自由平等。有家於此，欲其家之福利，不父慈子孝，兄愛弟敬，夫和妻順，同心一德，節儉勤勞，以自興其家；而唯鄰家之侵略，毀滅吾家之是懼，而日日激厲其家人父子男女老幼，以同仇禦侮，而敵愾其鄰。如是人若家者，其將遂日趨尊榮而福利也耶？如是爲國者，不能立德立行，協和羣衆，本其捨己爲公之心，爲福利人羣之政，則雖以五倍之地，十倍之衆之中國，日日以打倒帝國主義力求國際平等相呼號，而無救於遼寧吉林黑龍江熱河之喪失。主義之效，彰彰然也。反是，國之人，苟能明於人生之實相，而敦其禮義廉恥，同心一德，以共圖人類之生存，政以和，民以理，則雖不肆言國家主義，而誰敢侮之？苟有異族異國而橫肆侵略，則亦可齊一民心，抗禦强暴，以昭正義於天下。特國之正義，與人之正義同。己所不欲，勿施於人。自認他爲不正者，不得反施之異國爭持，亦猶之個人諍訟，當判曲直。苟護過不悛者，始當施之責罰。罰亦必當其罪，不可如酷吏之行刑，殘刻而寡恩。罰其罪者，雖在敵人，猶必存哀矜痛惜之心，俟其悔過，而勿激以爲暴。更勿因彼國少數人之罪過，而遷怒及於婦孺老弱無辜之人。誅其君而弔其民，此文武之所以服和萬邦者。苟有天下爲公，人我一體之心，雖不講國家主義，而對國人之忠愛益宏。雖忠愛其國，而亦忠愛他人之國。進之以進於國家畛域之泯除，而極至於大同之世。人不我侵，我不人防，融融陶陶，共適其生。是則吾人心思行爲之可趨向者也，庶爲息除今世大禍之道也。吾人對國家之態度當如是。其他一切主義之所主張，苟有當於絲毫公理者，如共產黨之爲救護勞働民衆而求經濟之解決等，吾人亦並主張之。特皆應本於大公至正之行，而無偏激已甚之失，更不以不正當之手段作惡爲非以求目的之幸達，是則吾人不能苟同於他人者也

如是人生罪惡之根本既明，而人生至善之正道益著。所謂人生至善之正道者，內之無我我所見之執著，外之無境界之迷著，不計有國家種族階級朋黨之畛域，亦無上帝神天主義思想之謬執，大其同情，尊其德義，共出智慧仁勇以拔除人生之苦惱，而宏濟艱難。人生之矛盾以除，人生之性情以正，因果淨善，相續於無窮；或乃執見盡除，煩惱斷盡，超然離欲，自度度人，以爲人生行業至高無上之完成，此之謂光明之

道，此之謂至善之行，廣大無邊，悠久無盡。以視異論僻執之偏激狹隘而驅人類以入迷途者，豈不有天壤之判哉？

如是人生之實相已明，人生之正道已著，然如何乃克完成如斯之正道而達此願求，則不可不明世出世間東西聖人儒佛之學。彼其為學平正和易，廣大甚深，功夫次第，微妙周密，離諸邊執，正處中道；如彼菽粟水火為人生所不可一日離，又如甘露醍醐得常人所未曾有。義理宏富，更僕難盡。詳而論之，請俟二三四篇。

儒學大義 人生學 第二編

人類之三種文化

將述世出世間儒學佛學，先略述東西文化，並評論西洋文化，以顯儒學佛學在人類文化之地位與價值，及其爲今時所必需。

人類文化略有三種，由三條之路向而來。所謂人生之三條路向者。

人羣由彼對於人生生活之觀察淺深廣狹之不同，於是而其所取之路向亦異，大約言之略有三種：一者，由彼對於人類見其無不樂求生存，又見生存之要不能一日離夫衣食住居器用資財之需，於是便努力於其生存而盡心以營求外物，日以營養保存身體之完全生命之連續，更進而求生活之富樂爲事，此常人之情所與禽獸昆蟲同者也。蓋一切有情皆有樂生之情，而生也即有衣食等之需要，苟所需而缺則小之有飢寒之憂，大之卽不免於死亡，欲免於飢寒死亡而遂其生存，故不得不竭力以從事於外物之營求取得，求取而得則飢寒免而生命存，否則亡，故一切動物皆爭取外境以爲養；於是而西方有生存競爭之說，以爲自古以來，生物本無量種，迄今存者實其少數者耳；其存者，卽生存競爭而勝者也；其亡者，卽生存競爭而敗者也；既動物皆有求生之心，而生存又至不容易，是故凡人之欲求生存於世者，不可以不努力盡心以與環境爭勝負，庶幾不致天演淘汰以趨滅亡也。此種人生之路向，可曰愛生競存之路向。

二者、觀察人生雖不能離夫外物之需求，然求之而過不能知止，則卽此營求愈足以增加人之苦惱。蓋心爲形役，捨己徇物，患得患失，無有已時，卽此便生種種憂惱。且求之而不知分，則始焉人與物競者，終且人與人競；至於人與人競，則人羣相親相養相愛相生之道絕，而爭奪暴亂之禍起，更足以爲人類之大患，而且貶損人之人格，賊害人之仁心，而使人生卑下而無價值。是故與其逐物而亡本，不如反躬而自得。與其縱欲以亂羣，不如克己而善世。故謂人生之價值不在財利之爭求，而在道德之修養。以必如此，方足以淑身而善世也。此種人生之路向，可曰淑身善世之路向。

三者，觀察人生畢竟是苦，而所以致此苦者，又無不由不淨之業之所招，惡業苦果無有已時，卽有情終無完善美滿之生活。人生之苦，已如人生實相中言，此不更述。既苦如彼，何事貪求，何爲單戀？逐物造罪，固不如淑己善世；而世無盡善，身終是苦，則不如捨棄人生，別求出離，解脫涅槃，不生不滅，斯爲至極究竟之道也。此種人生之路向，可曰捨棄人生之路向也。已述人生三路向，次述人類之三種文化。

由對於人生之觀察不同，故有不同之三種路向，由有此不同之三種路向，故產生三種不同之文化及文明。一者西洋，二者中國，三者印度，此以地域而分者也。又由創造此文化文明之人物學說而分，則亦可曰科學的文化文明，儒者之文化文明，佛陀之文化文明也。

何謂文化？文化者，人類生活之路向與方法；由小數人倡之，多數人和之，浸假而有指導支配舉世人心之力焉，使舉世之人皆共趨於此途，而同此心志，同此生活，相習以成風焉，是之謂文化。一人之學說未有轉移支配人羣之力，倡而無和，無有空間之普遍性及時間之相續性者，但名學說不名文化也。一地方一時代之風俗習慣，雖能風靡一時一地，而無學理之根據，無流傳久遠之價値力量者，但名習俗亦不名文化也。故文化不同空談之學理，又不同淺薄之習尙；內有學理之根據，外有恆久普遍支配人心之勢力，而使人類之生活有一定之趨向與方法者，是乃名文化也。此在中國舊名文敎，學理文章有指導敎化人類之力，故名文敎。卽此文敎有化民成俗之功，故名文化也。

何謂文明？謂由彼文化之力，由是而產生其制度文章風俗器物，顯然表著於外而可示諸人者，是謂文明也。在中國又名文物。物謂事物，由文化產生之事物，故名文物也。

所云西洋文化者，謂西洋人所產生奉行之文化也。此種文化蓋由愛生競存之路向而來。始焉求生活之保存，繼焉求生活之富樂；由此生活之保存與富樂爲動機，竭其羣類之全力以趨赴之，故成西洋之文化。此文化之特徵，目的在人類生活之保存與富樂；方法在對於自然與異類之戰勝與克服；而根本於科學之發達，與工業之盛興。由科學之發達，故人智日進，由人智日進，故製造愈精，由製造愈精，故其戰勝克服天然與異類之力量愈大，由是而人類之生活愈安定，而物質之享受愈富樂。雖一切人類皆有保存生命享受富樂之要求，及對於天然與異類之戰勝與克服之事實，然而未有如西洋人之努力與成功。是故由此條路向所產生之文化，當以西洋人爲代表。所以者何？以印度中國地方雖亦有農工商業，及服牛乘馬田漁畜牧之事實，然而以無科學之發達，故諸所製造，皆不及西洋今日。卽印度中國人今日之生存與享樂，亦時時受西洋人威脅壓迫，而日呈危險與枯索之現象。是故此路之文化，實以西洋今日爲最成功，又且最有勢力，其他地方無有企及之者，故足爲此路文化之代表也。又此種文化之成功，既全恃科學，故此種文化卽科學的文化也。由此文化所產生的文明文物卽爲西洋之社會制度，政治組織，學術思想，工業製造，鐵路火車輪船兵艦飛機大炮電話電信等等奇妙偉大之事物也。

中國文化者，謂中國人所奉行產生之文化也。此種文化，由第二條淑身善世之路向而來，對於外物，非不求利用，而不盡力馳求；對於內身，非不圖享受，而安分知足；對人以道義爲重，對己以德性爲尊，是故不以保全生命爲第一要務，而以立德爲第一要務；故曰所欲有甚於生者，所惡有甚於死者；是故利有所不求，害有所不避，殺身成仁，捨生取義，可也；此其宗旨與第一種文化不同者也。宗旨既殊，故方法亦異：不求戰勝克服天然與異類，而力求克服戰勝自心之私欲，故曰克己復禮爲仁，又曰養心莫尚於寡欲。蓋己私既去，則道義自尊；所謂閑邪存其誠者是也。又此種文化，既不以克服戰勝天然異類爲方法，故反以與自然異類調和融洽爲目的，故有天地與我並生，萬物與我爲一，乾父坤母，民胞物與，渾然與天地萬物爲一體之思想與體證；而一去物我之分，自他之界；故曰萬物靜觀皆自得，四時佳氣與人同也。宗旨方法既均不同，故其結果亦與西洋大異。彼非無物質工藝之發明也，而淡然不求進步，有時且故意抑制之。社會之制度，政治之組織，皆無西洋之嚴密精細，而國家之思想至爲糢糊，階級之意識至爲淡薄，故對異族無苛刻之侵略，其社會少不平等之階級，乃至個人以寡欲不爭爲樂，人羣以平和情誼相親，內心之享受固有未可以外物之富樂相易也。由如是而起之制度文章禮敎風俗及其內心之享受等，是卽其文化所產生之文明也。此派之文化文明，雖由古先聖王漸次成就，而集其大成者厥爲孔子。老莊之學，以寡欲無爲任運自然爲宗，於反對第一派之文化爲最力，亦有與儒者多相同處，而無其積極有爲之精神，故其支配中國人心者力不如儒者之鉅。是故此派之文化，卽可以儒者爲代表，直稱之曰儒敎之文化文明焉可也。

印度文化者，由印度人所產生成就之文化也。此派文化，由第三條路向而來；以出世無生爲目的；以厭離世間修出世道斷除煩惱；爲方法，而根本於破除我我所執，以實證眞空無碍無住菩提涅槃爲究竟。彼以人生爲大夢，世間如苦海，無常無我不淨而苦，而諸有情謬執常樂我淨，貪戀不捨，造業受果，輪轉無窮，是爲大可哀愍者也。故大覺世尊，以大慈悲，現身說法，教諸有情知苦斷集，證滅修道，得究竟之解決，此其大旨也。夫吾人講人生學，而佛學乃爲出離世間解脫人生之學，得無彼此互相衝突乎？曰否。夫吾人生焉則亦已矣，而何事夫學？人生而必學，蓋以人生有多缺陷，有多過失，故需學以補救之身。其缺陷過失奈何？謂如人生實相章及人生之矛盾章中所言，人生澈底是苦，爲欲拔除諸苦，故合人羣之心智體力以共事拔除而造諸業，業果相續，人生乃以不窮。然而人性有善惡之相雜，故業亦善惡之互違，於是人生成矛盾現象；爲欲拔除飢寒等苦故，少不了第一路向之文化；爲欲滅除人生善惡業之互相矛盾故，少不了第二淑身善世之文化；然而無論第一第二兩種文化如何發達，而人生之爲苦也依然；諸行無常，生必滅故；財位名利，暫有卽無；故親愛和合，終歸離散；故彼視人生數十年光陰，正如電光石火之無常不可信保，而復於中有多少苦惱災橫，欲得究竟之解決，故以出世無生爲至當。人或謂佛學以滅除人生爲志，是直等於人死學耳。而不知佛正視人生，生必有死，如影之隨形；為欲拔除此生滅循環之苦故求不生不滅耳。人或謂不生亦易也，自殺可耳，何事學佛？而不知生之來也，由業由煩惱所起；苟不能拔除業與煩惱，則死於此者生於彼，終無有出離之一日，而反增其大苦焉；是故不以自殺為然，而反以為戒也。或謂既不自殺，又不以人生為究竟，則如宗教家之求生天國，往依上帝，是亦可也，何事佛學？而不知天上人間同繫界趣，苦樂雖殊，都非出離，生死輪廻與人世同耳；又況上帝梵天造物主宰之說妄誕而不眞，彼之修行錯謬而非正，故弗由之也。此佛學之所由生，而對於人生有重大之價值者也。印度人自來對人生多分皆懷不滿，皆有趨求超越人生之趨向，諸宗外道至極繁多，由數論勝論下至於投崖溺水之徒，皆不滿於人世；而眞能得人生之解決者，要唯佛耳。是故印度出世離生之文化，又以佛教為其代表，可稱之曰佛教之文化也。其由彼而起之戒制律儀，及為三寶而起之美術文藝，乃至其經律論議，及其所成就之果位功德等等，均其文化所產生之文明也。

雖然，此三種文化，非但限於某一地域而已，但謂此三方所致力者各有所重，成功各有不同耳。且如第一路向愛生競存之文化，何必限於西洋人？禽獸蟲魚，皆有之；一切凡愚，一切民衆皆有之。即以機器之發明生產之發展言，中國印度又何嘗全無成就？然而終不如西洋科學家所成就者大，故特以彼爲代表焉耳。又如淑身善世之文化，何必中國，何必儒家始有之？西洋印度哲人志士苟以世道爲念，欲行救治之者，亦無不有此心志與學說行爲也。然而終覺以中國儒家所成就所主張者爲最美善，且行之最普及而永久，故以中國爲此派之代表。第三厭世離生之文化，亦不限於印度與佛教，下之愚夫愚婦所求不得，恩愛別離，怨憎會遇，不勝人世之苦，亦有投環自縊，赴水自沉之舉動；彼之自殺，即其厭棄人生之堅決表示也；其餘耆那教之以苦行而期解脫，梵天上帝之教以天國爲彼皈依，亦不欲留住人世；至於佛教之推行也，雖始於印度，而今乃留存於東亞，我國二千年來高僧輩出，學說教義普及衆庶，印度今日乃反成一蹶不振之勢；故知此種文化亦遍及人世也。然而此派文化之至極成就者確唯佛敎，而佛又生於印度，且在印度行之千餘年，成就至爲偉大，故言第三派文化必以印度佛敎爲代表。吾人既知此三派文化之互相交涉無絕對之地域關係，又知此三派文化之生起發達，各有其根據地與中心地，然後乃不滯礙於此說也。今表此三派文化地域人民互相涉入之圖如左：

　　文化三分之說，吾在北京大學旁聽時，始聞之於梁漱溟先生，啓蒙受益，欣感無窮。自後吾既由儒入佛，梁先生則捨佛歸儒，行逕既殊，思想亦異。今茲所論，含義已多不同於梁先生。然開導增上之德，寧敢忘也。敬附數語，用識吾心。

西洋文化評論

西洋文化之大意及其成功已如上略述，今其勢力之大，實已支配全世界，征服全世界；儒也，佛也，中國也，印度也，皆非其敵。因而世界之人，無不知其好處，謂其爲人類所不可一日無。蓋對天然界，非彼科學之製造，不能利用支配；對於人事，非彼不能抵禦異族異國之侵陵；除吾人欲自甘窮困與滅亡，未有生今日而可不崇拜效法彼方所爲而能自立者也。既其長處已盡人皆知，故不煩吾人再事申述。今日所當詳細研究者，乃在解答此文化究竟有無流弊與禍害？苟其盡善無弊，則吾人固當捨己以從。倘其雖有利而亦有害，則吾人學之從之，卽當有所取擇，學其長而去其短，庶不致於一味盲從，以至同趨覆溺。倘能知其短而復與以救治之方，以補彼方人之失，則是非人類各貢所長互濟其短之責任耶？故今但評論其短處。

吾人已知西洋文化之動機爲求生競存之欲求而成功於科學之發達，夫人莫不有愛生之情，而生則必有衣食之需，科學研析事物而窮究其用以利人事而富樂人之生存，則西洋文化科學製造固亦人生正當之文化，必要之學問歟！雖然，生存而必競爭，則仁讓之心日亡。逐物而不知止，則勞神役心而失其生理。其流弊所至，蓋有三焉：一者使人生失其意義。二者使人類喪其同情。三者使道德日趨墮落。證之今日西洋文化之末流其義益著。

何謂使人生失其意義耶？蓋人之所以勤勞不息營造事業者，原欲藉外物以養其身心而遂其生存也。是故有農工商生產製造之事。凡此所爲，是以自身之生存爲主，外物者乃不過以爲工具以爲手段，非以求得外物即爲目的也。常人見生活之必需夫衣食住居也，於是遂貪愛夫衣食與住居，於是不惜以身徇焉；是不以衣食養身心而反以身心逐衣食，是非反以衣食等外物爲主，而反以身心爲奴役耶？即此已使生活失其意義。更進而人類之文化愈進，則衣食住居不必求其養身益體，而更求其華麗奢侈徒飾耳目之視聽而反以賊害其身心者有之；則是不以物養身心，而反以之損害身心矣。又況人事日繁，生計日變，則有貨財之使用金銀財幣本不可衣食之物，而但爲交易之具而已；愚者迷之，愛著財幣，疲役身心以徇之，或因是而造種種之罪惡焉；是非以貨財累身而反爲之奴役耶？凡此皆所謂使生活失其本義者也。雖此等之人，不必西洋乃有，古今中外無不有之；特物質文明愈發達，外物之足以引誘人之貪心愈甚，工藝愈巧，交易愈繁，金銀財貨之儲蓄也愈易，則愈足以使人逐物而忘本；不以物養人而反以人徇物，不爲生存而求衣食反爲營求衣食而苟生存，使人類胥成外物之奴隸焉；此固方今舉世通有之現象也。

所謂使人類喪其同情者，前論人生實相中已言人生之所以克遂生存者，蓋非一人之智力所能獨遂其生存；人類之所以共出智力以互助互養者，其根本乃在人類之富有同情心，非出於利害之計較，乃出本性固有之愛情也。如親之於子，撫養敎誨，出自慈心，非爲圖利。等是而有兄弟夫婦，乃至朋友國人之交接。苟非有同情慈愛爲之根本，則法律政治必不足以維繫世間之安寧。是故人類之生活，固有賴於智力以爲求達生活之方法，根本更有待於人心相互間之慈愛。由人類有相互慈愛之心，故父母之於子女，乃撫育敎誨，令人類之生息無窮而不至於滅亡。兄弟夫婦朋友國人互相愛助，而人類生活乃以擴大而不乾枯無味局促狹陋無生意，人生亦緣是而有價值。然則謂人生根本建立於人類之同情焉可也。雖然，此人類之同情，有使之澆漓而障碍其發展之物焉，則自私自利之心是也。自私自利之心何由生？曰，生於我我所執。由執有我故，於是有自他之分別。由執我所有故，於是對於外物衣食資具等乃慳悋而不能施，貪求而無有厭。由慳吝故乃視人之飢寒困苦膜不關懷，已喪其同情矣。由貪求無厭故，則更有損害人之利益以自利益，雖令人皆受苦而己獨樂亦靦然無恥而甘心爲之矣。此慳貪之本雖由於我我所執，而我所有執之發達則多由於文化已進步，製造已發達，外物已在在足可爲我所據有之時。蓋如在工商業未發達之時，人胥仰賴天然以生，逐水草而居，則人不私有土地；賴果品而食，則人不私蓄飲食；貨幣未行，則人不獨擁財利；彼其時，人與人共生存於大自然中，隨分而取，適量而止，所謂鷦鷯棲林不過一枝，偃鼠飲河不過滿腹，寧復有爭地爭城殺人流血之禍哉？治夫人文進化，人智日開，所謂利用厚生之術愈進，而我所有執亦以愈堅。土田有其畛域，山川有其境界，農工生產飲食衣服各有所私，而金錢財貨乃可爲人擁據。及夫物質文明愈發達，奇珍瑰瑋之物愈足以移人性情長人情欲而憊竭精力以趨求之，於是而爭奪愈興，人類之大禍愈烈，此則今日西洋文明發達之極所演出之現象而詔示吾人以眞憑實據者也。其現象爲何?曰一者爲歐洲民族對世界異種民族之侵略。二者爲資產階級對於勞動者之剝蝕。在前者則爲帝國主義，後者則爲資本主義。所謂帝國主義者自強大其國而陵懱他人之國，自富裕其民而剝削異族異種之民，自大自尊自私自利而還以屈辱奴隷損害侵擾異國異民以成功其尊大富利者也。此則非洲美洲大洋洲等地方之所以爲西洋之殖民地，黑紅棕色民族之所以奴隷亡滅於白種人，而亞洲黃人亦岌岌不保朝夕者也。方今之世，截然畫世界民族爲兩種民族：一者征服者二者被征服者，此則帝國主義之賜也。所謂資本主義者，謂不藉勞力與精神自行生產而求得其分內應得之報酬，但以金錢工具役使他人之勞力精神使之代事生產而獲其生活所需範圍以上之最大利得者也。但憑資本，便能役使他人、代己生產；勞者寡功，坐食者享利，由是而富者日富，貧者日貧，富者至積資億兆，貧者至身無立錐，富者至驕奢淫逸以金銀蓄之無用之地或用之於所不應用之途以自戕害其生貧者至衣食住居都無所賴以日趨於困苦死亡，因是在一社會一國家之中復分人類爲兩階級：一者資產階級，二者勞動階級，此則資本主義之賜也。今之世界，此二大主義之世界也；此二大主義皆根本於自私自利，並不惜刼奪侵害人之利益以自利者也。雖我我所執自私自利之心爲人類所共有，然使非科學進步物質文明過量之發達，無工商業之盛興，無機器之發明，無汽力電力之利用，無飛機大炮戰艦等之威脅，則帝國主義無由勃興，資本主義無由發展外之紅黑諸弱小民族各自生存於天壤不至奴隸危亡如今日，內之歐美之社會亦不至貧富懸殊階級顯然如今日。既由物質文明進步而促進帝國主義資本主義之勃興，復由帝國主義資本主義之勃興而成世界民族間及同社會同民族間之不平等，此之不平等由侵略爭奪而來，復由是之不平等益引生世界社會人與人間之爭奪紛亂，則民族革命階級鬬爭之所由興而歐戰以來世界之所以日趨險惡無寧平之日者也。方今天下，弱小民族與帝國主義有爭，帝國主義與帝國主義有爭，資本主義與資本主義有爭，資本階級與勞動階級有爭；爭奪愈盛，紛亂愈盛，怨仇愈盛，結果人與人間互成寇仇，完全失其相養相生之道，而斲喪其同情，使人生日趨於險惡，此則今日之現象不可謂非物質文明進化而失其正軌之所致也。

所謂道德之墮落者；道謂人與人相生相養相助相親之道，德謂人類本具仁慈惻隱羞惡辭讓之德，由人心良知良能之德發而爲人羣相生相親之道，是之謂道德也。是故道德者，人心善惡之準裁，人身行爲之標準，而人羣社會生養發達之正路也。吾心有食色嗜好之慾焉，縱之則失身而害人，則抑制之而不使遂行；吾心有濟人利物之情焉，怠之則苟偸而無功，則奮發有爲以成之：人各節制其不正當之情慾而力行其當爲之正道，於是身以修，家以齊，而國家社會胥得其序；此道德之用所以超夫政治法律之上而收無形之功效者，以其制規矩準繩於各人之自心，正本清源而無待於法律政刑之督察也。人羣社會之所以安寧無憂共生共榮而不敝者，根本必人羣之間有其自治自克相愛相親之道。否則率野獸豺狼暴人盜賊於一堂，法律刑政必無所施其威而成其治。所以者何？人皆壞亂無可執法行政者，亦無肯受制裁治理者，則法律等於虛文，政治等於廢令也。故法律政治祇能處理革命之失敗者，而不能處理革命之成功者。夫革命同爲對舊政治社會之叛亂，而一則受治，一則不受者，皆不以人心既移，大權卽失，而空文之法律遂成廢物耶？故欲世之治且安，必根本於人類能行正道而守其良德。道德隆，則人羣治，道德亡，則社會危。欲卜天下之安危，斷之於人羣道德之昇墜可也。吾人既知道德之功用之大，於是不可不知道德之實質爲何？吾人既云道德爲人心之良知良能，而爲人羣相生相養之正道，故其實質必超於一己之嗜慾，而爲人羣之公義。夫然而嗜利忘義，自私忘羣者，不道德之行爲，道德之障，而成功其爲不道德之人也。夫然功利主義愈興，物質文明愈發達，使人類終日汲汲於富貴權利之是圖，則必然的縱嗜慾而害公義，由是焉而逞己之私，以陵人，以賊夫仁；縱己之慾而無恥，卑鄙狠毒，辱己害人，亦何不爲也。此則今日之世界所實有之現象也。蓋民族與民族之間而有征服者與被征服者之爭持，一社會中復有資產者與勞力者之爭持，國與國，人與人，黨與黨，派與派間又復各其有壁壘與戈矛，嚴相戒備；捷於乘機，唯力是强，孰顧道義；唯利是趨，罔知廉恥；一是以發其鬱忿而肆其淫威；始焉知有利慾而不知有道德，繼焉且謂此非道非德者卽爲其應行之正道，固有之良德；蓋至今日而人心卑下，道德墮落，無以復加矣。是則何故？曰物質愈文明，其足以誘發人類之嗜慾者日繁以烈，其足以威脅人類之同情與廉恥者日嚴以酷，一切之禮法敎條皆不足以約束人心，遂成此肆無忌憚茫無適從狂行妄爲之世界；嗟此人類，岌岌其危也！

前人生之矛盾章中既言之矣，人羣之聚集有時不但不能相益以共存，或且相損以俱亡；智慧之發展，有時不但無益於人生，時且危害其人生；人生作業本爲拔除苦惱，乃有時不但不能拔除苦惱，且益加增其苦惱；於是苦惱煩悶慘惡之果報相續於無窮，時且絕滅其人生焉；是誠人生極矛盾之現象，而爲人生之罪惡也。如此之罪惡，中外古今無不有之，而莫甚於西洋文明科學進步工商業革命飛機潛艇炸彈大炮極端進步之今時，凡所造作，凡所事業，不爲生人養人之圖，而爲殺人滅人戕人害人之圖；治科學者雖本意不在於此，然而結果則實如此也。然而迷信西洋文化者，方汲汲焉努力於西洋化而未有已，是則何歟？居今之世，無變今之俗，有同歸滅亡而已矣。

變之之道復當如何？行將摧滅西洋文明，復返於太古耶？將焚毀科學以歸於淳樸耶？將廢棄機器以還於手工業耶？曰是亦不然，西洋文明科學機器皆亦有其用處，特其用處可以使之惡，亦可使之善。使之惡者，如製造殺人之具以害人羣之治安，製造奢侈之物以長人類之嗜慾者是也。倘能用之於正當之農工等業，使之生產，則亦可以征服天然以利人事。然此要在先能調節人之心性，使人心足以支配物質文明，而不爲物質文明所支配乃可。譬如汽車，如使昏醉之人駕之，則不但不能任重致遠，或且墮落懸岩，人與車同歸於盡。設以神志健全之人駕之，則不爲無害，而反有利也。

吾人之於科學製造也，亦不完全反對。特以爲當先培植人之德性，使有超越功利之心，然後乃能不爲彼物質文明所迷亂，然後乃能利用之，去其弊而收其利。方今中國人所以日趨墮落危亂百倍於歐美各國者，卽由自與歐美交通，驚怖於彼之雄兵巨艦，迷醉於彼之奇技淫巧，於是將故有之道德文化數千年先聖先賢所以遺敎後人以爲立國之本者，一切鄙棄之，踐踏之，而不使有餘。根本既喪，而一意馳騖於西化；卒之彼之精華未得，徒得其奢侈淫靡殺人放火敗人心壞風俗長亂源傷和平之器與術。彼殺人放火縱慾敗德之具，而又不能自作自製，皆仰賴於外人，又不能用其器以禦外侮，祇用之供內亂。於是經濟政治日益紊亂，國計民生日就危亡。危亂愈甚，猶以爲是學歐化未究竟，革命未澈底之所致也。殊不知效法西歐一次，則內力消失一次；革命一次，則愈加危亂一次，此數十年來所屢試屢驗無一回例外者也。殊不知彼方之人，今方且困憊於彼文明之下，險象橫生，而莫由解脫，我乃唯彼之馬首是瞻，而益甚焉，其何能淑？載胥及溺而已。故今之西洋人，固當改絃更張以自救其弊，吾國人尤當自固根本確立爲人之道而後可以消化彼方之文物，利用之以自濟而免受其害，既能自救乃可救彼方之人也。然則此爲人之道將如何？曰吾當先述儒學以明世間正道，後述佛學以示出世正道，俾有志救世者知所趨向奉行也。

導言

何謂儒？何謂儒學？儒學之大義如何？

人類生而不完全，其所資賴以爲生者純由人之德慧術智有以去人羣之害給人類之需成人羣之治；緣是德智發爲嘉言善行，於是有所造作，文物以興，典則以起；以之禦人類之害而害除，以之給人類之需而需給，以之成人類之治而治成；既古人行之而有功，必後人資之而可法；是故人類最可寶貴者莫過於古人已經驗已成功之良法美意，發於言行，成於事業，著於文物典則者也。對於古人此種文物憲章嘉言善行，德智之所成就，載之典籍，持守之規鑒，學習之而使之用施不窮，身任如斯大業者儒者之事也。是故儒爲學者之通稱，而東西學者凡於文化憲章有持守表章之功者皆可稱之曰儒也。孔子爲儒者之宗，豈不以其祖述堯舜憲章文武，刪詩書，定禮樂，述而不作，保持先民之文獻，而集往聖之大成也耶？此儒者之第一義也。雖然，徒能誦習先民之憲章，稱述往聖之德敎，而不能躬行實踐，反身而誠，有以表率人羣，齊一人心，而蔚成風敎，以躋世道於醇美；則亦不過虛文善辭，一書籍典守之人耳。孔子曰：文莫吾猶人也，躬行君子則吾未之有得。又謂子夏曰：汝爲君子儒，無爲小人儒。所謂眞儒者，又非徒記醜多聞，要在躬行實踐自立立人，德行可尊，言語可法，以爲世師表也。故自古有師儒之目，則儒者又爲賢人君子之專稱矣。此儒者之第二義也。儒者固在能保守往古之憲章，然又不可無適今之善權。既有已立立人之德，尤貴有應變制宜之用。古往今來，世變迭興，中外東西，習俗屢易，守一先生之成法而欲周應一切，是謂迂儒。吾又知其鑿矣。故必有大聖人焉，鑒照古今，智周萬物，道濟天下，立天下之大本，經綸天下之大經，窮則變，變則通，通則久，取鑒百王而功施今世，萬變復不離其宗，然後乃能開物成務，建盛德以成大業也。孔子曰，殷因於夏禮，所損益可知也，周因於殷禮，所損益可知也，其或繼周者雖百世可知也。顏淵問爲邦。子曰：行夏之時，乘殷之輅，服周之冕，樂則韶舞，放鄭聲，遠佞人，鄭聲淫，佞人殆。言聖人爲邦，無一定之成法，因沿損益以適時宜也。記曰：五帝不同樂，三王不襲禮。又曰：禮之用，時爲大。禮義以爲質，雖先王未有，可以義起也。能如此者，謂之通儒。故曰：通天地人謂之儒。儒者通古適今，緣情制禮，以經綸民物而利濟天下者也。非夫大仁大智之聖人，其孰能當之？則堯舜湯武周公孔子是也。此儒者之第三義也。

儒義既釋，次言儒學。儒學者，儒者本其己立立人己達達人之心，自旣成立，因而對人所施行之敎法也。如是敎法，是儒者自己學習體驗所得，因而垂示他人，令之學習倣傚以自成就，是曰儒學也。彼其典籍，則詩書禮易春秋是也。彼其方法，則學問思辨篤行是也。彼其目的，則在志道據德，居仁行義，使人皆有士君子之行，風俗醇美，而天下治平是也。彼其詳密之工夫，則克己復禮，閑邪存誠，洗心退藏，反身愼獨是也。彼其施爲，則存弟慈仁，廉正忠敬，以齊家治國而平天下也。諸如是者，其義至繁，茲特就其修己敎人化民成俗之要，述儒學之大義如次。

所謂儒學之大義者，卽敎人立身爲人之正道，是卽人生之道，簡言之，卽人道是也。吾人已知人生爲業果之相續，欲得如何之果則當造如何之業，隨於何種之業卽得如何之報；是故一人之苦樂榮辱，一世之治亂盛衰，無不本夫人之自業共業之所感召自取：由各個人之自業，而有一己之苦樂榮辱；由人羣之共業，故有一世之治亂盛衰；業也者，行爲也；行於正道，是爲善業，由善業故，有榮樂治平之果；行於非道，是爲惡業；由惡業故，有苦辱衰亂之果；無無業之果，亦無不造業之人生；而業之善惡與人生之苦樂盛衰關係如彼之切，是故人生不可不求正道而行，不可不依正道而行之也。

爲人之道，依古先聖哲之所垂示，爲儒家所主持者，約有十端：一者勤勞克苦。二者節儉自足。三者知足安分。四者知命樂天。五者仁義。六者禮樂。七者五倫。八者三德。

九者中庸之道。十者大人之學。

一勤勞克苦

吾人已知人生一切是苦，人生有衆多所需，始於一人之衣食，終於人類之治平，在在需有克服自然之力，奮發有爲之志。當憂患之當前，餓其筋骨勞其體膚空乏其身，行拂亂其所爲，而皆能忍受控御不畏不懼，以自己之精神毅力勤勞而克治之，乃能拔除困苦而得安寧福利也。是故人生第一義，卽在能勤勞克苦。克者，勝也，拔除之也。困苦無時不臨於人，故人無時而可逸豫。苟圖現前之逸樂，不慮當來之憂患，苟且偷安怠惰委靡，心志不堅强，精神不振作，不能勤作正業以拔濟艱難，則必有大憂大患之降臨，敗壞其德業榮名，摧毀其身心家國，乃至毒亂天下。故觀於一人之勤惰，可以卜其終身之事業。觀於一國之勤惰，可以斷其國運之衰隆。古我先民，堯舜禹稷聖德在位，洪水滔天，蕩蕩懷山襄陵，下民昏墊，益以三苗逆命，異族侵陵，我民族之生存繼續不保朝夕。堯克明峻德，舉舜於畎畝耕稼之中而授之以政；舜命禹作司空，平水土；棄作后稷，播百穀；契爲司徒，敷五敎；臯陶作士，明五刑；垂主工；益主虞；伯夷典三禮；夔典樂；龍作納言。禹稷諸臣，同寅協恭，與堯舜一心憂勞天下；禹視天下之人溺，猶己溺之也；棄視天下人之飢，猶己飢之也；故禹十八年在外，三過家門而不入，隨山刊木，奠高山大川，腓無胈，脛無毛，櫛甚風，沐甚雨，乾惕孜孜；故能決九川而放諸海，濬畎澮而歸之川，暨稷播，奏庶艱食鮮食，貿遷有無化居，烝民乃粒；弼成五服，至於五千，州十有二師，咸建五長；萬邦作乂；東漸於海，西被於流沙，朔南暨，聲敎訖於四海；功施天下，澤流後世，以奠定我中華民族萬世不墜宏偉久大之基。契敷五敎，而人倫敍。臯陶明刑，而三苗服。功成作樂，治定制禮，然後天下萬邦共享太平安樂之治，下至禽獸草木，孳生暢遂，無有傷夭殘賊；其在書曰：鳥獸蹌蹌，簫韶九成，鳳凰來儀，擊石拊石，百獸率舞，治化祥洽，如斯之盛也。然何一而非憂勤之所致乎？雖治已成，功已就，然其君臣猶不敢忘憂患而自放逸，曰：天下既已治，民生既已安矣。故其君臣之相警戒曰：無敎逸欲有邦，競競業業，一日二日萬幾。禹曰：無若丹朱傲，惟漫遊是好。臯陶之歌曰：元首明哉，股肱良哉，庶事康哉！元首叢脞哉，股肱惰哉，萬事墮哉！聖人之始終勤勞惕厲以拯濟天下，固有如是者哉？下至夏商周三代之君，罔不由是道以興，違此道而亡。太康桀紂，其明鑒也。故周公輔成王，作七月之詩，無逸之書以敎之。無逸曰：周公曰：嗚呼！君子所其無逸！先知稼穡之艱難，乃逸，則知小人之依。相小人，厥父母勤勞稼穡，厥子乃不知稼穡之艱難，乃逸，乃憲，既誕，不則侮厥父母曰：昔之人無聞知！周公曰：嗚呼！我聞曰，昔在殷王中宗，嚴恭寅畏天命，自度治民，祇懼，不敢荒寧。肆中宗之享國，七十有五年。其在高宗，舊勞於外，爰曁小人，作其卽位，……不敢荒寧，嘉靖殷邦，至於小大，無時或怨。肆高宗之享國，五十有九年。其在祖甲，不義惟王，舊爲小人，作其卽位，爰知小人之依，能保惠於庶民，不敢侮鰥寡。肆祖甲之享國，三有三年。自時厥後，立王，生則逸；生則逸，不知稼穡之艱難，不聞小人之勞，惟耽樂是從。自時厥後，亦罔或克壽，或十年，或七八年，或五六年，或四三年！周公曰：嗚呼！厥亦惟我周太王王李克自抑畏。文王卑服，卽康，功田功；徽柔懿恭；懷保小人，惠於鰥寡；自朝至於日中昃，不遑暇食，用咸和萬民；文王不敢盤於游田，以庶邦惟正之供。文王受命惟中身，厥享國五十年。周公曰：嗚呼！繼自今嗣王其毋淫於酒，毋逸於游田，維正之供。毋皇曰今日耽樂。乃非民攸訓，非天攸若，時人丕則有愆。無若殷王受之迷亂，酗於酒德哉！……彼其情詞之丁寧詳盡，昭示鑒戒而著爲政治民祈天永命之道，如是其深切著明也。故而制禮作樂，燮和天下，成成康之治，刑措不用者四十有餘年。蓋惟能勤勞而後能振作。惟振作而後能發强。惟發强而後能剛毅，惟剛毅而後摧伏艱難拔除苦惱，能摧伏艱難拔除苦惱然後乃能生養相續治化相承，而可久可大，故易曰：天行健，君子以自强不息。孔子曰：吾學而不厭，誨人不倦。又曰：其爲人也，發憤忘食，樂以忘憂，不知老之將至云爾！孟子曰：君子有終生之憂，無一朝之患。勤勞克苦之謂也。苟不勤勞則不自振作，則不能發强剛毅以摧伏艱難，拔除苦惱，卽不能生養相續治化相承，有日趨消滅喪亡而已。故小之則有飢寒之憂，大之則有滅亡之禍，爲政者以傾覆其國，持家者以敗喪其家，小人以滅其身，君子以喪其德。詩曰，天之方蹶，無然泄泄！泄泄，猶沓沓也，委靡罷頑，苟偷視息，無恥無勇，視家國天下之禍亂危亡而不自振作，燕雀嬉堂，猶冀焚毀之禍之不我及者，是謂泄泄沓沓也。嗟夫，三界無安，有如火宅；身心家國天下之艱難困苦時時逼人，苟非豪傑奮發有爲之士不懼艱辛不辭勞苦挺然精進以任天下之鉅任者，孰能成己成物己立立人而拔除天下之苦阨哉？是故人生之道，勤勞第一。

二節儉足用

人生而有生活之需求，需求必假於外物，衣食財用待人類勤勞而後得之，得之惟艱，故用之不可不節。用之不節，則將有不足於用之時。用而不足，則疲勞其精力而無已。再不足則更不免有飢寒凍餒死亡之憂。由是勤勞之外，節儉尚焉。節儉云者，非鄙嗇慳吝之謂也。愛護物力，節制嗜欲，使資財之周足於用也。蓋外物之成熟，（如稼穡）取得（如資財）也有時，人生之資給營養也有定。苟於其得之有餘之時而縱其嗜慾以妄用之，則資養而過，反以傷生。後時不足，何以圖存？故人貴於其得財之時，內之節制其一時過分之嗜慾，使適得其養而不害。外之尤必計此時所得財用之分量，撙節之以分配於一生與四時。在一日有一月之慮，在一月有一年之慮，在一年有終生之慮，如此則能不浪耗物力，不戕身，不傷財，而用恆足矣。是之謂儉德，西洋人所謂經濟學者近之也。有個人之經濟，有一家之經濟，有一國之經濟。經濟始於生產，中於分配，終於消費。量其一時生產之物力，分配之於四時一生，而消費之，使無不周給滿足焉，此一人之經濟也。量一家之所生產，平均分配之於全家，使老者克養，幼者克長，壯者克事，婚姻喪祭賓朋燕饋無不周給滿足焉，此一家之經濟也。量一國生產之物力，平均分配之於全國，裒多益寡，稱物平施，使老有所終，壯有所用，幼有所長，矜寡孤獨廢疾者皆有所養，男有分，女有歸，無使貧者資養無賴，而爲盜，無使富者儲財無用而生亂，物必求其養，人人必期其安分，無縱一己之慾而招舉國之禍，使人各安其生而正其命也，是謂一國之經濟。有大聖人焉，不以一家一國自封，而以天下人之憂患休戚以爲憂患休戚，則必能通計天下之生產，水陸山川寒熱溫煖農林工商異國異地各種不同之生產而酌量世界全人類之需要而平均分配之，以各國之所有餘，補各國之所不足，以互惠互養而無侵奪詐虞戰亂紛爭之禍，以全人類之生產供給全人類之消費而無畛域界限以共享昇平，此天下之經濟也。經濟之妙用特在於分配。分配之義獨在於節制。唯能節制一時之嗜慾，乃能平均分配於四時。能節制一己之嗜慾，乃能平均分配於一家。能節制各家之嗜慾，乃能平均分配於全國。能節制各國之嗜慾，乃能平均分配於天下。故節儉之德小之關係於身家性命大之影響於國家天下之治平。善能節儉者，雖貧而無凍餒之憂。不善節儉者，雖富而有傾家破產之禍。爲政者，取民無厭，用財無節，民力不堪，則有革命流血亡身滅國之禍。故論語曰：道千乘之國，敬事而信，節用而愛人，使民以時。又曰：有國有家者，不患寡而患不均，不患貧而患不安。均無貧，和無寡，安無傾。凡此皆言爲政者貴能節制嗜慾，取民有制，用財有節，乃可以經緯國事以濟於安平也。大學曰：生財有大道，生之者衆，食之者寡，爲之者急，用之者舒，則財恆足矣，此言生產宜裕於消費也。又曰：仁者以財發身，不仁者以身發財，未有上好仁而下不好義者也，未有好義其事不終者也，未有府庫財非其財者也。此言爲政者不可專利聚斂以損其民也。故易：損上益下爲益，損下益上爲損。此言財利分配平均於衆人，則互有益；聚斂獨私於上，則互損也。是以古之君子，儉以修身，則嗜慾寡而取與廉，儉以治民，則政令簡而惠施普。堯舜之治，茅茨土階，禹卑宮室，惡衣服。文王卑服，卽康功田，皆用此道也，唯能淡一已之嗜慾，故能恤他人之艱難。能儉個人之供俸，故能興天下之幸福。是以勤政愛民，功施當時，澤流萬世也。苟不能儉，則嗜欲多而財用匱。以之持身，則不能嚴取與而保其廉恥。以之治國，則不能淸政令而惠人民。敗德招亂，皆奢侈縱慾致之也。則太康桀紂乃至千古而下一切亡國喪身之君，罔不如是也。傳曰：儉，德之共也。孟子曰：恭者不侮人，儉者不奪人。諸葛亮曰：君子之學，靜以修身，儉以養德。故儉之爲用，民生國計之本也，治平天下之要也，立德修身之資也，孰有智者而可廢之？方今天下，民德澆漓，大亂無已；科學日昌，製造益繁，而人類乃有無食無衣乃至失業無業之患。求之於外無以爲濟，則曷若明儉節慾，均平財利，以祈安定平治也哉！？

三知足安分

常人終日疲勞勤苦以謀衣食財利，豈不以衣食財利者爲人生日用所必需哉？因有所必需，故生欲求。欲求愈繁，則需要難足。需要難足，則欲求無已，以無已之欲求，追逐難足之財利；其生也勞，其死也空，則人之一生其有何價値耶？蓋人之情方其始也，但欲自足其衣食而已矣。既足於衣食，則復求富厚。富厚無定準，則得千求萬，得萬求億，得億更求十百千萬億而未有窮焉。是故憊竭精力以逐求財利，貪欲熾善心亡，損人利已，害公徇私，何惡不爲矣？一人競利，則終生憂戚，人盡競利，則天下傾危。此千古不易之因果也。所謂一人競利則終身憂戚者，以其終日逐物未有一息之安，其未得之則患不得之，其旣得之則唯患失之。患不得之，則營求之心苦。苟患失之，則防守之念殷。求而不得，則失意愴惶得而復失，則惱怒哀怨，是以終身憂戚，得財雖多，終無一日得其受用享樂而轉爲身心之累也。所謂人盡競利則天下傾危者，以人互競利，則親愛辭讓之心亡，廉恥禮義之道喪。親愛辭讓之心亡，則損人害人而不惜。廉恥禮義之道喪，則辱身敗名之行無不爲。夫如是，機械變詐侵盜竊奪，相循而無已矣。舉世之人，皆機械變詐侵盜竊奪，則人與人間相養相生之道廢，而相賊相害之事繁。如是世惡有不亂且亡者乎？此則今日之天下是也。帝國主義之於弱小民族，如是也；資本家之於勞働者，如是也；軍閥政閥之於人民，如是也；乃至帝國主義資本家政閥軍閥彼此之間又無不如是也。此有所施，彼有所應。彼被屈辱掠奪者又何能不忿恨鬱勃深謀詭計以乘時而動，待變而起，以期一朝得而甘心焉歟？此則共產黨人之於俄羅斯所有事也。其他伏莽待興者，天下其鮮乎？故來日大難，未有已也。競利逐物既爲害如是，而衣食住居又爲人所必需，然則當何道之從以息此禍歟？曰勤則自生其財也。儉則自周於用也，然勤也，或失於貪求。儉也，或失於吝惜。故必以知足安分之道調濟之，庶無逐物忘返之弊。何謂知足？謂明夫外物之於人但有除苦之功，別無享樂之用。知其功用止於如是，故人之求於物也，即以能療治凍餒即爲滿足，更不希求富厚享樂而逐物無窮焉，是謂知足也。謂如人生實相章言：人之求食，爲除飢也，人之求衣，爲除寒也；人之求宮室住居，爲避風雨飄零盜賊虎狼之害而已；歌舞戲樂，爲釋除人之抑鬱疲悶而已。自此而外，別無所用。過食過衣，則皆成病，好樂而荒，則且爲災。是故人之於衣也，但求煖身蔽體而已足也，不求華侈。人之於食，但能飽腹療飢而已足矣，不求鮮美。宮室住居，但能避風雨防盜賊遠虎豹而已足矣，不求壯麗。歌舞歡樂，但能釋人鬱悶，怡人性情而已足矣，不求縱逸。是之謂知足。苟其知足，則一人之身所需於衣食住居者幾何？鼴鼠飲河，不過滿腹；鷦鷯棲林，不過一枝。何事夫千斯箱萬斯倉積粟紅腐，儲財無用，聚斂掊克以爲足乎？苟以聚斂掊克以爲足者，則千金之富視萬金之富而遂不足，萬金之富視十萬而爲更不足，十萬之富視百千萬萬而彌見其不足矣。是故知足者常足。曲肱飲水，蔬食布衣，無所不足。不知足者得隴望蜀，終生無時而足。

是故佛言知足者雖貧而富，不知足者雖富猶貧。貧富之分，亦唯其心意之足不足耳。此之謂知足也。何謂安分？自身可能應得之財利是之謂分。安之云者，逾夫自身可能應得者外更不希求競逐，雖貧窮辛苦終不羨人嫉人乃至侵犯他人之所可能應得之分以自享樂也。蓋人與人共生於天地間，而衣食資給之皆有其分，不可一人專有，亦且不能一人專有者也。苟越己之分以侵人，則人亦將越分以犯我。交相侵犯，則不相養而相害，終必至互失其分以共趨滅亡而已。又人生天地間而有智愚賢不肖之分焉，卽其生產工作之所得亦有優劣多少之分，苟非違道以得之者，則亦各人如量而應得之分也。既無侵犯損害夫他人，或時且交相爲利，則所得雖異夫常人，苟爲不過不奢不侈不暴，則亦其所可能所應得者也，故無所用其嫉妒而加以損害。彼愚不肖者所應安其分者也。彼愚不肖者有時力不自給，所得竟不足以養其生，則智而賢者所應出其有餘之力以周濟拯恤敎導惠施之焉，此亦賢者智者所應盡之分也，而無所用其傲慢輕蔑而自失其慈仁焉。如是人各安其分，人各盡其能，行平等於差別之中，以相輔相養而不相侵陵欺詐嫉妒賊害也，則天下平，社會治矣。此安分之義也。人唯不知足，故貪求無已。人唯不安分，故爭奪不息。貪求故終生憂慼，爭奪故天下紛亂。以故虛生天地而不一朝享受生人之趣。同此世間，而不知互助相親之樂。浸假乃至變人間爲地獄，變人心爲禽獸，不得外物之利而祇受其害，不得人類之助而反受其危，非愚癡狂妄而何物哉？是則可爲大哀者也。故外物非不可以養人，唯知足者克享其福。人羣非不相互爲利，唯安分者克受其益。知足者常足也，安分者有分也。斯義明而物不害人，人不相害矣。

或謂前言人生當勤勞克苦，自强不息，此復言知足安分，得不互相矛盾否？曰，不然。人生應有正當之需求，此當勤勞克苦以爲之者也。過度逾量之嗜慾，此當安分知足以止息之者也。且既能安分知足而止息其妄求，則亦能捨己爲人，而謀衆人之福利。堯舜禹棄之勤勞克苦，彼豈不以天下人飢溺爲飢溺者哉？唯其知足安分，故消極能不貪得而損人。積極卽能出其有餘之精神財力，不吝不慳，無嫉無害，以惠施於羣眾。貨惡其棄於地也，不必藏於己。力惡其不出於身也，不必爲己。夫如是，中也養不中，才也養不才，人類之憂患未有已時，賢聖之人寧有一日休息其自強不息之心哉？故唯能知足者，乃能自強。唯能安分者，乃能盡其分。所謂唯能安分乃能盡其分者，人各有所需，人各有可用，各盡其才智體力以自求多福而轉以互助生存，此所謂各盡其分也。農盡力於耕稼，工盡力於製造，商盡力於運輸交易，才智德量足以敎民治國者盡力於敎育政治，各盡其分，則分工互助也。然苟不能安其分，農也而厭其耕稼，工也而厭其製造，商也而厭其運輸，皆欲不勞而食，皆欲意外幸得，皆欲居人之前爲人之長以自圖逸樂，爲政施敎者亦各不安其分，不量其才智德量而希高居尊攬權貪利而怠棄其職守，人皆不安其分，卽人皆自棄其所長所能應作應爲分內之正業。夫如是，人人皆不事生產而競求逾量逾分之消費，則捨權謀詐術侵略爭奪豈更有其他謀生自存之道哉？古我先民敎民治國，士農工商使各居其職，智愚賢不肖使各安其位而無相奪害也。故能各盡其才，各竭其力，以相養相安，而天下寧平。管子治齊，四民不雜處，士處閒燕，工就官府，商就市井，農就田野，少而習焉，其心安焉，不見異物而遷焉，是故其父兄之敎不肅而成，其子弟之學不勞而能，是故士之子恆爲士，農之子恆爲農，工之子恆爲工，商之子恆爲商，選擇賢能升之於官府授之以政事，匹夫有善可得而舉，匹夫有不善可得而誅，鄉不越長，朝不越爵，罷士無伍，罷女無家，民皆勉爲善，與其爲善於鄉也不如爲善於里，與其爲善於里也不如爲善於家，是故士莫敢言一朝之便，皆有終歲之計，莫敢以終歲之議，皆有終身之功，是以國治民強而糾合諸侯一匡天下也。三代而下，雖國無常政，而民有恆心。孔孟老莊之敎一是皆以崇本尙樸守分知足爲要。是以數千年來農安於田疇，工安於市井，商安於都邑，而鮮有出位之思。雖治亂不常，卒能綿續繁衍我民族之生存而增大其土宇，未嘗有亡族覆宗之懼也，自西風東漸，政治革命學說，革命社會經濟革命之說次第朋興，於是人皆存我霸我王之心，競以平等自由相詡。農工士庶之子弟，才通文字，醜惡不辨，競棄其家庭固有之生業，鄙夷其父兄，而奔走呼號於革命維新救國救民之大業。卒之政彌亂，民彌貧。軍閥蠭起，跨州連郡者咸上無政府，下無人民；征糧加稅，造幣練兵，余帝余王；作威作福，目無法紀；上下師師，咸出於苟且徼幸；爭奪刼掠之一途。於是而內戰頻興，盜賊四起，經濟恐慌，農業破產。國勢如此，强隣乘之，不一戰而東三省盡失矣。來日大難，方興未已，誰知其所底止哉？彼少年輕懆豈不曰余將以救國救民者！而孰知其爲亡國敗家之道歟？故欲救國，當先救民。救民之道，非能使不勞而食之衣之，在能使各盡其才，各竭其力，以自謀生存而已。欲使其各盡其才，各竭其力，以謀生存，當先使各安其分。安分而後能盡其力。人盡其力，國乃無流民。無亂人。無流民，無亂人，社會政治乃有澄清統一之時。社會政治澄清統一，然後乃能羣策羣力合禦外侮。能禦外侮，乃能自立。能自立乃能進而謀世界之治平，興世界之福利。知足安分，乍聽之似爲迂腐不切事情之談，細思之實乃救國救民平治天下之道。諸有智者，可不詳審之哉？

四　知命樂天

孔子曰：不知言，無以知人也。不知禮，無以立也。不知命，無以爲君子也。易曰：樂天知命故不憂安土敦夫仁故能愛。又曰：窮理盡性，以至於命。是則知命之學，爲儒學之所歸也。然性與天道，子貢猶不可得而聞之。子罕言利，與命與仁，是以天命之理，自古罕能詳之者。有宋諸儒興爲性命之學。然或失之迂誕，或失之隱晦。如邵堯夫張橫渠之徒，以氣運數理言天命。以爲天地絪蘊一陰陽之氣之流變而已。流變有數，而天地之否泰世運之盛衰個人之禍福預焉。云何而有此數？云何而天地有否泰，世運有盛衰，個人有禍福？卒莫之能詳焉。不過曰：氣運流行，有其通塞而已矣。此所謂迂且誕者也。爲此說者，多以爲天地之變，陰陽之化，非人力所能轉移。故禍福否泰之於人：有無可免無可避者，則委心任運聽之而已。雖亦能安分不憂，有其一分之受用。然而其於盡心、知性修身立命之學，未之或聞也。其有識於修身立命自强不息之道者，亦能誠敬持心行道履義，修己化人，以與天運爭盛衰者，而言之不能成理，卒無以明詔夫人。是所謂失之隱晦者也。余二十讀書鐵峯，有悟於儒家，言命卽佛法之言因果之理。讀孟子，而悟安命立命之說。遊大明湖，而悟諸法緣生之理。自後專治佛法，益明有情生死業果相續之說。由是而儒者樂天知命之說可得明焉。今且以佛理明儒敎，爲天命論。

何謂天？何謂命？孟子曰：莫之爲而爲者，天也。莫之致而至者，命也。凡此所言，非謂天能爲之命能致之，乃謂無有主宰，無有意志，莫之爲而爲焉，莫之致而至焉，是卽謂天與命也。譬之稼穡，種子既下，雨露既降，人工既施，則禾苗穀蔬自然生焉。種子未嘗自期其生也，雨露未嘗有意使之成也，人工雖勤亦未嘗期期然曰汝必生必成也；然而生者，豈非莫之爲而爲莫之致而至者歟？是故佛法言諸法之生，皆無主宰，雖無主宰，而有因緣。何謂因？種子是也。何謂緣？雨露人工等是也。因緣既具，則必有所生所成者焉。此所生所成者，是爲果也。是爲報也。由因招果，由果酬因，是故天壤間萬物化生，莫之令莫之主而自生其生，有弗能却者也。愚者則以爲此莫能却者若有爲之主宰者存，是曰天也，曰上帝也，曰神也。智者則曰，此無主宰也，無天也，無上帝也，無神也，因果感赴自然之理耳。天者不過此因果自然之象耳，命者不過此因果自然之理耳。卽此自然之理而不可紊亂，秩然有序而莫之能違也，若有法則典型焉，謂之自然法也，亦謂爲天理也。因果感赴而萬物化生運行不息，是之謂天命。物如是，人生亦然。前人生實相章謂人生者，業報之相續耳。業謂行爲，報謂感受。由彼彼之業，得彼彼之報，於是而人生相續，自生以至老死也。人生因果通於三世章又言人生之業報，乃無始無終，不從生而有，不從死而無，生之前有其業，生之後有其果，由前前生之業，得後後生之果，故爲人爲天爲鬼爲地獄爲禽獸蟲魚，皆隨其前生之業之所感得者也。卽在一趣之中，又有貧富壽夭貴賤之不同焉，則總報之中又有別報，還由其前生引業之外別有滿業，不同之所致耳。人生既爲業果之相續，而果之美醜隨業之善惡而定之。此善因福果，惡因罪果之相感相應，使人生相續而無窮焉，此之謂命也。此之謂天也，此之謂自然之理也。知命者，知此因果感赴自然之理而已矣。故知命者，必知夫人生爲業果之相續，必知夫吾生之富貴壽夭，爲吾前生之業之果，必知夫今生之業爲他生善趣惡趣富貴壽夭之因。又知夫善業之必得福報，福報之由善業所感，惡業之必得苦報，苦報之由惡業所感，種瓜得瓜，種豆得豆，爲善者榮，爲惡者羞；勤勞節儉者富樂，怠惰奢侈者貧苦，知足安分者不憂不危，不知足不安分者多憂多患，一人作惡則危其身，人競作惡則天下亂，一人爲善則一身安，人皆爲善則天下治，一人之苦樂榮枯由一人自業所感，天下之治亂盛衰由多人共業所感，如是觀察，如是體證，是之謂知命也。善知命者，則有安命之功，有立命之道。何謂安命？安者謂於自現所受之苦樂自現所得之利衰毀譽稱譏榮辱等，不怨不尤，不矜不滿，而皆能安之者是也。何以能安之？知此皆爲吾此世前生自作之業，自受之果，命定如是，不可却，不可拒，自然法爾莫之能避者也。是故安受之而已矣。何謂立命？謂已往者不可諫矣，將來者吾可自造其業焉；知惡業之必得損害也，故避而不爲；知善業之必得利益也，故精勤爲之；正其心，誠其意，謹愼其言語，檢束其行爲，諸惡莫作，衆善奉行，善因既修，則福果自至，此之謂立命也。安命者，素其位而行，不願夫其外，素富貴行乎富貴，素貧賤行乎貧賤，素患難行乎患難，素夷狄行乎夷狄，君子無入而不自得焉。立命者，至誠無僞，忠信不欺，戒愼夫其所不睹，恐懼夫其所不聞，靜存動察，博學審問，愼思明辨，篤行之，非禮勿視，非禮勿聽，非禮勿言，非禮勿動，如是以修其身；又復憂人之憂，樂人之樂，孝親敬長，仁民愛物，以自盡其義，而利濟人羣焉。孟子曰：莫非命也，順受其正。此之謂安命也。又曰：夭壽不二，修身以俟之，此之謂立命也。有一人之命，有一家之命，有一國之命，有天下之命。一人之命，一人之苦樂是也。一家之命，一家之興敗是也。一國之命，一國之强弱盛衰是也。天下之命，舉世之治亂安危是也。一人之命責在一人。一家之命，責在一家。一國一天下之命，責在舉國與天下之人。純善無惡謂之聖人，善多惡少謂之賢人，善少惡多謂之小人，純惡無善謂之凶人。此一人之命也。一家一國天下之中，純善人無惡人雜之，謂之至善之家國，太平極治，文明以正之天下。善人多，不善人少，善人得勢力足以治理不善人，猶爲小康平治之家國天下也。一人之命，一人立之。天下人之命，天下人共立之，人皆不安其命，復不立命，則家國天下立時紛亂喪亡而已矣。善人君子能立其一身一家之命，大聖賢大豪傑能立天下國家之命，以有領袖羣倫敎導控御齊治均平之智勇德量也。易曰：大哉乾元，萬物資始，乃統天。雲行雨施，品物流行，大明終始，六位時成，時乘六龍以御天，乾道變化，各正性命，保合太和，乃利貞，首出庶物，萬國咸寧。此聖人之立天下之命也。堯舜禹湯文武是也。是之謂知命之說。知命者，乃可樂天。謂明夫業果感應之理，安命立命而不憂不惑不懼也。安命則隨遇而安，立命則俯仰無愧。外不願求環境，內不虧損自心，和順中正，不滯不碍，彼焉得而不樂？孔子曰：不怨天，不尤人，下學而上達，知我者其天乎？此之謂樂天也。又曰：飯蔬食，飲水，曲肱而枕之，樂亦在其中也。不義而富且貴，於我如浮雲。苟無不義而富且貴於我如浮雲之志量，彼焉能蔬食飲水曲肱而枕之樂在其中乎？子曰：回也不遷怒，不貳過，可謂好學也矣。又曰：一簞食，一瓢飲，在陋巷，人不堪其憂，回也不改其樂。苟非如顏子之好學，又惡能簞食瓢飲在陋巷而不改其樂乎？孟子曰：君子有三樂，而王天下不與存焉。苟非浩然之氣，至大至剛，配道與義，集義所生，富貴不淫，貧賤不移，威武不屈者，又焉能不以王天下易其樂乎？此謂自得之學，此謂安命立命者之樂。故唯知命者，乃能樂天。苟非然者，登山臨水，吟風弄月，風致翩翩，流連詩酒，逐風光而縱性情者，一旦風流雲散，興趣索然，樂極哀來，而苦痛隨之也。樂天云乎哉？逐境而已矣！

君子唯能知命，乃能樂天。唯能樂天，學問乃爲自得，人生乃有價值。人生至於此境，乃爲究竟也。中國之文化，素乏宗教之性質，獨有與宗教相當者，則天命之說是也。君子以此致命遂志，學致精微。學者以此立命安身，不尤不怨。即在常人，當憂患之臨，無不曰，此命也！此命也！以之自慰。人之慰之者，亦罔不曰，無悲無怨，此爾命也。是故一切怨憎會苦，愛別離苦，求不得苦，逼迫人以不堪，而咸能安忍之，曰命也！命也！由是消釋人許多苦憂，弭止人許多妄求，止息人許多惡行，延續人許多生命，成就人許多善心。故雖貧而不肯爲盜，窮而不肯爲亂。此命之一字，實有宗教家上帝神天之力也。故孔子曰：君子有三畏，畏天命，畏大人，畏聖人之言。又曰：不知命，無以爲君子也。不知命故不能立命，不能安命，故不求己而責人，不自立而怨人，由怨尤而爭亂，故不保其仁義廉恥、故不知命必至於爲小人也、西學東漸，撥三世因果之說以爲妄，斥天命之說以爲迂。於是人懷競心，唯力是尙，不安分，不知命，行不由正道而妄希徼幸之寵利，故求福不得而禍至身危家敗國將不國，豈不哀哉！聞吾知命樂天之說而正其心，愼其行，以安其分，庶幾哉有以自拔於危亂也歟？（業報命運之說詳余佛學通釋緣生章，讀者可參閱以精其義。）

五　仁義

儒者之學立命修身，道在仁義、今先言仁。

仁之一義至不易言。自其淺者言之，則孟子曰：惻隱之心仁之端也。又曰：惻隱之心，人皆有之。又曰：仁者愛人。是則人皆有之，似不甚難。然而孔子曰：曰聖與仁，則吾豈敢。又曰：吾未見好仁者，惡不仁者。如令尹子文之忠，陳文子之清，皆不許以仁。子路子貢冉有等但許其果達藝，亦不許其仁。於古人但稱殷有三仁。於夷齊曰求仁得仁。於門人則曰回也其心三月不違仁，其餘則日月至焉而已矣。是則仁又不易成就如是也。即對於仁之定義亦未嘗明白指示。門弟子問仁者多矣，夫子答之各異。以所問答者，皆爲仁成仁之道，非釋仁之意義也。其直釋其義者，唯中庸曰：仁者人也，親親爲大。後之釋仁者，亦各隨所見而釋之。如明道曰：仁者渾然與物同體，義禮智信皆仁也。伊川曰：仁者心之德，愛之理。晦庵則曰，仁者純夫天理而無人欲之私。雖各有所見，然於仁之意義，終未能與人以明了之解釋，使人當下領悟。意義之不明，宜乎人之求之而不得其道也。余多年研索儒學，得一定義如次：

仁者，慈愍而無貪求之心志行爲也。

何謂慈愍？慈謂慈惠，愍謂悲愍。慈愛他人而能惠施以樂，悲愍他人而能拔濟其苦，是之謂慈愍也。

何謂無貪求？謂此慈愍之心出自至誠，純夫爲利濟他人之情，而非以利濟他人之行爲爲手段以自圖利樂也。以利濟他人爲手段而目的只在自求利樂，則不得爲仁，以無利濟他人之眞情誠意，其行爲只是自私自利而已。

必心志行爲具備此種意義，一者慈愍，二者無貪求，然後乃誠乎其爲仁。

此種誠夫仁之現象，孟子曾舉實例以形容之，如曰：今人乍見孺子將入於井，則人皆匍匐而往救之。非欲內交於孺子之父母也，非欲要譽於鄉黨朋友也，非惡其聲而然也。是故惻隱之心人皆有之。

此中乍見孺子將入於井，匍匐往救之情，卽是慈愍之心理行爲也。而無內交要譽之情，則無貪求也。無所貪求而匍匐往救，是爲無所爲而利他之行。無所爲而行利他，是之謂眞慈愍，是之謂仁也。

仁者既慈愍而無貪求，故根本在能忘我。忘我者，泯夫人我之見，而視他人之苦樂德失如己之苦樂德失者也，是故見他苦樂，如己自受。見他德失，如己自作。慈悲喜捨之情，油然生焉。古之人，以天下爲一家，中國爲一人，禹視天下人之溺，猶己溺之也，稷視天下人之飢，猶己飢之也，故能憂勤天下而不自有其身與家焉。伊尹恥其君不爲堯舜，一夫不獲若己內之溝中，以先知覺後知，以先覺覺後覺，勇決奮發而以天下爲己任，是蓋能忘我而通天下人以爲我者。通天下人以爲我，故能捨我以爲天下。能捨我以爲天下，故能勇能任，能至大至剛，而無所撓，故曰：仁者必有勇。能勇能任，至大至剛而無所撓，故無求生以害仁，有殺身以成仁也。

仁者旣慈愍而無貪求，無貪求故能無憂患。無憂患者，超然恬靜，不以物慾累心，無患得患失之情，而坦然自得者也。慈愍故利濟他人如自利濟，利濟他人如自利濟，故捨己爲人而心樂之。殺身成仁而無懼畏無怨尤也。故孔子曰：仁者不憂。又曰：仁者必有勇，而曰勇者不懼。

仁者不憂不懼，故能樂。孔子曰：回也，其心三月不違仁。又曰：回也，一簞食，一瓢飲，在陋巷，人不堪其憂，回也不改其樂。孔子席不暇暖，知其不可而爲之。曰：吾非斯人之徒與而誰與？天下有道，丘不與易也！而曰：飯蔬食，飲水，曲肱而枕之，樂亦在其中也。不義而富且貴，於我如浮雲。又曰：其爲人也，發憤忘食，樂以忘憂，不知老之將至云爾。其任天下也如此，而其自得之樂也如此。故唯仁者而後能樂。仁者之樂，無待於外之樂也。有所待，則不得所待而不樂，既失所待，而苦痛隨之也。無所待者，無得無失。無得無失，故其樂常也。常樂，乃爲眞樂，眞樂者，富貴不加榮焉，貧賤不加辱焉，患難艱危無所動其心焉。不貪樂，不怖苦，無貪無怖，苦樂不動其心，是以眞樂常樂也。

惻隱之心，人皆有之，故孟子曰：仁義禮智，非由外鑠我也，我固有之也。故謂人皆可以爲堯舜。孔子亦曰：仁遠乎哉，我欲仁斯仁至也。有能用其力於仁者乎？我未見力不足者。雖然，能充仁之量者、必忘我而無欲求，然眞能忘我而無求者，實自古少之。既不能忘我無求，故慈愍之心，每爲我見與欲求所害。既爲我見欲求所害，則能充仁之量者寡也。是以自古迄今，詑少可稱仁人者。所以者何？人皆有我執，有我執故有欲求。執我而有欲求，故愛我而成自私。自私則不能以他爲自。不能以他爲自，則無利濟他人之誠意。無誠意故不能任，不能勇，不能任不能勇，故不能成仁。不能成仁，故無不憂不懼自得之眞樂。令尹子文之忠，陳文子之淸，子由之果，子貢之達，冉有之藝，而皆不得為仁者，豈不以我見未忘，有所為而為之，而無當於廓然大公至誠無息之道歟？

吾人既知成仁之難，則不可不知為仁之方。為仁之方，孔子答其弟子各異。然要有其一貫之道。其道奈何？曰：棄我執，我貪，我慢，而還無我無求，大公無私之道而已矣顏淵問仁。子曰：克己復禮為仁。一日克己復禮，天下歸仁焉。為仁由己，而由人乎哉？請問其目。曰：非禮勿視，非禮勿聽，非禮勿言，非禮勿動。顏淵曰：回雖不敏，請事斯語也。此中克己者，即是捨棄我執，我貪，我慢，及由彼我執我貪我慢所起之行為動作也。既已不可執，則當如何而存心行事耶？曰：復禮。禮者，依義而起，人羣間至當無妄之行，聖人本人情而制作以教人言行動作之規矩也。復之云者，歸反之也。反身而誠，是之謂復。以聖人之所制作教戒者而實踐躬行之，而為我身所固有，是謂復禮也。禮主於退讓，有損己以益人之道焉。禮主於恭敬，有卑己以尊人之道焉。損己卑己而益人尊人，非為仁之道而何？是故克己復禮為仁也。一日克己復禮，天下歸仁焉者，有說：人能一日克己復禮，則天下皆稱其仁矣。是不然，將有過人之行，不必要過人之譽，孔子尚有莫我知也之嘆，何謂一日克己復禮而得天下皆稱其仁乎。此之天下歸仁，乃己之既克，則自他之分別界限皆亡。自他之分別界限亡，則視他如自而渾然一體。視他如自而渾然一體，則視他之苦樂得失如自作受，而油然生其慈悲喜捨之情。此所謂寂然不動，感而遂通天下之故也，是故醫家以痲木爲不仁，以不能感通自身之苦痛也。仁者視天下人之苦樂如自身受，而皆能感通之，故曰天下歸仁也。爲仁由己而由人乎哉者，意謂慈愍之德爲吾人所固有，自但能爲之無不可能者。是卽我欲仁斯仁至，有能用其力於仁者乎，吾未見力不足者之義也。非禮勿視聽言動者，實踐之功。如是以復禮，卽所以克己也。未知此道，則終日視聽言動皆由己，已知此道，則視聽言動皆由禮。非禮勿視聽言動，卽謂勿由己以視聽言動，當由禮以視聽言動，是爲復禮之實，亦卽克己之功也。待己之既克，禮之既復，則渾然人己之界限泯，而充然無非慈悲喜捨之心志行爲也。

仲弓問仁。子曰：出門如見大賓，使民如承大祭，己所不欲，勿施於人，在家無怨，在邦，無怨。仲弓曰：雍雖不敏，請事斯語矣。此以敬恕之道言爲仁也。見大賓，承大祭，敬之至也，不敢有所慢也。出門如見大賓，則無時無處不敬也。使民如承大祭，則無人不敬也。如是而敢不卑己以尊人，虛己以應物，而敢自慢自怠以輕用民力乎？雖不言克己，而己克矣。雖不言復禮，而禮之精意存焉。己所不欲勿施於人，此以自他平等之道致之以與人同好惡而遠罪過也。仁者視人之苦樂如己之苦樂，其感應之速不待推己，而自能以他爲己。其次則未有如斯慈愍之情，故待推己之好惡以知人之好惡，而以平等之心公彼己之情而得止息不正過分之心術行爲焉，此消極之道也。其積極之道，則孔子告子貢之言，己欲立而立人，己欲達而達人。推是同情而成就仁德焉，故曰以近取譬爲仁之方。孟子亦曰：强恕而行，求仁莫近焉。此亦克己復禮之道也。在家無怨，在邦無怨者，非謂我不爲人所怨，我自不怨人耳。孔子曰：放於利而行多怨。又曰：不怨天，不尤人。中庸曰：正己而不求於人，則無怨。無怨者，克己復禮之實功也。君子求諸己，小人求諸人。求諸己者，行有不得則自反也。自反則自怨自艾自省自克自盡其心之不暇，而何怨於人乎？是亦克己復禮之實功也。

　樊遲問仁。子曰：先難而後獲，可謂仁矣。此之先後，如孟子苟爲後義而先利不奪不饜之先後。先之云者，重之也。後之云者，輕之也。先難者勇於自任也。後獲者，不急利祿也。急人之難而不希人之報，濟天下之危而不居天下之功，此所謂先難而後獲。非慈愍而無貪求者，其孰能之？孔子曰：巧言令色，鮮矣仁。司馬牛問仁。子曰：仁者其言也訒。又問。曰：行之難，言之得無訒乎？又曰：力行近乎仁。此則以忠信篤敬，誠於修己而不急名聞肆言辯者也。所以者何？以彼無貪求故。是亦先難而後獲之君子也。

　諸如此類，則孔子之所謂爲仁之道者無他焉：克己而已，無貪求而已。克己之實，退讓禮敬强恕是也。無貪求之實，先難後獲敏於行而愼於言是也。無欲求故誠，無我故公。既誠且公，則慈愍充塞。慈愍充塞，故有勇能任。故能以天下爲一家，中國爲一人，渾然一體而感通神應，是之謂求仁之學，學者不可不盡心焉！

　已言仁，次言義：

何謂義？中庸曰：義者，宜也，尊賢爲大。孔子曰：君子之於天下也，無適也，無莫也，義之與比。是則義者吾人立身制行應事接物恰當其宜之謂也。然此恰當其宜者，以何爲標準？曰：以仁爲標準。仁者，慈愍而無貪求者也。存心行事，能慈愍而無貪求者，是卽爲義。仁卽義也。反是而不慈愍而害人，不無貪而逐利，是卽不仁也，不仁卽不義。人而不仁，則中心必有羞愧惶竦之情焉，以自怨自艾而不能安，自怨自艾而不能安，則必自克自治以求其安。自克自治以求安，則捨不仁以歸於仁矣。孟子曰：羞惡之心，人皆有之。又曰：羞惡之心，義之端也。宋儒曰：義者心之制，事之宜。然則義也者，又制裁心術，去不仁以復其仁之功也。是故仁以惻隱感通爲用，義以羞惡制裁爲用。義雖標準根本於仁，而究有不同於仁者也。

復次，義雖以仁爲標準，而更有修正仁之用焉。仁者，愛人。然愛人而失其道，則流爲姑息。故必以義制裁之。記曰：溫柔敦厚詩敎也，詩之失也愚。仁者，必溫柔敦厚，故仁有失之愚者也。則古來所謂愚忠愚孝等是也。以義制裁之，愛人也，而必當其宜；勿以愛人者害人；勿以愛一人者害天下。故刑有可用，法有可施。刑用法施，而人不敢爲非。人不敢爲非，而天下平焉。此之謂義也，而仁莫大焉。然則義之修正仁之失，實以成就夫仁者也。義固有修正仁之失之用，仁亦有救正義之失之功。義之失何謂也？執持義理而不能體量人情，以聖賢律己之道準繩士庶，以大丈夫之行嚴責婦人孺子，則有乖戾而不可通者也。仁以濟之，含宏光大，悲愍寬和，而容人之過，而恕人之罪，使之相安樂善而徐敎成之也，是則仁之所以濟義也。易曰：包荒，用馮河，不遐遺，朋亡，得尙於中行，此之謂也。是故義以輔仁，仁而不愚；仁以輔義，義而不乖。不愚不乖，仁義得中。斯乃爲仁之至，義之盡也。仁主於大公，義主於至正。大公而至正，而人道得矣。易曰：立天之道，曰陰與陽。立地之道，曰柔與剛。立人之道，曰仁與義。此言仁義互用乃不失也。

仁主親愛，故以慈悲爲體；義主斷制，故以智慧爲用。悲智雙運，此儒學與佛法不異者也。親愛也，而不能度之彼岸，斷制也，而不能寂滅生死，是則智有未盡，而悲有未至也。此儒學所與佛法異者也。蓋世間之學，原不遠絕人情；苟無損於人，無害於生，男女之情，室家之欲，皆所不禁。世間學與出世學原不同也。菩薩應世，要亦不能外此。

仁以慈悲爲體，故罪莫大於損他命。義以羞惡爲用，故罪莫大於盜人財。孟子曰：士尙志。何謂尙志？曰：仁義而已矣。殺一無罪，非仁也。非其有而取之，非義也。志仁義者，不可不先知也。

仁主於大公，故莫大於愛人。義主於至正，故莫大於正己。正己而義立，義立而人從，人從而化行。化行俗美，人皆樂善，而愛人之道盡焉。孟子曰：大人者，正己而物正者也。故義立而仁成焉。雖然，所謂正己者，又豈有他哉？克去己私而已正，捨諸貪求而已正。仁之實，義之功也。學者克己復禮而後仁，積義而勇生，由明而誠者也。聖人心無不公，己無不正，行無不當，卽仁也，而義行。自誠而明者也。自明而誠者，由至正以反於大公。自誠而明者，大公而無不至正。所謂誠則明也，明則誠也。仁主大公，故自他之界皆泯。義主至正，故自他之分確立。自他之分立，故無利己以害人，亦無徇人而喪己。自他之界泯，故能損己以益人，爲人而忘己也。無義之實而捨己以爲人，是以身爲奴役者也。和而不克自立，自趨下流而無益於人者也。無仁之實而執我不化，是增長其驕吝，矜而不能容物，與世爲忤，而實以自喪其德者也。唯能嚴守分限義禮而悲濟天下者，斯爲賢乎！若伊尹之非其道也，非其義也，繫馬千駟弗顧也，爵以萬鐘弗受也；非其道也，非其義也，一介不以與人，一介不以取諸人；而恥其君不爲堯舜，恥其民不爲堯舜之民，而以天下爲任者是也。

仁主於大公，公之極，己在所遺，故有殺身以成仁，無求生以害仁。義主於至正，正之至，故生在所可棄，故有捨生以取義。死生尚不逾，而況於利害乎？故義必爲利而役於利者不可以言義，唯超於利者乃可以成其義。利義之辨，君子小人之所由分也。孔子曰：君子喻於義，小人喻於利。孟子曰：雞鳴而起，孳孳爲善者，舜之徒也；雞鳴而起，孳孳爲利者，跖之徒也。故君子莫尚於貴義而遠利。董仲舒曰：正其誼不謀其利，明其道不計其功，此之謂也。

雖然，義利實乃一貫，言義利一貫者，謂義之必爲利，而眞有利於人事者莫義若也。否則趨利而忘義，義外求利，則大害生焉。孟子見梁惠王，王曰，叟不遠千里而來，亦將有以利吾國乎？孟子曰：王何必曰利！亦有仁義而已矣。王曰何以利吾國，大夫曰何以利吾家，士庶人曰何以利吾身，上下交征利而國危矣。本求利國而國反亂，是非趨利者之大害乎？孟子曰：未有仁而遺其親者也，未有義而後其君者也。不遺其親，不後其君，人相樂於仁義，以忠其上，死其長，是非國家之大利乎？大學曰：此謂國不以利爲利，以義爲利也。易曰：利物足以和義。是非義外無利，義卽是利，義利本一貫者歟？

義利本爲一貫，而守義則利，趨利則害義而爲害者何也？曰：義者，立身行事之則也。利者，立身行事而不過，合乎正道，所得之果也。義則譬如農人之勤勞耕耘，利則譬如農人之收獲食養，耕耘勤勞則必得收獲食養，此義之必爲利者也。捨耕耘勤勞而希圖收獲食養，不得所願，或反作惡獲罪焉，此趨利之必至傷義而爲害者也。故人但當急於行義，而勿切於圖利。義其因，利其果也。有因必有果，故善造因者，不求果而果自至。無因必無果，故妄希果者，終不得果。是故凡夫畏果，菩薩畏因。畏果者，怖當前之苦害。畏因者，怖造業之非義也。畏果無救於果，畏因自不爲非而得善果也。是故君子居易以俟命，小人行險以徼幸也。

又義者，人羣共遵之正道也。行義者，正己而無損於人者也。正己而不損於人，則人羣不相害相爭而相益相助。相助相益，則相養相生。相養相生，則同受福利。是故義之實，大利之歸也。易曰，乾道變化，各正性命，保合大和，乃利貞，此之謂也。趨利者反此，圖一己之安而不恤人之危，幸一時之樂而昧長時之苦，虧己之行，奪人之利，故人類相爭相害，以共趨危亡。是故徇利無利，而大害存焉也。

又利者，通常汎指資生食養財利而說，以其直接與人以物質上之安樂，常人皆知其爲利故也。人皆知其爲利，故貪求之心起焉。貪求則必爭，爭則必亂，亂則害莫大焉。此競利所以必爲害者也。義者所以節制人之貪求，而使取用咸得其宜者也。取用咸得其宜，故人不相爭，而物不爲人害。人不相爭而物不爲人害，則但受財物之益而免其過焉。是故行義而後利得其利也。易曰：天地之大德曰生，聖人之大寶曰位，何以守位曰仁，何以聚人曰財，理財正詞禁民爲非曰義，此之謂也。

由是可知義卽是利，義外無利，捨義趨利則必爲害，其理決也。然世之捨義趨利者多，而以義爲利者少，故聖人常戒人趨利。此孔子君子喻於義，小人喻於利，乃至孟子董子諸人之所言者是也。然義實人生之大利，離利亦未足以爲義。諸有所行，苟無益於身心，無福利於家國天下，雖奇行異能爲人所難，亦何足以爲義也？或有執異時異地之所謂義者，不知變通而強行之，反以爲害於世者，則彌不足以爲義也。故易曰：精義入神以致用也，利用安身以崇德也，此義利一貫福德一致之理也。易之所以累言利者，凡以示人以趨吉避凶安身立命寧平天下之道也。世之凡民，知利而不知義。世之君子，——孟董以下至於宋明儒者——則又虛談仁義而恥言利。知利而不知義者，自私自利而無分際界限，更無公利人羣之心，以日趨下流而無以進於君子之道。虛談仁義而恥言利者，忽略世變，不通事理，無以前民用而成大業，知不足以周萬物，道不足以濟天下，自既無以救民之飢溺，國之貧弱，而猶責無恆產者以有恆心乃不近於人情。是以小人甘趨下流，君子空談道德，天地不交而萬物不通，上下不交而天下無邦，是則誰之過歟？數十年來西學東漸，國人鶩於彼方物質之利而忘其害，則又羣爲功利之學，盡捨其數千年來固有之學說而學之。結果求强不得而國以日削，求富不得而民以日貧，人心滔滔，未知所止，則亦將何以救之哉？故非通義利一貫福德一致之理，以盛德而成大業，無以正其偏而救其弊，振其衰而扶其傾也？

或謂苟云義利盡一貫者，彼殺身成仁捨生取義者，果以何爲利耶？曰仁者以他爲自，重德於身利於世利於德卽是利也。豈如常人之計較於錙銖彼己者乃爲利哉？況夫有情業果通於三世，種現熏習存乎八識，仁義之德日增日强，所得果報日崇日大，固未可以尋常淺識所可斷其利害者。然非深通乎佛理者，亦豈易言語曉喻之？

人與禽獸蟲魚並生息於天地間，聚血肉筋骨以成身，此人與禽獸等同也。飢食渴飲以共求生存，此人與禽獸等同也。牝牡聚合以孳生繁息，此人與禽獸等同也。生已而壯，而病，而老，而死，是亦與禽獸等同也。為求生存而不得不假物以為用，於是服牛乘馬食肉寢皮以與一切動物互競生存，此仍與禽獸等同也。浸假而為自生存乃至不惜損害人羣傷殘同類以自利自私焉，製之器具而祇以益其殺戮爭奪之慘，發其聰明才智而祇以益其滑詐奸險之謀，人類不相生而相賊，不相養而相殺，社會亂，國家亡，自身亦同歸於烏有，本以求利而害來，本以求安而危至，本以求樂而重其苦惱，人生作業不但不能拔苦反以加禍，是則人生之極端矛盾，乃視禽獸而反若不及焉，則人烏貴夫其為人，人生亦太無價值意義矣。將欲固存人道使知自別於禽獸，故仁義尚焉。仁者，人也，親愛和合不獨私其生而與人羣共生，則人道立而生理遂矣，義者，宜也，生不苟生，必由正道而生，不卑鄙下賤以生，不損惱他人以生，則人羣不亂而人道尊嚴也。由仁故去人類生活之貪殘，由義故去人類生活之苟賤，仁道行，而太和祥洽。義道立，而秩序條然。君子由之以作賢作聖。庶民由之以寡過樂生。以仁義利用器具，則不以害人而以濟危平亂，以仁義運用智慧，則不以作奸而以致治成功。人羣互助，相養相生相教相誡，以之求樂而樂得，以之拔苦而苦除。是則仁義之用，廣大高明，所以成盛德大業而福利天下無窮者也。是人生之所以異於禽生獸生蟲魚之生者也。是故仁義爲人生之正道標準也。雖然，仁義根本性情，豈得人人皆具如斯純潔溫厚之德？將欲由致以至道化民成俗，則必由禮樂焉。故次言禮樂

六　禮樂

何謂禮？禮者，聖人根本德義而爲之節文，以定人羣之秩序，以正人類之行爲，以調治人心而出治道者也。

言根本德義者，此言禮之質也。德謂根於人心，義謂合於時宜。節文者，此言禮之具也。節謂上下長幼之序，言行動作喜怒哀樂之制，不相亂而無過不及之失者也。文謂威儀揖讓進退屈伸乃至衣冠文物制度典章，以表著人之情志心術，使之交於人羣者也。禮不合乎德義，非禮也。德義而不形之節文，亦不名爲禮也。質文皆備，而後禮

生，故曰根本德義而爲之節文也。誰根本之，而誰爲之？曰聖人也，唯聖人乃能備衆德性，而知周萬物，用能揆合時宜，曲當人心，而出治道也。此言禮之用也，以定人羣之秩序者，由禮乃能使人羣之間，上下有等，長幼有序，男女有別，國人朋友不相陵而相敬愛也。以正人類之行爲者，使人之言行動作皆合乎義，喜怒哀樂皆得其節，故無辱己損人之行，而人類之行爲正矣。言調治人心者，人心煩雜，善惡並生，調而治之，如馴良馬，抑治其不善而悉歸於善，人心正而行爲皆正，故禮之歸以調治人心也。言出治道者，爲治之道，與其禁民之爲非，不如使民自不爲非。與其懲民之罪於事後，不如預防人心於未然。防於未然，則自無由陷於罪惡。自不爲非，則人皆興於善而化成。如是者，非刑罰之所能奏功，必由禮敎乃可以革其心而變其行者也。人皆革心變行，皆出於善，斯乃爲治道之成就也。此禮之大用也。

人生何故必須有禮耶？曰有二因：一者，因於人心善惡雜也。二者，因於人生不能孤立，必賴夫羣乃能生也。所謂人心善惡雜者，此如人生之二重性格章言：一人之心，既具信慚愧無貪無嗔無癡精進等十一善法，又具貪嗔癡慢等二十六種煩惱，由此善染二種心所迭起現行，於是人類之行爲動作有正不正。正者由善心所信等起用而生起之行爲，自他交利，二世俱益者也。不正者由煩惱心所等起用而生起之行爲，自惱惱他，二世俱損者也。人心既不純善而無惡，故不能所行皆合於道義。所行既不能皆合於道義，故必有禮以節制人情，以防其罪過而導其善心。禮之條文節目，所以示人以可行不可行之則也。禮之根本主於敬讓。敬也者，所以嚴治心術，察於善不善之間而司其裁制者也。曲禮曰，毋不敬，儼若思，安定詞，安民哉。何謂毋不敬？敬從苟從攴，去其苟且之心而時時恂慄，齋莊中正以嚴治其心志也。苟且之心，於佛法謂之放逸。放肆惡法任其縱逸而不加以防範修治之功焉，此之謂不敬也。心不敬而行苟且，聽一切惡法之肆行縱逸，此所謂小人閒居爲不善，無所不至，而無忌憚者也。人心如此，其可救治哉？故必用克己復禮之功，曰毋不敬。毋不敬，則戒愼乎其所不睹，恐懼乎其所不聞，十目所視，十手所指，無敢稍自放逸焉。此愼獨之功，誠意之實也。夫然，故能嚴防惡法令之不生，勤修善法令之相續。染盡善純，心無不善，故行無不正也。佛經云：染淨由心，隨心垢淨，制之一處，事無不辦，毋不敬之謂也。儼若思者，威儀也。心無不敬，則形無不肅，故望之儼然如有所思也。心有所思，則專注一趣，視聽皆亡，寂然不動之氣象也。安定辭者，君子無易由言，言之必可行，行之必可言也。信近於義，言可復也。是以君子愼言。愼言者，必合於道義，當夫事理，審慮度量而後言焉，此之謂安定辭也。安謂反於心而不妄，定謂合於理而不移，如是乃發詞焉。曾子曰：君子所貴夫道者三：動容貌，斯遠暴慢矣。正顏色，斯近信矣。出辭氣，斯遠鄙倍矣。籩豆之事，則有司存。儼若思，安定辭，無不敬之著於威儀言語者也。禮之本主於敬，禮之文見於威儀言語也。安民哉者，此言能毋不敬而儼若思安定辭，則可以安民而無難也，贊美禮之用之大也。云何毋不敬儼若思卽可以安民耶？曰：聖人之道，重德化而不貴智力；治人易，自治其心難。苟能以禮自治其心，而毋不敬，有毋不敬之實而見之於威儀者，儼然出之於言辭者安定，以之臨民，則可尊可信，而不傷民暴物矣。於安民也，何難哉？子路問君子，子曰：

君子修己以敬，曰、如斯而已乎？曰、修己以安人。曰、如斯而已乎？曰、修己以安百姓。修己以安百姓，堯舜其猶病諸。與此意同也。云堯舜其猶病諸者，堯舜之聖，尚自抑畏，兢兢業業，不敢自懈也。孟子曰：大人者，正己而物正者也。凡此皆言修己治人之道無二道也。故夫禮者，平治心術之本也。曲禮又曰：傲不可長，欲不可縱，志不可滿，樂不可極。賢者狎而敬之，畏而愛之。愛而知其惡，憎而知其善。積而能散。安安而能遷。臨財毋苟得。臨難毋苟免。很毋求勝，分毋求多。凡此則皆言禮之實，在能節制性情，去其過不及不正之情，而使之止乎義禮也。苟人心而無不善，則行無不善。即無須禁制防範，而無用乎禮也。苟人心而純不善，則行道守禮而禁制防範其不善之心者誰乎？故必有善心，乃可行禮。有不善之心，乃須夫禮。荀子謂性惡，故重禮。以禮者，所以防制罪惡者也。然使謂性全無善焉，則是失行禮之本矣。孟子謂性善，故言仁義。以仁義者，本諸德性，不假外鑠者也。然人性不全善，故禮終不可廢。禮終不可廢，而謂性純善焉，則禮無所用，成具文也。禮也者，因夫人性之不純善惡，故制之節文，以禁人之不善而長養純淨其善心者也。

所謂人不能獨立必賴羣以生，故必須夫禮者，設使人可不賴羣以生，而可離羣孤立，則言行動作，隨其意之所欲均無不可。所以者何？以既離羣，則凡所行，無所損益於他人故。既無損益於他人，他人亦無損益於我，故無所謂社會，無所謂家國，無所謂治亂，無所謂是非，無所謂相養相生之道，無所謂爭奪諍訟之事，故可不用禮法，亦無人課之以責任，亦不對任何人負何等之義務，故禮之用可廢也。然人不能獨立，必賴羣以生存，既有父子之關係，有兄弟之關係，有夫婦朋友國人之關係，己既受父母之生養，兄弟朋友之扶持，夫婦之互助，國人之交往，故皆必有應盡之義務。自既受人羣之恩，卽不可不有酬勞報答之情也。此酬勞報答之情，人皆有之，故聖人因人之情而爲之節文，使著於事實。事父也：而教之以昏定晨省之禮焉，冬溫夏凊之禮焉。事兄也，而教之以徐行後從之禮焉。夫婦也，而教之以大昏親迎之禮焉。鄉黨朋友也，而教之以揖讓進退鄉飲燕饗之禮焉，父母既歿，尊親已亡，而更教之以葬祭蒸嘗之禮焉，其生也，相養相親之義隆。其死也，相念相思之情久。陶養敎誨，使之敦其忠厚篤敬之道，而去其澆薄苟簡之習。是故人羣和合安樂而大亂無由作也。此禮之所以因夫人羣相養相親之道而作者也。又人生皆有求生給欲之情，求生給欲而失其義則必亂，故須夫禮。荀子曰：禮起於何也，曰人生而有欲。欲而不得，則不能無求。求而無度量分界，則不能無爭。爭則亂。亂則窮。先王惡其亂也，故制禮義以分之。以養人之欲，給人之求。使欲必不窮夫物。物必不屈於欲。兩者相持而長，是禮之所由起也。夫人皆有求生給欲之欲，求而無度量界限則必爭者，謂欲望無限，故逾乎己之所應得應求者而爭人所應得應求者也。己爭人之所有，則人亦復來爭我之所有。人類交爭，而社會亂矣。亂則不能不窮者，人羣本相助相救以生，今不相助相救而相害相賊，是人羣相生之道失，而人生之道窮矣。禮者，所以定人之分也。人與人共生天地間，故凡天地之所有，各隨其能力職務之所盡，皆有應得之分焉。聖人隨人所應得之分而平均分與之，使無過夫其量，而皆能知足安分而不爭也。不相爭，則亂不起，而人各盡其分以相生養焉。

人各安分盡分以相生養，故人之欲可養，而求可給矣。所謂欲必不窮於物，物必不屈於欲是也。云何欲不窮夫物？節欲寡欲，使有度量而安其分界，則欲不窮夫物矣。物之生產有限，而人之欲求無窮，以有限之物，應無窮之欲，則物力窮矣。科學進步，生產發達最極之今日，所以無食無衣乃至失業無以爲生者日衆，人類紛亂無法解決者，是卽人欲一方面發達逾夫常態，帝國主義者資本階級者乃至軍人政客壟斷專利，窮奢極欲有以致之也。云何物不屈於欲？欲不窮夫物，則物不屈於欲矣。欲不窮物，則所欲有限。所欲有限，則物力足以供給之。生足養，死足葬，仰事俯畜，皆無憾焉。凡此皆正當之欲求也。聖人不禁人正當之欲求，故衣食所需，事畜之用，聖人皆必求所以應給之使充足有餘裕焉。大學所謂用之者舒是也。用之者舒，故物不屈於欲也。倘物不足以給欲而屈於欲，使天下之民仰不足以事父母，俯不足以畜妻子，樂歲終身苦，凶年不免於死亡，無恆產而求其有恆心，而欲不亂，聖人不能爲也。此今日無產階級被征服民族所以時思革命，四海騷然者也。然使非節少數人無窮之欲，公天下有限之利，使人皆有分，各安其分，各盡其分，以相生相養，孰能救此危亂哉？禮也者，所以定人之分也。所謂定人之分者，古者經邦治國，必有常度。井田並耕，人無無產，亦無失業，亦無游惰者。國之取於民也有制。天子，國君，公卿，大夫，士食祿皆有定限，無有橫征暴斂者也。堯舜禹湯文武周公躬行節儉而勤民事，以爲天下君。上勤於政，下勤於事。上勞其心，下勞其形。是以國無過富過貧。使富不足以縱欲，貧不至於無生也。故飲食，衣冠，宮室，皆有制度，不得以多財而奢靡自崇也。喪葬，祭祀，燕飲，婚姻，皆有定儀，不得以勢位財富而崇侈濫費也。是故人共安於禮法之中，而多財亦無所可用。以故人皆守分知足，而兼併不興，利在天下。此之謂禮以定人之分也。分定故無過量之欲求，欲求不過，故不爭。不爭故不亂。不亂故不窮，分定故欲不奢。欲不奢則所求於物者有限。所求於物有限，故物力不窮。物力不窮，故足以給人之求而養人之欲。欲養求給，而後人生之道得矣。此之謂兩者相持而長也。昔之言經濟學者，重在生產。今之治經濟學者，重在分配。分配不均，大亂遂生。禮之用，物質分配之要道也。然但從事於物質之分配，而不能節制其情欲，則物力終於有窮。物力窮，而人生苦。世界仍歸於亂。禮者，又不但求財產分配之公而已，尤在能節制人之情欲也。故知禮者，人羣相養相生息爭止亂之根本也。人生不能一日離羣，而奚可一日無禮哉？故曰：禮之必須，起於人羣之相生也。

禮之行於心術也，莫大於敬。敬故能閑邪而存誠。禮之行於人羣也，莫大乎讓。讓故交相愛敬，風俗淳厚，而亂不生。讓也者，卑己而尊人，損己而利人者也。故揖讓拜跪之儀生，辭受施報之義立。是故君子恭敬撙節退讓以明禮也。己尊人，而人亦尊己，故卑己而己愈尊。己利人，而人亦利己，故損己而己還得人利。是則交相尊，交相利之道也。自尊卑人，人亦還卑懱之。自利而損人，則人亦還損惱之。交相陵懱，交相損害，而人皆失所尊利，此無禮之害也。老子輕禮，而孔子問禮於老聃，豈不以躁進之害，退反之利，老子言之深切著明也歟？故其言曰：我有三寶，持而寶之，曰慈，曰儉，曰不敢爲天下先。慈者，禮之本也。儉者，禮之制也。不敢爲天下先者，退讓之功也。是爲得禮之意也歟？然則彼所輕者，節目威儀之虛文耳。雖然，本必有末，質必有文。因惡虛文而廢禮用將化民成俗而失其具故語流於急切，學變爲申韓，非君子涵養中和從容不迫之道也。

禮雖主於退讓，然卑己尊人有其分限。是以親親有殺，尊賢有等，處事有制，自守有義，未有貶己人格以徇人者也。曲禮曰：禮不妄說人，不辭費。禮不踰節，不侵侮，不好狎。孔子曰：君子不失色於人，不失言於人。有子曰：恭近於禮，遠恥辱也。孔子曰：巧言令色，足恭，左丘明恥之，丘亦恥之。以其無忠愛之實，而委己以從人，不自貴重而能愛人者，無之也。孟子曰：非禮之禮，非義之義，大人弗爲。

禮亦有流弊乎？曰：根本乎德義，而爲之節文，以正心而成化，禮無所謂流弊也。雖然，節文隨時地以變異，而無一定之儀式可執，宜於古者不必宜於今，宜於中者不必宜於外，是故飲食衣服之制，家國政體之度，人羣交際之禮，各有所是而不可一概固執而强相是非也。是故五帝不治樂，三王不襲禮。曲禮曰：禮從宜，使從俗。又曰：入境而問禁，入國而問俗。禮運曰：禮者義之協也，協諸義而協，則禮雖先王未之有，而可以義起也。孔子曰：殷因於夏禮，所損益可知也。周因於殷禮，所損益可知也。其或繼周者，雖百世可知也。古之賢聖，明知禮爲隨時宜當人心而後制，不執一定之成法以自是而非人，而許人以協義而起。五帝三王又因沿損益，代有不同，而咸使得中。則禮亦何流弊之可言哉？後世無聖帝明王作，賢聖在下位而不能制禮樂，於是儒生呫嗶於遠古先世之條目節文而矜矜固守之，以非議天下。王莽王安石之徒，又緣飾周禮之具文以求三代之治。於是禮意盡失，虛文徒存，而後禮乃爲天下病。如老莊之所指責，如近人之所非難。雖然，是皆無當於禮之眞義也。禮之眞義何也？曰：敬讓之道也。人心不能純善而無惡，故不能棄禮以放馳。人生不能離羣而索居，故不能棄禮以生養。曲禮曰：鸚鵡能言，不離飛鳥：猩猩能言，不離禽獸：今人而無禮，雖能言，不亦禽獸之心乎？夫唯禽獸無禮，故父子聚麀。是故聖人作爲禮以敎人，使人以有禮，知自別於禽獸。又曰：人有禮則安，無禮則危。故曰，禮者不可不學也。人苟不欲自別於禽獸而樂陷危亡，則亦何事强與之言禮？否則終不可以條文節目之小失，而棄其修己化民之大用，是故禮終不可廢。已言禮，次言樂。

何謂樂。樂者樂也，人情之所不免也。人有飢渴之患，故有飲食之求焉，人有寒凍之患，故有衣服之求焉。人有孤露漂零之患，故有宮室屋宇之求焉。人心而有喜怒哀樂之情，鬱結於心而不得宣洩流暢，則有淒楚沈悶之患。故細之則爲言笑哭泣，重之則爲懽呼悲號，又其深思怨慕之所結，則有詩辭謠歌之作。嗟嘆之，吟誦之，反覆丁寧而弗能止也。於是求金石絲竹匏土革木之精微，運其巧思，製爲器具，彈奏鼓吹，發爲清婉宏麗之音。節之條之，使八音成變，和合應順，以悅人心意，和人性情，使幽思怨慕悉得宣暢條達而無鬱滯也。故曰：樂者樂也，人情之所不能免也。

人之情感於物而後動，動應萬物而善惡是非之行起焉。隨感不同，故情生以異。由情有異，故善惡是非之行以別。人心者，感應之官也。人羣所有一切關係交接，一感應之關係而已。感於善者，動其善心而善行應之。善行應人，於人復爲感，人受此善行之感，而復以善行應之。應復成感，感復成應，感應無窮，故善行無窮也。感於惡者，動其惡心，而惡行應之。惡行感人，於人復爲感。人受此惡行之感，而復以惡行應之。應復成感，感復成應。感應無窮，故惡行亦無窮也。物之最易感人者，莫過於音樂，人之應物也，亦莫速於聲音。可以著心術之變，可以章喜怒愛憎之情。樂記曰：樂者，音之所由生也。其本在人心之感於物也。是故其哀心感者，其聲噍以殺。其樂心感者，其聲嘽以緩。其喜心感者，其聲發以散。其怒心感者，其聲粗以厲。其敬心感者，其聲直以廉。其愛心感者，其聲和以柔。六者非性也，感於物而後動。此言感其哀樂喜怒敬愛之情，故發爲音聲者其狀各別也。又曰：凡音者，生於人心者也。情動於中，故形於聲。聲成文，謂之音。是故治世之音安以樂，其政和。亂世之音怨以怒，其政乖。亡國之音哀以思，其民困。聲音之道，與政通矣。此言音聲之發，由所處政治環境者所感不同，故情動於中者各異，而形於音聲者亦別也。凡此皆言感動情志之不同，而應起音聲者別也。又曰：夫民有血氣心知之性，而無哀樂喜怒之常，應感起物而動，然後心術形焉。是故志微噍殺之音作，而民思憂。嘽諧慢易繁文簡節之音作，而民康樂。粗厲猛起奮末廣賁之音作，而民剛毅。廉直勁正莊誠之音作，而民肅敬。寬裕肉好順成和動之音作，而民慈愛。流辟邪散狄成滌濫之音作，而民淫亂。此言由音聲之不同而感動乎人之情志心術者異也。夫如是正不正之音聲既足影響感動人之心術。人類正不正之心術，復起正不正之音聲。聲復感心，心復起音，如是無窮，故善者相感以無窮，不善相感亦無窮。其始也細，其終也劇。音聲之道，其影響於人心治道者，豈鮮也哉？

聖人既知樂者樂也，爲人情之所不能免。又知樂之感人，並足以生起人邪正之心，而不可不慎。夫人情所不能免者，不可廢也。其不可不慎者，將如何乃可去其弊而收其功？是故聖人因人之情，順人之性，正其德義，防其淫慝，以啓發人之善心，使樂趣於道而不加勉强也。人心既正，則凡所以應事物之變者，無不得其正。天下之人，皆以正相感應，則人羣和合，天下寧平矣。此聖人敎化天下之要道也。故樂記曰：

凡姦聲感人而逆氣應之，逆氣成象，而淫樂興焉。正聲感人而順氣應之，順氣成象而和樂興焉。倡和有應，回邪曲直各歸其分，而萬物之理各以類相動也。是故君子反情以和其志，比類以成其行，姦聲亂色不留聰明，淫樂慝禮不接心術，惰慢邪辟之氣不設於身體，使耳目鼻口心知百體皆由順正以行其義，然後發以聲音而文以琴瑟，動以干戚，飾以羽旄，從以簫管，奮至德之光，動四氣之和，以著萬物之理。是故淸明象天，廣大象地，終始象四時，周還象風雨，五色成文而不亂，八風從律而不姦，百度得數而有常，小大相成，終始相生，倡和淸濁，迭相爲經。故樂行而倫淸，耳目聰明，血氣和平，移風易俗，天下皆寧。故曰樂者，樂也。君子樂得其道，小人樂得其欲，以道制欲，則樂而不亂。以欲忘道，則惑而不樂。是故君子反情以和其志，廣樂以成其敎，樂行而民鄉方，可以觀德矣。德者，性之端也。樂者，德之華也。金石絲竹，樂之器也。詩，言其志也。歌，詠其聲也。舞，動其容也。三者本於心，然後樂器從之。是故情深而文明，氣盛而化神，和順積中，而英華發外，唯樂不可以爲僞。

又曰：樂者，心之動也。聲者，樂之象也。文采節奏，聲之飾也。君子動其本，樂其象，然後治其飾。是故先鼓以警戒，三步以見方，再始以著往，復亂以飭歸，奮疾而不拔，極幽而不隱，獨樂其志，不厭其道。備舉其道，不私其欲。是故情見而義立，樂終而德尊。君子以好善，小人以聽過。故曰，生民之道，樂爲大焉。

凡是所云，妙義無窮。聖人制樂之情，於斯見焉。自餘要義，散在全篇，不備述矣。

聖人既立禮，復制樂者，蓋禮以禁制爲用，樂以啓發爲功。禁制之用，偏於止惡。啓發之用，偏於興善。夫無和樂懽虞之樂以鼓舞人之善心，但以嚴肅莊敬之禮責人遵守，必多扞格而難成。是故聖人於禮之外，復制以樂。使之涵養陶冶，默化於無形，而樂趣於爲善。此樂之用，所以輔禮而助其成也。此由教育方面言，必禮樂並用，乃收其功也。

復次：禮樂之於治理人羣也，各有所長，而互有其短。相輔，則各効其長。相離，則互見其短。故樂記曰：樂者爲同。（和同感情也）禮者爲異。（別異分位也）同則相親。異則相敬。樂勝則流。禮勝則離。（勝者過也）合情（和同故情合）飾貌（莊敬故貌飾）者，禮樂之事也。禮義立，則貴賤等矣。樂文同，則上下和矣。好惡著，則賢不肖別矣。刑禁暴，爵舉賢，則政均矣。仁以愛之，義以正之，如此則民治行矣。凡此皆言治民之道，人羣之交，非禮樂並用不可也。此就政治社會以立言也。人羣社會既須分位明立，又須情意和親。分位不立，則相犯相陵。情意不和，則相睽相隔。如是則愛敬不生，而爭亂以起。是以治天下國家者，禮以定其分，樂以和其心。使之相愛相敬，而不相陵奪也。是禮樂之用也。

又就個人之修養言，亦必禮樂備而後德行立。樂記曰：禮樂不可斯須去身。致樂以治心，則易直子諒之心油然生矣。易直子諒之心生，則樂，樂則安，安則久，久則天，天則神。天則不言而信，神則不怒而威。致樂以治心者也。致禮以治躬，則莊敬，莊敬則嚴威。心中斯須不和不樂，而鄙詐之心入之矣。外貌斯須不莊不敬，而易慢之心入之矣。故樂也者，動於內者也。禮也者，動於外者也。樂極和，禮極順。內和而外順，則民瞻其顏色而弗與爭也。望其容貌，而民不生易慢焉。故德輝動於內，而民莫不承聽。理發諸外，而民莫不承順。故曰：致禮樂之道，舉而措之天下無難矣。

復次再就形而上學宇宙自然之理言，則亦必禮樂備而後合。夫道，宇宙自然之理，一異同之相成，陰陽之相生而已。所謂異同之相成者何也？天地之大，品類之衆，莫可紀極也，而皆有其同，互有其異，異中見同，同中見異。萬物畢同畢異。譬之於樹，合根莖枝葉以爲一身，一身同也，而有根莖枝葉等異。同屬於根，而有主根支根鬚根等異。同屬於莖枝葉也，而有上下左右前後等異，即一枝莖根也，而有皮膚骨髓等異。同屬一葉，而有邊中膜紋等異。是故任取一葉一枝一根一莖，無不見其異也。然而邊中膜紋等雖殊，而合以成葉也，則無不同也。皮膚骨肉等雖殊，而合以成根莖枝也，則無不同也。根莖枝葉等雖殊，而合以成樹也。乃至葉葉雖殊，而同是葉也。枝枝雖殊，而同是枝也。根根雖殊，而皆根也。無不同也。故無同不成異，無異不成同。即異見同，即同見異。故同異雖殊，而互相成也。此任就一物以爲言也。乃至一人之身，合頭目手足五臟六腑百骸以成身，身同而臟腑等各異。異異之中，復有異同之中復有同，異同相成，而有人身。乃至人與人異，而同為人。樹與樹異，而同為樹。乃至樹合而成林，人合而成羣，羣林，等等互合而成天地宇宙。故宇宙之間，一同異相成之現象而已矣。所謂陰陽之相生者，宇宙之間，萬有不齊，而皆成於相對。如上下，內外，表裏，精粗，是非，同異，得失，成毀，常變，動靜，剛柔，吉凶，天地，乾坤，男女，夫婦……皆由相對以成。設離相對，則離上無以顯下，離表無以顯裏，無是不見其非，無同不見其異，離得無失，離成無毀，離常無變，離動無靜，離剛無柔，離吉無凶，乃至一切。反之，則離下亦無以顯上，乃至離凶亦無所謂吉，乃至一切。儒者於此一切相對之現象，約之以為陰陽，陽以表示動，剛，乾，男之諸象，陰以表示靜，柔，坤，女之諸象。然動中有靜，靜中有動。柔中有剛，剛中有柔。變中有常，常中有變。成中有毀，毀中有成，得中有失，失中有得。同中有異，異中有同。乃至上復為下，下復為上。是故陽中有陰，而陰中有陽。陰陽交錯，而八卦以立，六十四卦以成。於以表示一切宇宙萬象人事萬變而無不盡。易者易也。陽陰變動而不居之謂易也。又易者，不易也，於彼變動不居之中而有不變不易常恆之則不遷之理焉，是以立命安身趨吉避凶咸有其必然之理也。是故易者，不易也。夫不易之理卽存於變易之象，變易之象而有其不易之理，是卽陰陽相生易而不易之理也。聖人既通其變，又識其常，執其常理以馭萬變。雖經萬變，而不失常理。是以萬變而不離其宗，是卽簡易之道也。故易又釋為簡易也。是為陰陽相生之說。吾人既知宇宙萬象同異相成，陰陽相生，同中有異，異中有同，陰中有陽，陽中有陰，夫然則宇宙間果豈有同異乎哉？果豈無同異乎哉？陰陽同異亦且相對而立之名耳。會其玄同，則且忘夫同異，一乎陰陽，以歸於太極。太極者無極也。執有一極，且非太極也。是則無為無示，無言無說，無思無慮，寂然而已。然因應萬變，則同異不可不立，而陰陽不可不分。然不可固執。貴能同中見異，異中見同，陽中得陰，陰中得陽，則固執同異而遞用柔剛。夫然乃能變動不居，周流六虛，上下無常，不執典要，而唯變所適。仁義之行，禮樂之用，亦若是而已矣。同異必相待而後成，陰陽必相待而後生，故仁義禮樂亦必互用而後可也。天地之間萬有不齊，故有分界。天地之間萬有不齊而互相和諧。無分界，則無秩序。不和諧，則不相生養。然而天地萬物，卽以其互不同者，乃以互相生，以同異陰陽不可偏廢，而相助成也。此如人身，耳目手足五臟六腑，各不同也。唯其不同，乃互致其養，耳司聽而目司見，手司作而足司行，五臟六腑各有專司。無耳目手足不足以攝取飲食衣服趨安避危，則無以保持維繫其臟腑。無臟腑之消化，呼吸循環排洩，則亦無以營養維繫耳目手足之生存。乃至一臟一官，皆利害及夫全體。全體之用，又互影響於一臟一官。故人之一身，五官各居其位，臟腑各異其功，無相陵，無相奪也，而又皆息息相通，和合互利，以相生相養。人身如是，樹木禾稼亦無不然。根莖枝葉各異其位，各別其用也，而根莖枝葉又互致其用，相養相生也。大之於宇宙，上天下地，萬物散殊，而秩序昭然。日月照臨，四時運行，而和合化生亦莫不於不同條理之中，而行其和合玄同之化。人羣社會同異合離，分工合作，相敬相親之道，亦如是而已。禮也者，定天地之秩序者也。樂也者，成天下之變化者也。無秩序不成其變化，無變化不成其秩序。行變化於秩序之中，是則天地之象，大道之紀，而禮樂之大用也。故樂記曰：

大樂與天地同和，大禮與天地同節。和故萬物不失，節故祀天祭地。明則有禮樂，幽則有鬼神，如此則四海之內合敬同愛矣。禮者，殊事合敬者也，樂者，異文合愛者也。禮樂之情同，故明王以相沿也。

又曰：樂者，天地之和也，禮者，天地之序也。和故萬物皆化。序故羣物皆別。樂由天作。禮以地制。過制則亂。過作則暴。明於天地，然後能興禮樂也。

又曰天高地下，萬物散殊，而禮制行矣。流而不息，合同而化，而樂興焉。春作夏長，仁也，秋收冬藏，義也。仁近於樂。義近於禮。樂者，敦和率神而從天。禮者，別宜居鬼而從地。故聖人作樂以應天，制禮以配地，禮樂明備，天地官矣。天尊地卑，君臣定矣。卑高以陳，貴賤位矣。動靜有常，小大殊矣。方以類聚，物以羣分，則性命不同矣。在天成象，在地成形，如此則禮者天地之別也。地氣上齊，天氣下降，陰陽相摩，天地相蕩，鼓之以雷霆，奮之以風雨，動之以四時，煖之以日月，而百化興焉。如此則樂者，天地之和也。化不時，則不生。男女無別，則亂升。天地之情也。及夫禮樂之極乎天而蟠乎地，行乎陰陽而通乎鬼神，窮高極遠而測深厚，樂著太始而禮居成物，著不息者天也，著不動者地也一動一靜者天地之間也故聖人曰禮樂云。

易曰：一陰一陽之謂道。義極難解。昔但以爲變動不居之意。今讀樂記所論，而後知卽一陰一陽之謂道也。陽主神化，健行不息故謂乾。陰主秩序，靜順不亂，故謂坤化而不息序而不亂，行神化於秩序之中，斯之謂道也，故曰：立天之道，曰陰與陽。立地之道，曰柔與剛。立人之道，曰仁與義。仁近於樂。義近於禮。禮法地而立人羣之秩序。樂法天而成人羣之和親，既序以和，而羣理以得，民生以遂，以相生養愛敬無遺憾焉矣此禮樂法自然以成道者也故不可偏廢其一也。

樂記曰：人生而靜，天之性也。感於物而後動，性之欲也。物至知知而後好惡形焉。好惡無節於內，知誘於外，不能反躬，天理滅矣。夫物之感人無窮，而人之好惡無節，則是物至而人化物也。人化物也者，滅天理而窮人欲者也。於是有悖逆詐僞之心，有淫佚作亂之事，是故強者脅弱，衆者暴寡，知者詐愚，勇者苦怯，疾病不養，老幼孤獨不得其所，此大亂之道矣。是故先王之制禮樂，人為之節。衰麻哭泣，所以節喪紀也；鐘鼓干戚，所以和安樂也；昏姻冠笄，所以別男女也；射鄉食饗，所以正交接也。禮節民心，樂和民聲，政以行之，刑以防之，禮樂刑政四達而不悖，則王道備矣。世衰道喪，明聖不作，政刑不理，禮樂不興，於是民唯縱其欲而逐外物，以交相爭亂陵暴欺苦而無所止，時至今日而危亡極矣，將何道之從哉？曰仍當提倡禮樂之道而已矣。雖禮壞樂崩，既已久矣。淫樂慝禮，無益於教，祗以增過而已矣，故無可言矣。雖然，所謂禮樂者，非必盡在其具文也。樂記曰：樂者，非謂黃鐘大呂弦歌干揚也，樂之末節也，故童者舞之。鋪筵席，陳尊俎，列籩豆，以升降為禮者，禮之末節也，故有司掌之。……是故德成而上，藝成而下，行成而先，事成而後。然則禮樂云者，有其本焉，有其德焉。崇其本而厚其德，則禮樂之道歸焉耳。其本與德何也？曰禮主於敬讓，樂主於和親。敬讓和親者，禮樂之本也。禮以定人之分，故以中正自守為德；樂以和人之情，故以和平愛人為德。君子敦其中正和平之德，而行是敬讓和親之道，以之修身則身修，以之齊家則家齊，以之治國平天下無難也。善知禮樂之意者，豈必效數千年前古人之昇降拜跪而後爲禮，鼓瑟弦歌而後爲樂哉？諸有特立獨行之士，不隨頹風汙俗共溺而有轉移世道之志者，盍興乎來哉？

七　五倫

父子，兄弟，夫婦，朋友，君臣，謂之五倫。倫者，類也，序也。人與人之相關係，自然而有如斯五類，類各有其上下尊卑之序焉，故曰五倫也。五倫各有其當守之道，父子以親，兄弟以序，夫婦以別，朋友以信，君臣以義，是之謂五常。常者，經常不易之道也。由守此經常不易之道，而後人倫得其理。故倫常又名倫理。儒家最重倫理。仁義之實，禮樂之用，皆於五倫中見之。故吾人不可不知倫理也。

禽獸蟲魚，有與人最大不同之處，即彼類多可以自生獨立，而人弗能，必賴他人而後生長成立也。蟲魚之屬，有藉濕氣以生者，彼全不須有父母。有從卵生者，亦多不賴父母之孵育，如蠶之屬，生卵卽死，經年卵始變爲蟲，千萬世母子不曾相見也。彼類生已卽自能長養食息以自競生存，更不須父母之保護。父母且不須要，何有兄弟朋友夫婦君臣之關係乎？然而昆蟲之高等者，合羣而居，乃有君臣社會之組織，蜂蟻是也。至於鳥獸則較爲高等矣。故其同類之關係，卽較蟲魚爲親。鳥雖卵生，多分必待父母之孵化，又多分必待父母之哺養，或數日，成數十百日而後羽翼成，始可以飛翔自存也。獸則胎生，住於母腹，肢體已具，耳目以成，而後出生。又必乳哺之保護之，使能自立。故鳥獸之間，遂確有母子之關係，於是而亦遂有反哺跪乳者也。至於鴛鴦鴻雁之屬，夫婦之情甚長。麋鹿豺狼羣體之關係頗重要之。一切生物，其愈高等者，其羣體之相關愈繁，鮮能孤獨生存者也。然禽獸蟲魚，賴本能而生，恃身體而生，終所須於其羣者有限。至於人則不然，無父母則不能生，生已無一所能，飢不能自食，寒不能自衣，足不能步，口不能言，唯一本能，則號哭耳。爲父母者，聞其號哭，體其飢寒，故哺乳之襁褓之，懷抱之，去其便穢，救其疾病，三年然後免於父母之懷。敎之坐起行立，敎之言語知識，又三四年。然後使之入學，敎以文字習之禮儀，飽其學問，如是者又數年或十數年，而後此子也乃可以獨立生存於世間矣。然男也而欲其有室；女也而欲其有家；又慮其能力之不足，而爲之婚姻，爲之積聚，以見其生養嗣續。故父母之於子女也，有終身之慮焉。父母之於子也如此，爲人子者可不順其志，承其意，而逆其心乎？（父母有過則當諫諍）父母既老，精力既衰，爲人子者，可不時其起居，備其飲食，潔其居處，問其安否，而遺棄之不顧乎？此違夫常情，必非人理也。聖人因夫常情，準乎至理，故定爲父子之倫而曰父子有親。親也者，慈愛孝敬，互不捨離也。既有父子，則有兄弟。兄弟者，一父母之所生也。同生同養，同敎同長，故自然有相親相愛之情焉。有互敬互讓之道焉。一父母之所慈護，而可互相陵奪以傷父母之心乎？故聖人因人之情，順人之理，定爲兄弟之倫而曰長幼有序。序也者，兄愛弟敬，各守其分，無相陵奪也。記曰：飲食男女，人之大欲存焉。欲之所存，亦爭之所由起也。聖人不能禁人之欲，絕人之情，而惡人之爭也。故爲禮以治之。令各有分界繫屬而無相爭亂。故因男女之欲，而定夫婦之倫，曰夫婦有別。別也者，人各有婦，人各有夫，互相繫屬，互相存養，而無相雜亂也。夫人生本於欲愛，欲愛莫大於男女之交。世間之學，不能禁此男女之交，而貴令得其道。苟得其道，則情欲以遂，而生理不息。由是而有父子，由是而有兄弟，由是而有君臣朋友，故曰夫婦，人倫之始也。其始既正，則無夫不正，其始不正，則一切失其正，正之云者，令勿徒縱情欲而貴由夫禮也。禮也者，所以節制情欲，而令出夫正軌也。由夫正軌而情欲不極，則男女之交不因愛憎喜怒而合離，不因愛憎喜怒而合離，則夫婦之情可以久，夫婦之誼可以長，而無分崩離析之患。夫婦之間無分崩離析之患，然後家道成而生養遂。家道成而生養遂，然後父子有親，兄弟有序。苟其始不正，則以喜愛而合者，亦可以憎惡而離。離合不常，則夫婦情薄。夫婦情薄，則家道不成而生養不遂。由是而父子不親，而兄弟不和。況夫夫婦無別，則男女雜交。男女雜交，則縱淫而相爭亂。縱淫而相爭亂，則有敗壞家庭而互相嫉妒賊害以相殺戮者也。始爲逸樂者，乃終於死亡。故曰、以道制欲，則樂而不亂。以欲忘道，則惑而不樂。男女之交其情爲尤著也。是故聖人爲之婚姻之禮以別之。記曰：男女非有行媒，不相知名，非受幣，不交不親。故日月以告君，齋戒以告鬼神，爲酒食以召鄉黨僚友，以厚其別也。其始也鄭重，其終也久長。苟極一時之欲而圖逞快一時，則欲竭而情亡，利盡而誼盡，此如鳥獸之合，又如娼妓之行，欲其琴瑟靜好，德音不忘，相敬相親，互助互勵，黽勉以共成家道而長育子孫，必無之事也。是以夫婦貴有別也。別而後可久可安也。人生除家庭父子兄弟夫婦相互生養之外。又須朋友之助。朋友或以職業關係共圖福利；或以性情關係互勵德行，一切伴侶師生朋友之關係，凡所以互助互勉互相增長其志業德行者皆朋友也。朋友之交，雖若殊於家庭；而得益之多，或時超越一切。蓋父子之間不責善，兄弟之間亦貴和樂而不可過分切至丁寧，懼傷恩也。唯朋友之間無此等顧慮，故能切切偲偲，開示誨喻，有時大聲急呼而開其茅塞，以文會友，以友輔仁，其功誠有弗可言喻者也。是故進德修業，朋友之益莫大焉。弟子於師，心喪三年，準於父子矣。朋友相得，中和且平，準於兄弟矣。人之心量識見懼域於家庭而不見天地之大古今之遠，無以廣智成德以超凡入聖。則捨朋友何以哉？故朋友之倫重矣。朋友有信者，至誠相與實德相感而無利用假合諂曲之情焉。故能託六尺之孤，寄百里之命，久要不忘平生之言也。是之謂朋友有信。君臣者，政治上隸屬之關係也。人生不能孤立，故始於有家。家猶不能孤立，故有社會人羣。社會人羣之結合，必有政治。政治者，扞羣之患平羣之爭，而進圖人羣之福利文明者也。政必有所事，事必有主之之人。其主持政事者，主持一羣之事者也。主持一羣之事爲一羣之長，羣之人必皆服從聽命焉，而後政可行，事可理也。此爲一羣之長而主持政事是名曰君。君不能一人周辦萬事，故必選擇智能以爲之輔。輔弼之人，斯謂臣也。臣有責重事繁，更必資於輔弼之者，則臣之下又有臣焉。臣復有臣，則臣復爲君，是以古者州牧之與僚佐，皆有君臣之義焉。然則君臣之名位，亦但隨主輔政事之責任不同而異之名耳。自有暴君汙吏作而後革命之事興。革命興而君主之名廢。然共和之國，有其元首。民主之邦，人民乃更重守法當兵納稅之義務。其有違此者，刑戮隨之。

然則，美法之總統，與英意之皇帝，亦名詞異耳。乃其君之下有相，總理之下有部長，長之下有僚，以次相隸屬而政令之施行奉行者不亂其序。苟亂其序，則政事不理而危亂隨之。而違令犯法者，必有刑罰之加其後也。然則君臣之倫，本於政事責任之隸屬，至今猶不絕於天壤間哉？蘇俄雖委員制，而總攬大權以行專制之實者，自陰有其人。名雖異，而實不虧。苟非無政治之天下，下之如禽獸蟲魚之各自爲生，上之如北俱盧洲之人適其性，孰能免此君臣之關係哉？君臣之關係既不可免，故聖人因爲之正名定分爲君臣之倫，而示其當守之道曰君臣有義。義也者，義務也，責任也。君臣各有其當盡之義，當守之職。曰：立邦設君，以爲民也。施行政令，以爲羣也。君之盡義守職爲盡君之義。臣以輔弼人君令政事得理爲盡臣之義。君臣之義，非以高位豐祿豢養授受爲恩者也。是以父子主恩，君臣主義。主恩者，父母有過，子諫之，有隱無犯。主義者，君有過，臣諫之，有犯無隱。孟子曰：責難於君，謂之恭。陳善閉邪，謂之敬。吾君不能，謂之賊。又曰：不以舜之所以事堯事君，賊其君者也。不以堯之所以治民治民，賊其民者也。古之事君者，進以禮退以義，道合則從，不合則去，以安社稷爲悅，不以事君爲容悅，以天下生民爲憂，不以家國富强爲憂。伊尹周公正其身以正其君，以正天下之民，而乂安天下，可謂大人也。孔孟欲行其道，徧遊天下，而終不枉尺以直尋，寧退老授徒以敎萬世，此聖人也。義之爲言，不苟合也，不苟使也，不苟從也。上下以道義相輔，以治理天下之事，此之謂君臣有義也。君臣既終不可廢，則君臣之義尤不可廢，何以故？以人羣政治事業終不可廢故。漢唐而下，世之曲儒，以事君容悅爲得君，以利安人君一家之安富尊榮爲忠，以死其君報其恩爲義，其能以天下生民爲念而責難其君者少也。是以專制之弊深，而君臣之義缺矣。近時革命諸人，推翻專制，改建民主；然而專制之名雖去，專制之實反增；跨州連郡，藩鎭割據，余帝余王，以刑殺無辜者衆也。非復昔日大一統之中國矣。至其上下師師，以權勢祿位籠絡人心，人亦奔競權位而恬不知恥。禮義廉恥，四維不張，國將滅亡。徒革君臣之名，不行應盡之義，而以古聖倫理之義爲垢詈，甚矣！其不之思也！

由是可知，人類低於一切生物，而又高於一切生物。低於一切生物者，本能不足，必賴父母而後生存，必賴人羣互相扶助而後生存，無能獨立生存。故人者，羣的動物也。所謂羣的動物者，於父母則爲子女也，於子女則爲父母也，於兄則爲弟也，於弟則爲兄也，於夫則爲婦也，於婦則爲夫也，於君則爲臣也，於臣則爲君也，於朋友則爲朋友也，故人者無獨立自存之事實者也。此人之不如禽獸蟲魚者也。然亦以是而高於一切生物焉。則何也？曰，於父母盡吾之孝焉，於子女盡吾之慈焉，於兄盡吾之恭焉，於弟盡吾之友焉，於夫盡吾之順焉，於妻盡吾之義焉，於君盡吾之忠焉，於臣盡吾之仁焉，於朋友盡吾之信焉，以仁義敬愛爲立身對羣之道，以父子兄弟夫婦朋友君臣爲一身之量，私欲以去，胸懷以廣，故人類乃超然拔出於禽獸蟲魚，不獨私其身，不唯滿其欲，而有廓然大公至正無上之生活也。或謂人羣至多，而儒獨立五倫，然則五倫之外皆非吾人仁義之所及乎？曰：是不然。父母之父母，則祖及外祖父母也。父母之兄弟姊妹，則叔伯舅姑也。父母子女之子女，則爲孫子孫女也。兄弟姊妹之子女，則爲猶子女甥子女也。一父母之子女，則爲親兄弟也。一高曾祖父母之後裔，則從堂諸兄弟也。如是莫不有父子之親，兄弟之序焉。如是朋友更有其朋友，姻戚更有其姻戚。則全社會全人類之人，與吾直接間接皆有人倫之關係焉。記曰：老吾老以及人之老，幼吾幼以及人之幼。如是推之，則天下之人寧有一人不爲吾慈孝愛敬之心之所及哉？天下之人，胥以慈孝愛敬相接，則天下之人烏有不相親而相害者哉？是故五倫之教，容量至廣，而五常之用可及天下一切之人也。

吾人既知人之所以高於一切禽獸等者，以其能盡五常之道也。夫然，設人而不能盡五常之道，則是禽獸蟲魚之不若焉。何者？禽獸蟲魚原不必賴其羣以生長存養，可以無父子，可以無兄弟，可以無夫婦朋友君臣。原不受羣之恩惠扶持，故不責以酬答恩義，雖無五常之德，可無滅倫之罪。人則既必賴父母兄弟夫婦朋友君臣之恩惠扶持，食其恩義而不思報焉，其悖情逆理不仁孰甚哉？故禽獸雖可以無倫理，人則絕對不可缺此倫理也。

或謂人生貴得自由，倫常禮教束縛人之心志而強人以必盡之義，無乃非自由之理耶？曰：人類本無自由，不能自由而生，必賴父母以生。不能自由以長養，必賴父母以長養。不能自由而才智強能，必賴師長朋友之教誨誘掖而後才智強能。不能自由一身一家以生養圖存，必賴人羣社會相互扶持輔助以生養圖存。人類之不能自由也如此，乃於既得生長存養而獨求自由焉，捨人羣當盡之義而不顧，是亦可謂至愚不靈者也。且夫所謂自由者，豈必肆行無忌，不顧父母之養，不護衆人之情，以獨行其意者而後爲自由哉？此等無理之自由，當知必有刑罰恥辱之及其身焉，實乃不自由之甚者也。苟自盡其義，自竭其能，知子孝父慈兄友弟恭夫義婦順君仁臣敬朋友忠信之爲吾分內之事，安而行之而不稍苟焉，是非卽人生之自由哉？此等之自由，當情合義，存之於心而心安，行之於身而身榮，是誠無上之自由也。人但知恣情縱欲爲自由，而不知居仁由義之爲自由，發達其下等之欲望而滅沒其無上之性理，此小人之所以無忌憚而終至危辱滅亡者也。

或謂人羣相居，貴得平等。五倫之教，尊卑判然。於是忠孝之說興，貞順之義立，而家庭國家專制之害生焉。故有不慈之父，不義之夫，不仁之君，暴虐臣子妻孥，使之愁苦悽楚以死者衆矣。父雖不慈，子不可以不孝。君雖不仁，臣不可以不忠。夫雖不義，婦不可以不順。而三綱之說毒害天下無窮焉。誰謂五倫之教，得情理之平，而不可廢耶？曰：天地間原無絕對之平等，而以得情理之正者爲平等。今有人焉，役多人於此，有一人而營多人之工，則多與之值。有一人而少營工，則少與之值。付值雖不同，而計其所營則所得未嘗不平等也。何者？以得情理之正故也。試多學生於此，其學力出衆者，則列之優等。其學力下劣者，則列之下等。列等雖殊，而計其學問則無不平等也。何者？以當情理之正故也。授官職爵位於此，其才高功大者高其位而重其職，其才小功少者卑其位而輕其職，職位雖殊，計其才德功勳則未嘗不平等也。何也？以得情理之正故也。設不然，勞多者少與之值，學優者低列其等，才高勳重者下列其位，而使寡勞者無學者才劣功卑者受多值居前列據高位焉，人羣必將嘩然曰：是何其不平等也！何者？

以其不當情理之正也。父母之於子女，有生養鞠育之大德重恩，子女爲其生育長養者，此其尊卑自然之敘也。抑以是乃得情理之平等。君之於臣，爵秩隨職守主輔之不同，而分政治上自然之秩序，亦猶之軍隊之必有等位乃相統制也。是亦情理之平等者也。夫婦之間，古無不平，夫者扶也，妻者齊也，大婚親迎，男先下女，所以見平等也。乃若男子之能力優於女子，每爲一家之主，而妻從之。此則限於職能之殊，而無可勉强者也。三綱之說雖出後儒，然善解其義，則正有益無害。綱也者，統也理也。若網在綱，有條而不紊。父母爲一家之主，夫爲一室之主，君爲一國之主，故須立德制行，使可爲子女妻孥臣僚之表率，乃可使敎令行而家國不亂。綱之云者，重其責也，嚴其義也，使爲父爲夫爲君者，知職位之重而不可苟且行爲也。故立法者，子有罪，罪責其父，妻有罪責其夫。臣有罪，罪責其君。何者，以其不能嚴身正行，盡父君之責，而統率臣子也。使爲父爲夫爲君者，益不敢不勉焉耳。則三綱之說何過之有乎？乃若五常之義，原不單責一方。父使之慈焉，子敎之孝焉，夫敎之義焉，婦敎之順焉，君敎之仁焉，臣敎之敬焉。

故曰：爲人君，止於仁。爲人臣，止於敬。爲人子，止於孝。爲人父，止於慈。與國人交，止於信。又曰：君使臣以禮，臣事君以忠。未嘗單責一方爲義，而一方卽可以行暴也。父慈子孝，君仁臣忠，各盡其義，亦何不平等之有哉？乃若君雖不仁，臣不可以不忠，父雖不慈，子不可以不孝，夫雖不義，婦不可以不順，此則言夫倫常之變，言爲臣子妻孥者，設遭此不幸，不可遽然決裂，而貴以德感化之也。所謂忠孝者，豈阿媚聽命以逢其惡者哉？內則曰：父母有過，下氣怡色，柔聲以諫。諫若不入，起敬起孝，悅則復諫。不悅，與其得罪於鄉黨州閭，寧孰諫？父母怒，不悅，雖撻之流血，不敢疾怨，起敬起孝。事父母尙如此，況於事夫事君乎？天地間人與人之相與，非必事事皆當乎情，事事皆能合意，必有遭遇非常，使人以難堪者。設遽行決裂，則人間乖離紛亂之禍必多。故貴乎有忍辱仁慈之德。如父之於子，子雖不肖，而未嘗捨其慈愛焉。長之畜之，敎之誨之，終冀其有成也。爲人子，爲人妻，爲人臣者，寧獨可偶逢不幸，遂反顏反目而起悖逆之心哉？必如大舜之克諧以孝，烝烝乂，不格姦者，乃爲孝之大者也。此對子臣婦言也。對君父夫言，亦何不可曰：子雖不孝，父不可以不慈。臣雖不忠，君不可以不仁，婦雖不順，夫不可以不義乎？故曰中也養不中，才也養不才，此人之所以貴有賢父兄也。幼儀曰：弟不恭，我更友，至誠待，自知醜，此之謂也。人唯不刻刻以求平等而自盡其義，然後父子以親，君臣以義，夫婦以別，朋友以信，長幼以序，人羣和睦而天下太平。以其深情厚義，足以感格愚頑也。責人而不自反，則父子不親，兄弟不和，夫婦乖離，朋友分散，君臣暴逆，人羣紛亂，而天下傾危，以其磽磽之德無深情大義足以涵攝衆人，而日趨於澆漓也。是故唯不爭求計較等不等者，乃得天下之大平等。而爭求計較夫等不等者，甚矣其與平等日趨以遠矣，人生於羣，不求相生相養互敬互讓，而唯等不等之是爭焉，其亦可謂大惑終身不解者也。至於古來爲父爲夫爲君而虐待其子其妻其臣者誠有之，然此正自違逆夫倫理。亦猶之不孝之子，不貞之婦，不忠之臣，古亦有之，同樣不許其爲是也。因有君不君，臣不臣，父不父，子不子，夫不夫，婦不婦者，故敎之以人倫之道。豈謂有人犯倫理之道，遂可以廢棄倫理也？法律原爲犯法者而設，豈因有犯法或舞文弄法者，遂可棄法律而不用哉？

或謂五倫之敎，始於父子而終於君臣，此乃家族主義之倫理思想，尙非國家主義之所重。國家主義知有國而不知有家，故犧牲其家以爲國焉可也。國家主義知有國而不知有君，故革君之命以救國焉可也。已較五倫之說爲廣大矣，況夫今日社會主義大行，國家主義尙不足道，人當捨其身家國而爲天下，大同博愛，兼利全社會之人，乃爲究竟，捨此大同博愛之敎而不從，乃沾沾然稱其家族主義五倫之說，眞見其坐井觀天而不知昊天之無窮者也。是不然，國家主義，社會主義之謬，吾已於人生之謬執及人生目的中詳評之。若以與五倫之理相較，益見有優劣之異。其異爲何？曰：人倫之敎，恰當事理，國家社會之說，遠於事實也。五倫之當於事理者，以其所對爲實有關係之人也。國家社會，則空虛無邊際之名詞耳。如云愛國，以爲所愛者爲同國之人民歟？則所愛者，仍人耳。以爲所愛者爲土地疆域歟？則所愛者地耳。以爲所愛者政治之權威歟？則所愛者仍一羣中政治上之自由耳。除此三者外，別無所謂國家也。土地何以足愛？則以爲吾人所居處衣食故足愛也。政權何以足愛？以可以調理吾羣之治安故足愛也。然則愛國之說，仍不外乎愛人耳。社會亦然，社會者，乃個人之集合體，社會之關係，乃各個個人相互之關係也。故去個人，社會無物。既去人則無所謂國，無所謂社會，故愛國愛社會卽等於愛人羣。人羣之中，天然有此父子兄弟夫婦朋友君臣之五倫關係，故卽爲之定五常之道，使之各盡其義，慈孝愛敬，各有分際，而不涉空談。是可謂事理之至當不易者也。今捨此至當不易之事理，而空談愛國愛社會，是何異於捨棄股東會員而守其公司會所之門巷招牌而曰，吾愛吾公司也，吾愛吾團體也，斯亦太無意義矣。苟謂吾之所謂國家社會卽國家社會之人，故云愛國愛社會不成空言。若爾，則與人倫之說亦何背歟？曰：人倫者，情有專注。國家社會，則一律平等而愛之也。是更遠夫事實。今之社會主義者，國家主義者，彼愛其子果如愛人之子歟？彼愛其妻果如愛人之妻歟？彼愛其同黨朋友，果如愛其敵黨之人乎？執任何人而問之，亦知其不然矣。既人之愛情天然有此等差，故聖人卽緣此人情之常而定之以人倫之義。還父子以恩，還兄弟以序，還夫婦以別，還朋友以信，還君臣以義。老吾老以及人之老，幼吾幼以及人之幼，然後舉天下之人皆不失吾仁義之情焉。此有本之學，沿流順進，不背人情而合事理者也。逆人之情，背人之性，爲一切平等之說，曰：愛他人如愛自己，愛國愛社會如愛自身，捨身家而爲國爲社會犧牲焉可也。言則誠高矣，大矣，美矣。然而眞能實踐之者幾人乎？毋亦曰徒引爲名高而陰收實利耳。且夫眞能愛人羣社會國家者，又幾見其非厚於父子兄弟朋友之情者乎？否則室家之中，父子兄弟之間尙不能吃虧忍苦，克盡人道，乃謂能犧牲自我以爲國家社會焉，力舉百鈞而不能舉一羽，明察秋毫而不見輿薪，是誠事之違常理而不近人情者也。語云，事之不近人情者，鮮不爲大姦賊。大學曰：其本亂而末治者否也。其所厚者薄，而其所薄者厚，未之有也。故仁義之道，必本夫人倫。而國家主義，社會主義之說，大而無當，虛而不實，其不可信，昭昭然也。又倫常之敎，可隨人而使之盡其義。國家社會之主義，難得人皆充其量致其身。蓋人之才德智力，各有分限。有大者，有小者。大者量周於天下國家，則以全國全人類爲其心量之所及，故可責以愛國愛天下。則堯舜禹稷管仲子產之徒是也。其小者，則難責以此等事矣。而皆有其父子兄弟夫婦朋友焉，使之各盡其義而不背夫道，則無害於世。世世已寧矣。故五倫之教，平易而人人可由。國家社會之說，空虛而遠於事實，騖其空虛，捨其平易，則人皆捨本逐末，末未得而本先亡，此亦今日學風民俗之通弊也。況夫國家者，異民族異地域對立之名。以是爲所愛之目標，卽有傷大同博愛之旨，而陰伏仇視敵國征禦異族之意。此國家主義盛行之今日，所以爲世界爭亂最極之日也。社會主義範圍雖廣，而階級之成見極深，報復之意義極重。以暴易暴，不知其非，仍無當於一視同仁咸登彼岸之心量與大願。當知當今之世，一切主義，一切思想，皆原不離同仇敵愾報復怨毒之情所生。皆病態心理之言論行爲，本無足以安身立命。其與倫理之說各盡其義，而愛其所親，敬其所尊，本夫仁義而用之不匱者，原是兩途。道不同，不相爲謀也。

八三德

中庸曰：天下之達道五，所以行之者三。曰君臣也，父子也，夫婦也，昆弟也，朋友之交也，五者天下之達道也。知，仁，勇，三者天下之達德也。所以行之者一也。五倫之道，必以智仁勇三德行之。苟無其德，無以成其道。故中庸曰：曲禮三百，威儀三千，待其人而後行，故曰苟不至德至道不凝焉。易曰：神而明之存乎其人，默而存之不言而信存乎德行。道與德何以異？道者著於事者也。德者根於心者也。譬之惻隱慈愛，仁德也，拔人之苦，與人以樂，是謂仁道也。由是明德而行，即成正道，此誠者之事也。依夫聖教，行乎正道，久亦成其明德，此學者之事也。學者之德雖未純，然苟無德，則亦無以行道。聖人因人心固有之德，使之行於正道，以純熟其德，久則德性純熟，而行道自然。此道與德相互增長而不相離者也。已論五倫，故今復論三德。

三德何由分也？曰：聰明睿知，是謂知也。寬裕溫柔，是謂仁也。發强剛毅，是謂勇也。

明察事理而不惑，故曰知。慈憫愛物而無私，故曰仁。任重道遠而不懼，故曰勇。近代心理學有分心用爲三曰知，情，意者。智出乎知，仁出乎情，勇出乎意。然知情意不純皆善，知有謬妄，情有貪憂，意有優柔，皆不足以爲智仁勇。必正知正情正意，知不迷謬，情無貪嗔，意而果決者，乃謂之智仁勇也。

此三德者各各分離不相繫屬者耶？曰：儒者之意，決不如此。仁含萬德，故可概智勇二者而一之。離仁之智，儒者不謂智也，以爲狡也。離仁之勇，儒者不謂勇也，以爲暴也。是故三德以仁爲本。知此不惑，故謂之智。行此不怠，故謂之勇。然則三德實只一仁耳。雖然，仁之德不盡人而皆純。孔子曰：回也，其心三月不違仁，其餘則日月至焉而已矣，言其甚難也。然則將何如以成就之？曰：有賴於智與勇也。智以成仁者，學問之功也。勇以成仁者，憤發之志也。中庸曰：或生而知之，或學而知之，或困而知之，及其知之一也。或安而行之，或利而行之，或勉强而行之，及其成功一也。生知安行者，仁者之事也，卽仁而智勇之德皆全。學知利行者，智者之事也。困知勉行者，勇者之事也。卽智勇而仁德成焉。故曰及其成功一也。生知之仁，自誠而明，既不易得，故貴有誠之之功，智勇之用，其道奈何？中庸曰：誠者，天之道也，誠之者，人之道也。誠者，不勉而中，不思而得，從容中道，聖人也。誠之者，擇善而固執之者也。博學之，審問之，愼思之，明辨之，篤行之。有弗學，學之弗能弗措也。有弗問，問之弗知弗措也。有弗思，思之弗得弗措也。有弗辨，辨之弗明弗措也。有弗行，行之弗篤弗措也。人一能之己百之，人十能之己千之，果能此道矣，雖愚必明，雖柔必强。擇善者，智也。固執者，勇也。學問思辨，智也。篤行，勇也。弗能弗措，乃至弗篤弗措，人一己百，人十己千，是皆由憤發勇敢以成學問之功，此之謂智，此之謂勇，此之謂誠之之實功也。然則下學上達，捨智勇將何以哉？雖仁固由勇智以成，而既成夫仁，則智勇亦並成就而不可越度。是以聖人之仁，覆育萬物而無私。聖人之智，窮神知化而不蔽。聖人之勇，力任天下之重而不懾。孔子曰：智者不惑，仁者不憂，勇者不懼。三德交至而後爲聖人也。

仁智之德，於仁義章已具言之。（因事制宜之謂義，卽智之用也。）茲更依儒書再詳勇德。

儒者言勇，非謂暴虎馮河，力敵萬人之謂勇也。謂夫守道佩德，中立不倚，精勤不息，獨立無畏也。剛，健，强，毅，勇之異名。中庸子路問强，子曰：南方之强與？北方之强與？抑而强與？寬柔以敎，不報無道，南方之强也，君子居之。衽金革，死而不厭，北方之强也，而强者居之。故君子和而不流，强哉矯。中立而不倚，强哉矯。國有道不變塞焉，强哉矯。國無道至死不變，强哉矯。論語，子曰：吾未見剛者。或對曰：申棖。子曰：棖也慾，焉得剛？可知儒者言勇，異乎尋常矣。其眞足以稱勇者，則莫如孟子之所謂大丈夫。孟子滕文公篇，景春曰：公孫衍張儀豈不誠大丈夫哉！一怒而諸侯懼，安居而天下熄。孟子曰：是焉得爲大丈夫乎？子未學禮乎？丈夫之冠也，父命之。女子之嫁也，母命之，往送之門，戒之曰：往之女家，必敬必戒，無違夫子。以順爲正者，妾婦之道也。居天下之廣居，立天下之正位，行天下之大道，得志與民由之，不得志獨行其道，富貴不能淫，貧賤不能移，威武不能屈，此之謂大丈夫。世之人，多以多力好勝爲勇，儒者則以守道執德平等無慾爲勇。

多力者，特血氣之强耳。無志德以帥之，則奔走執役之傭耳。故無與於勇德，好勝者，恃己而陵人者也，多慾而無厭者也。恃己以陵人者，對於强過己者，能過己者，勢位高於己者，失其所恃則失魄短氣，不惜辱其身以屈服之。故唯善驕人者，善諂人也。多慾而無厭者，小利必爭，小忿不忍，狠狠然如無所懼；及利得而志盈，氣竭而心阻，則弱喪而不知所歸。且夫多慾者，焉有勇也？內有利害之擾其心，外有聲色之亂其志，故遇富貴而淫焉，遇貧賤而移焉，遇威武而屈焉，身家性命之是憂，富貴利達之是騖，彼焉得有剛正不阿直行其道之氣哉？是多慾好勝者，總不足以爲勇也。唯大人君子所志者道，所據者德，道德在身，故身家性命富貴利達均非其所志，故能等視貴賤而齊觀得失。等視貴賤，故居上位而不驕，居下位而不諂。不驕不諂，夫孰得而侮之？詩曰：人亦有言：柔則茹之，剛則吐之。唯仲山甫柔亦不茹，剛亦不吐，不侮鰥寡，不畏强禦，此之謂也。齊觀得失者，富貴勢利皆身外物也，得之不欣，失之不憂。是故孔子曰：飯蔬食，飲水，曲肱而枕之，樂亦在其中矣。不義而富且貴，於我如浮雲。夫有浮雲富貴之志者，世間事孰得而累之。是以富貴貧賤威武不能淫之移之屈之矣。是皆出於平等心者也。而非無慾者，不能有此平等心。慾也者，躭著外物，貪求無厭者也，貴賤之情生，得失之意起，逐物忘返，隨境而遷，記所謂物至而人化物者也。人爲物化，則起心動念，失其自由，視聽言行皆爲利役，此所謂心爲形役，身奴於境者也。既役於形而奴於境，彼烏得尙有剛健不拔之勇哉？詩曰：帝謂文王，無然畔援，無然歆羨，誕先登於岸。密人不恭，敢拒大邦，侵阮徂共，王赫斯怒，爰整其旅，以按徂旅，以篤周祜，以對於天下。謂文王畔援歆羨之既無，故能一怒而安天下也。故非無慾之極者，無以成其大勇。此孔子所以謂棖也慾，焉得剛也。能有此無慾至剛之德，故能大勇無畏而自强不息也。然此大勇無畏之精神，不可不有養之之道焉。其道云何？

孟子不動心章，公孫丑問曰：夫子加齊之卿相，得行道焉，雖由此霸王，不異矣。如此則動心否乎？孟子曰：否，我四十不動心。曰：不動心有道乎？曰：有。

北宮黝之養勇也，不膚撓，不目逃，思以一毫挫於人，若撻之於市朝，不受於褐寬博，亦不受於萬乘之君，視刺萬乘之君若刺褐夫，無嚴諸侯，惡聲至必反之，」

孟施舍之所養勇也，曰：視不勝猶勝也，量敵而後進，慮勝而後會，是畏三軍者也，舍豈能爲必勝哉，能無懼而已矣。

孟施舍似曾子，北宮黝似子夏，夫二子之勇，未知其孰賢，然而孟施舍守約也。

昔者曾子謂子襄曰：子好勇乎？吾嘗聞大勇於夫子矣，自反而不縮，雖褐寬博，吾不惴焉；自反而縮，雖千萬人，吾往矣。孟施舍之守氣，又不如曾子之守約也。

釋曰：公孫丑問不動心有道乎，而孟子答之以北宮黝孟施舍曾子之養勇者，蓋唯勇者能擔大任，決大疑，垂紳正笏，不動聲色而措天下於泰山磐石之安，故不動心卽勇之驗也。苟無大勇，則力不足以當重任，艱難險阻之當前，憂疑畏懼而不能勇決以應之，尚不克保其自身，何能以治安天下也？又無眞勇者，臨難雖或可無懼，功成則氣滿而驕。故有功而身危，晚節不終而遺害天下者，此則如唐明皇，唐莊宗之徒是也。故公孫丑問夫子加齊之卿相，得行道焉，雖由此霸王不異，如此則動心否也。是知無大勇卽不能不動心。有大勇者，能以心力轉移環境，轉危爲安，撥亂反正，移風易俗，而不爲環境之所轉移也。是故不動心之道，卽養勇之道也。

孟子之言養勇，先敍三人而漸與己近，以孟子之學，出自曾子也。北宮黝之養勇，約言之，爲等視貴賤，近於遊俠之勇，蓋有扶弱抑强尙打不平者之氣焉。夫有扶弱抑强之意者，必自視其身爲不可輕侮，又且當令自身能不受人輕侮而不爲之屈服者始可。故其養勇之道，不膚撓，乃至惡聲至必反之也。

孟施舍之養勇，約言之爲等視勝敗，近於忠臣義士之勇，見義卽爲，不慮成敗得失。以爲吾人當爲卽爲；爲之卽得，更無有得，不爲卽失，更無餘失。此其堅決果敢之氣，雖不以得失勝敗爲心，而自有取勝不敗之道。何也？以其氣壯而志强故。氣壯志强，則外境不能動其心，利害不能亂其慮。心不動而慮不亂，故有克敵制勝之道，而敵莫能敗之。自來敗軍之將，不必力不敵人，智不如人，唯其志不定，心不一，氣不勇，慮患過深，故應機不捷，而自守不固。所謂畏首畏尾，身其餘幾者也。古之良將，能以寡拒衆，能以少擊多，無他道焉，一鼓其無畏無懼奮迅勇敢之精神，破其一而餘自亂，亂則自相踐踏而我益乘之，此謝安所以圍棋却敵，岳飛所以以八百騎而破金人十萬之師者也。故孟施舍曰：視不勝，猶勝也。量敵而後進，慮勝而後會，是畏三軍者也。舍豈能爲必勝哉，能無懼而已矣。最難者，卽在視不勝猶勝。夫能視不勝猶勝，則更無勝敗得失之念存於心。勝敗得失之念既亡，彼何往而非勝？卽何事爲可懼者哉？此其所以爲勇也。

孟子批評二子之勇，以爲孟施舍似曾子，北宮黝似子夏，雖未明言二子孰賢，而謂孟施舍守約也，是已許孟施舍之養勇賢於北宮黝矣。夫北宮黝之不膚撓目逃，是亦無懼。然而鎮之於形體。惡聲至，必反之，則絕無寬容之度，而有計較之心，卽視刺萬乘如刺褐夫，亦仍不免有萬乘褐夫之分別。云無嚴諸侯，是亦心有諸侯而後無嚴之矣。凡此皆從外計量，去不平以歸於平者。雖勇往無畏之精神，似極奮厲而不可當。然而太露聲色，已失優裕自然之度矣。如此之剛，不善學之，則過剛必易於折。

不若孟施舍之但求無懼於心，而不計勝敗於外者，其守氣之道爲約也。約者，不煩而得其要之謂也。子夏篤信聖人，曾子反求諸己。篤信聖人，故謹守禮儀於外。反求諸己，故自求仁義於心。重禮儀者，有時乏容人之量。求仁義者，曲諒人情，恕而能寬。博學而篤志，切問而近思，日知其所無，月無忘其所能，是子夏學問得力處。然而可者與之，其不可者拒之，已見譏於子張。孔子又有無爲小人儒之戒。與曾子之宏毅，任重而道遠者，微不同矣。是故北宮黝似子夏，孟施舍似曾子。曾子之學傳爲孟子。子夏之學傳爲荀子。孟荀氣象亦各不同，此其源也。

次言曾子告子襄以養勇之道，而曰：吾嘗聞大勇於夫子也。明此道爲孔子所傳授也。自反而不縮，雖褐寬博吾不惴焉，自反而縮，雖千萬人吾往矣。縮，直也。當於理，合於義，之謂直。不當於理，不合於義，謂之不直。無惴者，無怖惴之也。不但不敢以威力加害之，並不敢以虛言恐嚇之也。理不直，則褐夫不怖。理直，則千萬人吾往。非以其爲褐夫，故不惴，以理曲故不敢惴也。非以其千萬人，故吾往，理直，故吾往也。惴不惴，往不往，一本於理之直不直而於人之强弱多寡不計焉。此其所以眞爲平等也。千萬人吾往，則絕不計較勝敗得失矣，此其眞爲不懼也。然而不懼者，又非一切不懼也，理曲不復往矣，雖褐寬博無敢惴焉也。可貴猶在此理曲則能止矣。此勇之所以不爲强梁暴虐者也。夫不懼平等，一皆以理之直不直爲根爲依爲守，而不徒固守其氣，是不更得養勇之要道歟？故曰：孟施舍之守氣，又不如曾子之守約也。夫守氣者，豪傑之工夫也，其流弊也爲霸，則有不問理之是非而唯吾是尊者也。守理者聖賢之學也，王道之所由興也，必無憑智力而稱强者，唯德之是尊耳。故二子之養勇，尙非可全法，必至曾子之養勇乃爲聖門之眞學也。夫理之是不是將何由辨？彼霸者之行，豈不亦自詡爲理之正而義之當者乎？曰：是尤貴夫自反也。自反而曲，乃眞曲也。自反而直，乃眞直也。自反云者，實驗諸其心行也。苟不反求諸身心，則所云是者，烏知其非義襲而假之者歟？所云非者，烏知其非惑於流俗而不敢自持者耶？夫惟是非曲直皆能實驗諸其心行而不隨流俗以浮沉，然後所守者定，所見者明。有明見定守，故可以特立獨行，千萬人而不撓，褐寬博而不敢惴。是故無暴其氣而常守其志。志守故配道與義而行，無不慊。氣不暴故可至大至剛，充塞天地而不窮。是故自反之功，聖賢之實功，養氣之要道也。孟子氣象剛健，人謂其聖賢而豪傑，乃其一生爲學得力之功，全在於自反。故曰：萬物皆備於我矣，反身而誠，樂莫大焉。又曰：愛人不親反其仁，治人不治反其智，禮人不答反其敬，行有不得者，皆反求諸己，其身正而天下歸之。又曰：君子所以異於人者，以其存心也。君子以仁存心，以禮存心。仁者愛人，有禮者敬人。愛人者人恆愛之，敬人者人恆敬之。有人於此，其待我以橫逆，則君子必自反也：我必不仁也，必無禮也，此物（橫逆之事名物）奚宜至哉？其自反而仁矣，自反而有禮矣，其橫逆由是也，君子必自反也：我必不忠。（盡己之謂忠，不忠者，謂我待人未盡仁禮之量也。又實有諸己之謂忠，不忠云者，謂或襲仁禮之迹，未有至誠動物之功也）。自反而忠矣，其橫逆由是也，君子曰此亦妄人也已矣，如此則與禽獸奚擇哉？於禽獸又何難焉。是故君子有終身之憂，無一朝之患也，乃至曰：如有一朝之患，則君子不患也。自反之功，如是其密，則其持志之嚴可知矣，更無暴其氣之時矣。夫固視惡聲至必反之之勇有天淵之別，亦視能無懼而已矣之勇爲鞭辟近裏，以彼或無警惕戒慎之功，而此則察理精微，持志敬慎，都無妄動。則一動孰能禦之哉？易乾九三曰：君子終日乾乾，夕惕若厲，无咎。文言曰：君子進德修業。此之謂自強不息之學。此之謂天行健。此聖賢養勇之道也。

曰：敢問夫子之不動心與告子之不動心，可得聞歟？告子曰：「不得於言，勿求於心。不得於心，勿求於氣。」不得於心，勿求於氣，可。不得於言，勿求於心，不可。夫志，氣之帥也。氣，體之充也。夫志至焉，氣次焉。故曰：持其志，無暴其氣。既曰志至焉，氣次焉，又曰持其志無暴其氣者，何也？曰：志壹則動氣，氣壹則動志也。今夫蹶者，趨者，是氣也，而反動其心。

已論北宮黝孟施舍曾子不動心之道。——養勇——公孫丑故進而問孟子不動心之道。因孟子有告子先我不動心之言，故乘便亦問告子不動心之道也。告子曰以下，孟子答公孫丑之詞。將言自己不動心之道，故先對告子之道。因而評其得失也。不得於言勿求於心，不得於心勿求於氣者，告子不動心之道也。此中不得於言不得於心，卽愛人不親反其仁，治人不治反其智，禮人不答反其敬，行有不得者皆反求諸己之不得字也。得者，成就也，意願滿足言行不虛之謂得。愛人而人親焉，治人而人治焉，禮人而人答焉，故言行不虛而心意滿足矣。行道而有得於心之謂德，實有諸己，修德成就之謂德也。故曰：德者得也。以此解得不得之義，圓滿着實。昔人以上之不得作不達解，下之不得作不安講，非但意義不貫，又且於養氣之功不大干涉。於言之不達而不求於心，何以遂不可？豈養氣者，當苦思冥索而後心不動乎？孔子曰：吾嘗終日不食，終夜不寢以思無益，不如學也。縱思索得，亦是知識邊事，與養勇無干。故今釋不得於言勿求於心不得於心勿求於氣者，此言非他人之言，而卽自己之言。言者心之表也，所以命令敎示通達其志願情意於人者也，是卽愛人治人禮人最切之具。人與人之相感莫捷於言語，卽行爲亦在此中。故此云不得於言，與行有不得其義一也。在孟子設遇此境，則必反求諸己，自問其心有未仁未智，未敬者乎？在告子則以爲我如是言，言已便了，我如是行，行已便了，人之信與不信，從與不從，答與不答，完全是他的自由，與我何干，是故更不要反求其心。如此自然省事，自易不動其心。何也？自己做了便了，人之究竟親不親，治不治，都可不照。爲人之意少，自爲之意多，所以少事少欲，易於得定。此其不動心之速於孟子者也。凡少事少欲的人，自然不十分悲愍天人，却亦不虛張其氣勢，所以又說不得於心，勿求於氣也。意思是說既然問心過不去，又何必勉强求人？既無實德在心，卽須樸實老誠，自處含默耳。此所以云不得於心，勿求於氣也。這樣的是一個小乘人的樣子。小乘禪定的工夫是很容易做成的，所以告子可以先孟子不動心。然其功用，亦自不大。孟子則異夫告子，確是一個大乘人。不得於心，勿求於氣，守約不矜，固然可也。然言行不得謂便可以了事，而不反求其心之是否已仁已敬已智，則絕不謂其可。何也？如是則便對人不更求親之治之之道，而長其懈怠輕慢之心，其於聖人至誠動物之道去之遠矣！夫唯爲人之情愈重，故其自責之心愈深。自責愈深，則學問造詣之功愈難得其止境。愈難得其止境，故戒愼恐懼之情愈難忘。孟子所謂君子有終身之憂也。所爲者大，所求者深，則其不動心之期不其愈遠乎？此孟子與告子工夫不同之處，亦其成就遲速不同之故也。

夫志氣之帥也以下，乃孟子詳釋不得於心勿求於氣之旨。此中當詳釋志與氣之意義。志謂志願，爲心之所趨，以爲言語行動之主者也。氣謂血氣心智之力，其發見於外者則莫如喜怒哀樂之情也。喜怒哀樂根於心，而著見於血氣容貌，故就血氣而立之名，統名氣也。又以血氣强者有助於心，則其喜怒哀樂之情亦必逾人也。氣與志之關係云何？曰：志氣之帥也。帥者，統率調御之義。凡人之情，須受節制於志，乃無有過。蓋情多隨現境而發，順理不順理不可必，觸動其善心，則有善行生，觸動不善之種子，則有煩惱起，如此善惡之情，但隨境轉，則人生漫無宗旨，而所行無有一定矣。故貴有志以帥之。志者，根於人之願望。願望必經决擇思量而後定。志定，則凡所行皆以彼爲宗依，是故有統率氣之用。言一切喜怒哀樂之當前，此志可以節制之令之發，如其量，或有時竟忍而不使之發也。志既有帥氣之用，故反能充足其氣而使之力足而用不窮。此如有節制之兵，一志齊心共赴一敵，則力有餘也。故曰：氣體之充也。謂卽知情既得其條理，而充沛者也。情知得理而充沛，故發之而有力，因名之曰氣焉。此氣與志之別也。志至焉，氣次焉者，至謂先至，次謂隨至。志既爲氣之帥，故志之所至，氣卽隨之而至也。此所以人貴持其志而不可以暴其氣也。持志云者，守志勿失也。仁義禮智之心，勿使爲貪慾愛戀等情所蔽也。暴氣云者，妄用其氣，不知節養也。如不善用兵者，輕用兵力，任意指揮，勞師糜餉也。無暴其氣，則能愛惜精力，不輕喜怒，不妄行動也。既曰以下，公孫丑疑難之詞也。以爲既曰志至焉，氣卽次焉，則持其志已足矣，何必更言無暴其氣耶？此則孟子之微意也。以爲持志固可以節制其氣，而不妄發。然所發雖正，頻頻動之，則亦足以傷氣而轉爲志之累。志雖正而頻用民力，此姜伯約所以無救於蜀之亡也。志不正而輕用民力，此符堅之所以敗於淝水，完顏亮之所以敗於采石，一敗不可收拾而倒戈殺將亡國滅身者也。過暴其氣，氣一發而不可收拾，故志反爲之動焉。此迷著酒色財氣者，所以不知生死存亡也。是謂志壹則動氣，氣壹則動志也。氣壹而云暴氣者，使其氣而失檢束之功也。蹶者趨者，急切之際，故志不存而心爲之驚怖恐懼焉。（凡此皆意許不得於心勿求於氣之指。或謂此爲孟子不滿告子之詞，以爲未得無暴其氣之道也。不知勿求於氣，是卽無暴其氣之旨也。然則告子所短者何？、曰非不能無暴其氣也，但志之未能宏毅廣大，能持心不動而無有利濟天下開物成務之用耳。）

敢問夫子惡乎長？曰：我知言，我善養吾浩然之氣。敢問何謂浩然之氣？曰：難言也，其爲氣也，至大至剛，以直養而無害，則塞於天地之間。其爲氣也，配義與道，無是餒也。是集義所生者，非義襲而取之也。行有不慊於心，則餒矣。我故曰：告子未嘗知義，以其外之也。必有事焉而勿正，心勿忘，勿助長也。無若宋人然，宋人有閔其苗之不長而揠之者，芒芒然歸，謂其人曰：今日病矣，予助苗長矣。其子趨而往視之，苗則槁矣。天下之不助苗長者寡矣。以爲無益而舍之者，不耘苗者也。助之長者，揠苗者也，非徒無益，而又害之。

此下孟子不動心之道也。知言，卽是明理。洞澈眞理，故邪說不能惑。不爲言惑，則信道篤，自知明，而持守定。此所以能不動心者也。養浩然之氣，則精神毅力，堪當大任而不憂不懼，故能不動其心也。人之立身，所以能特立獨行，格化天下而不爲環境轉移者，須具兩種條件：一者見理明確，宗旨決定，而不惑於流言。二者精力强毅，足以當大任而濟險難。兩者備，則能轉移環境，不爲境界轉移。此孟子知言養氣，所以爲不動心之無上正道也。何謂浩然之氣以下釋浩然之氣。必有事焉而勿正心以下，則養之之工夫也。釋浩然之氣之相，則爲至大至剛，塞夫天地之間。至大者，情無所蔽，而無私，故至大。至剛者，心無有慾，故無累而至剛。直養無害者，不爲情蔽，不爲慾累是也。塞于天地之間。形容其盛大流行，與天地同量也。大公至正，故充塞天地而無阻撓之者也。釋浩然之氣之體，則爲配義與道。道與義何以異？道者，萬世不變，人所共由之大經。義者，因事制宜，裁制人心之善權。權者，輕重大小之準。經者，言行動作之規。既得善權，又合大經，義不離道，道不離義，義以成道，道以適義，故云配義與道也。配義之道，故不失變通之宜。配道之義，故無違禮之失。雖然，凡言義者，未有不配夫道者也，否則異行奇節，或流俗禮儀，非禮之禮，非義之義，君子弗由，以其非眞義也。既義必配道，故下但言集義而道自在其中。此雙言之者，爲顯經權常變，川流敦化之妙用耳。（小德川流，故義可言集。大德敦化，故道不可言集也）俯仰無愧怍，故氣無餒。配義與道，故無餒也。（或問此之配，爲氣與道義相配耶？抑義與道相配耶？曰：須活看。謂此氣卽道義之體之充，則不必言氣配道義，以非二物故。如謂言行心知喜怒愛惡之發爲氣，此之言行喜怒之氣由乎道義而無私欲之雜，故云配義與道，則亦可曰氣配道義也。然下文曰是集義所生，則知浩然之氣卽義氣也。義體充塞，流行不息，是卽浩然之氣也，則當爲義與道配耳）是集義所生者，釋此氣之來源也。何謂集義？何謂義襲？惻隱羞惡之動於中者，力行之而不倦，久久成熟，純乎義而無雜，是之謂集義，此義自己制者也，非必有惻隱羞惡之動於中，但見並世或古之人行義有益而倣傚之，或假借之以號於衆，曰吾行義也，吾行義也，此之謂義襲而取之也，此義從外襲者也。義由心制，故反身而誠，樂莫大焉。行慊於心，故氣不餒而用不窮也。此其所以爲浩然也。義從外襲，則反身不誠，雖以義責天下，而子未出於義也，張脈僨興，外强中乾，故始似有餘，終必不足，一鼓作氣，再鼓而衰，三鼓而竭矣，以鼓之者在外也，其氣烏得浩然乎？告子見夫義之必隨時地而變通，故以爲義在乎外，而不知審時量地之宜者，自心之智也。又必根本乎惻隱羞惡之情，以其不忍不敢者，以爲之制，而行爲以之，豈在外哉？然則告子之所謂義者，禮法節文之末耳，風俗習慣之型耳，古先聖王之敎耳，雖亦不可不謂之義，然非義之本也，由彼節文儀則之末，烏能養得浩然之氣，可以勝大任臨大難而不動其心哉？此孟子所以謂其不知義也。已知浩然之氣爲集義所生，然不知何如集義耶？故下言必有事焉而勿正心，勿忘，勿助長也。此段最不易解，何者爲勿助？何者爲勿忘？陽明曰，空言勿助而不知助個甚麽，空言勿忘而不知忘個甚麽，空鍋煮飯，必無效也，故當先知必有事焉，何謂必有事焉？者，集義是也。何謂集義？曰：致良知而已矣。致良知而有欲速之心焉，是謂助也。致吾良知而有懈怠之意焉，是謂忘也。唯其致良知而無怠欲速之心焉，所謂必有事焉而勿正心勿忘勿助長也。十餘年前讀陽明集答聶文蔚書記其如此，以爲善解得未曾有。後悟中庸道不遠人一章之意，以爲卽孟子養氣之功也。其言曰：……忠恕違道不遠，施諸己而不願，亦勿施於人。君子之道四，丘未能一焉，所求乎子以事父未能也，所求乎臣以事君未能也，所求乎弟以事兄未能也，所求乎朋友先施之未能也。庸德之行，庸言之謹，有所不足，不敢不勉，有餘不敢盡；言顧行，行顧言，君子胡不慥慥爾？乃至君子無入而不自得焉。此中庸德之行，庸言之謹者，卽是集義也。卽是必有事焉也。忠恕之道，事父事君，所謂事也。儒者爲世間之學，修身正心，不離人事，必驗於倫常之間，言行之際，乃可謂實有德也，乃可謂集義也。故孟子曰：必有事焉而勿正心也。教人在倫常事物上行其忠恕仁義之道焉，久自義理純熟，而浩氣自生，勿徒空正其心，禁制矯直之也。即佛法修禪，亦忌强制其心，流入枯槁，先要安住所緣（貪觀不淨嗔觀慈悲等）靜慮思惟，使心有所事，久之心一境性，眞定生，已乃可以伏除煩惱，得諸神通也。有所不足不敢不勉，所謂勿忘也。云不足者，自己於事父事君之義有未盡也。不敢不勉者，即當强行以自盡也。有餘不敢盡者，所謂勿助也。人倫之間，有未可以直情盡意而言而行者，則當體察人情，委曲周全，以徐導之也。舜父頑，母嚚，象傲，克諧以孝，烝烝乂，不格姦。陽明曰：格，正也，自烝烝其乂，不正彼非，此舜之所以得瞽叟底豫者也，由彼能不助長也。匡章父子責善而相離，此助之長者也。非必助人之長也，自不能已其過望奢求而盡其有餘之情焉，是即自助其長也。蓋不免有欲速成功之心，由私念之未忘也。此之謂助長也。唯能從容中道而自强不息者，乃能勿助勿忘而集義以生浩然之氣耳。言顧行，行顧言者，行慊於心也。君子胡不慥慥爾者，篤實强毅而無餒也。夫然故能素位而行，不願乎其外，無入而不自得也。無入而不自得者，配義與道，至大至剛，物不爲累，心自常泰，斯之謂浩然也。浩然之氣，非以求勝乎人，乃物不能勝，而無事不能勝任之之謂也。夫然，窮居不損，大行不加，彼富貴貧賤患難夷狄焉足以動其心而移其志哉？！

何謂知言？曰：詖辭知其所蔽，淫辭知其所陷，邪辭知其所離，遁辭知其所窮。生於其心，害於其政，發於其政，害於其事，聖人復起，必從吾言矣。

偏激之論，知其一而不知其餘，如惡奢者便欲廢禮，如惡僞者便欲去文，惡世之亂便概言性惡，皆所謂詖辭也。荀子謂老子知天而不知人，墨子知人而不知天，孟子曰：楊子爲我，拔一毛而利天下不爲。墨子兼愛，摩頂放踵利天下爲之。子莫執中，執中爲近之，執中無權，猶執一也。所惡執一者，爲其賊道也，舉一而廢百也，是之謂詖也。詖必有所蔽，蔽之云者，以其一孔之見，塞其全體之知也。夫蔽於彼者，則必淫於此，淫之云者，執著過當，發揮過量，以爲唯此眞實，餘皆虛妄，故有過情過理之崇飾貴自然者，則以一切無爲而天下自治，尚法治者，以爲嚴刑峻罰而天下自服，尚儉兼愛者，以爲喪葬禮樂皆可廢棄，而愛人之父兄當如自父兄。一切過甚之辭，矜矜樂道，而自詡爲至極，皆所謂淫辭也。淫必有所陷，沈溺於彼而不可救藥，是謂陷也。亦如迷信上帝神天者，一切人事可廢，而謂一心事彼卽諸福駢臻也。邪辭者，違夫正道而肆無忌憚者之辭也。反道背德，非義無禮，而覆以爲是焉；如今之棄廉恥，非禮義，撥孝弟貞操而恣縱嗜慾以爲自由平等者是也。佛法五見，則以無父無母，無因無果等爲邪見，爲諸見之最粗而作惡最重者。詖辭淫辭，則戒禁我語二取是也。離者，顯離大道，大違事理者也。詖辭尙有一偏之理，淫辭不過已甚之辭，雖違乎道，尙依附夫道以爲言。邪辭，則顯然非道而叛正理也。然非道者，亦且自以爲道，因便情慾，苟圖當前之小利而忘終身之大害，是以亦能透惑人心而樂附風從也。彼愚癡之民，又豈遂知其離哉？（或謂邪辭卽詖淫之辭也，既詖既淫而有所蔽陷，焉得而不邪而離道哉？亦通。）遁辭者，與他辯論，自知理屈，因而雜引他義以爲掩飾，苟圖避免過難者也。窮者，理屈義窮，辯盡詞喪而不能自立者也。然非有大智慧者亦無以窮狡黠者之遁辭也。又遁辭者，本無德義，而假借古人之良法美意以自飾其姦以便私圖，如王莽之於周官尙書，假借之以爲藏姦遁形之窟焉，是謂遁辭也。窮也者，本無其實，終必窮也。覆核其實，而姦立見也。是謂遁辭知其所窮也。夫此詖淫邪遁之辭，皆詭於正理而害於大道，是以生心害政，發政害事，爲禍天下無窮焉。知言者，踐履道義，躬親體認，反身而誠，有本有源，故人不能欺，言不能惑，不但不能惑之而已，詖辭知其所蔽焉，淫辭知其所陷焉，邪辭知其所離焉，遁辭知其所窮焉；祛其蔽，拔其陷，彰其離，窮其僞，因將以拯濟人心而清世道，使邪說異端不得作，而人皆由乎大公至正之道以修身而善世焉。以先知覺後知，以先覺覺後覺，師保天下，而奚其惑哉？夫浩然之氣，至大至剛，配道與義，仁矣，勇矣，而又益之以知言之智，三德備而至道凝，行將所過者化，所存者神，轉移天下，而不爲天下所轉，惡得有動其心者哉？由是而知聖賢之養勇也，敦其仁智而勇自生，世之以血氣奮興爲勇者，視此道義之勇，奚啻丘垤之於太山，行潦之於河海，爝火之光視日月之明哉？以上釋養勇之方竟。孟氏紹隆孔學，下開宋明理學。而得其剛大瑰瑋之氣象者鮮。故無救於委靡頹弱之天下茲之詳釋此章，明其工夫之切摯邃密，所以彰孟學也。

九中庸之道

論語，堯曰：咨爾舜，天之歷數在爾躬，允執厥中，四海困窮，天祿永終。舜亦以命禹。孟子曰：湯執中，立賢無方。文王周公當殷周之際，作周易以開物成務，通天下之志，吉凶悔吝之變，用舍行藏之道，一以中正無邪爲歸。爻象彖辭，備著於經。箕子授武王以洪範九疇，五皇極，曰：無偏無陂，遵王之義。無有作好，遵王之道。無有作惡，遵王之路。無偏無黨，王道蕩蕩無黨無偏，王道平平。無反無側，王道正直會其有極，歸其有極。是古先聖王所以成德化民者，一是以中道爲主也。孔子集羣聖之大成，故尤贊揚中庸之道。其在論語曰：中庸，其至也夫！民鮮能久矣。其在易九二曰：見龍在田，利見大人，何謂也？子曰：龍德而正中者也。庸言之行，庸行之謹，閑邪存其誠，善世而不伐，德博而化易曰：見龍在田利見大人，君德也。子思承孔子之學，作中庸一書，始於天命性道之微，極於無聲無臭之至，而後聖賢之道昭然如揭日月。數千年來，儒學相承，民亦咸知愛和平而守中道，不爲過激已甚之行矣。是以國雖大民雖強而不爲侵略橫暴貪酷之行以待天下弱小之民族雖時有被人侵略而莫克敵禦如北魏遼金元淸之入主然率能守其文明繁其嗣續而同化驅除彼邦之人最後之勝利仍在中華之民族也故知中庸之道所爲保持世界人類之和平而維繫繁昌我人種文化者迹至微而功至偉也時遭不幸而國運陵夷西洋人以其生存競爭自由平等革命奮鬭之學說衞以堅甲利兵戰艦飛機奇技淫巧金錢資本以向吾攻擊而莫之能禦於是而國人茫然失其自信之力而莫知所以自立自存之道居今日而語人以中庸之道其不斥以爲迂且怪者鮮矣雖然，學久浸微，眞儒不出，無能光顯此大中至正之道，則以中庸爲胸無定見依違兩端者有之，以中庸爲懈怠苟且偷惰不前者有之，此則與發強剛毅中立不倚之致大相背謬者也。故曰：惡鄉愿，恐其亂德也。居今異說朋興，各走極端，互相水火，以釀成大亂之世，故不可不明中庸之道，以與天下共由之，而尤不可不明中庸之道之眞，以防其弊與僞也。作中庸之道。

所謂中庸之道者，中正無偏之謂中，平易無奇之謂庸，中也者，中理也。庸也者，適用也。無過不及，恰當事理，故曰中也。大道坦然，夫婦可由，故曰庸也。故中庸之書曰：子曰、道之不行也，我知之矣：知者過之，愚者不及也。道之不明也，我知之矣：賢者過之，不肖者不及也。子曰：素隱行怪，後世有述焉，吾弗爲之矣。君子遵道而行，半塗而廢，吾弗能已矣。君子依乎中庸，遯世不見知而不悔，唯聖者能之。又謂君子之道費而隱，夫婦之愚不肖，可以與知能行焉，及其至也，雖聖人亦有所不知不能焉。又謂道不遠人。又謂忠恕違道不遠。諸如此類，皆以道爲大公至正，當夫事理而不遠夫人情，可爲聖愚之所共知能行，是故謂之中庸之道也。

此大公至正，當夫事理而不遠夫人情，可爲賢愚之所共知能行之道，以何爲標準？曰：以人爲標準。其在中庸曰：

道不遠人，人之爲道而遠人，不可以爲道。詩云：伐柯伐柯，其則不遠。執柯以伐柯，睨而視之，猶以爲遠。故君子以人治人，改而止。忠恕違道不遠，施諸己而不願，亦勿施於人。君子之道四，丘未能一焉，所求乎子以事父，未能也，所求乎臣以事君，未能也，所求乎弟以事兄，未能也，所求乎朋友，先施之，未能也。庸德之行，庸言之謹，有所不足不敢不勉，有餘不敢盡。言顧行，行顧言，君子胡不慥慥爾！

儒者之學世間學也。人生學也。人生學也者，人與人相生相養相愛相敬之道也。相生相養者，不絕其生養之欲。相愛相敬者必盡其愛敬之情。各盡其情而互滿其欲，而人生之道得矣。此中庸之道所以以人爲標準也。以人爲標準者，以人之欲與情爲標準也。然而人之欲與人之情各存於其心，吾惡得而知之？曰：以己之情與欲知之。己之所欲者，何也？曰：最根本者莫如欲得其生也，莫如欲得其養也。吾知吾之欲得其生，欲得其養，因而推之於人人焉：曰：吾人也，欲生欲養，餘人亦人也，亦必欲得其生欲得其養。既知此欲爲人所公有，卽是而互守其界域而不相侵犯焉：勿以己之所欲而侵犯人之所欲。犯人之所欲者，令彼不得生不得養也。生養爲吾之所欲，故失其生養者，吾所不欲者也。吾，人也，而不欲之；人亦人也，亦必不欲之。故人而侵吾生養，吾所不欲也。吾而侵人之生養，亦人之所不欲也。卽是而互守界域而不相侵犯焉。故曰：君子以人治人，改而止。忠恕違道不遠，施諸己而不願，亦勿施於人也。生養之欲，如是愛敬之情亦然。人愛我敬我，吾情之所欲也。人憎我慢我，吾情之所不欲也。我之所欲，人亦欲之，我所不欲，人亦弗之欲也，故卽勿施於人而憎人慢人焉。夫如是，故逾分之欲不可以不節。不當之情不可以不止也。節其逾分之欲而止其不正之情，而禮義立焉。進之則生養者，吾之欲也。愛敬者，吾之情也。人亦有是情與欲也，是故交施而互致焉。孔子曰：仁者己欲立而立人，己欲達而達人。交致愛敬而互助生養，而仁道立焉。卽以所求乎子者以事父，而孝不可勝用矣。卽以所求乎臣者以事君，而義不可勝用矣。卽以所求乎弟者以事兄，而悌不可勝用矣。卽以所求乎朋友者而先施之，而忠信不可勝用矣。夫如是，道豈遠夫人情哉？原人之情，本人之欲，而嚴其分。通其情，仁義以立。禮樂以興。由大公而得至正。以交相生養愛敬焉。如是而已矣。是之謂中庸之道。

本己之欲而知人之欲，本己之所不欲而知人之不欲，此以己之情而通人之情也。己所不欲，則不願人之施諸我，由是人所不欲者己亦不以施之人，此以人之情而節己之情也。己之所欲則願人施之我，由是而知人之所欲亦願我施諸人，由是而充己之所欲而平等以施於人焉，此因人之情而大我之情也。因己之情而通人之情，智之事也。因人之情而節己之情，此義之事也。因人之情而大我之情此仁之事也。本己以知人，因人節己而大己，是爲忠恕之道，是爲以人治人之學。孔子曰：吾道一以貫之，此之謂也。忠恕之道本於自他平等，自他平等故不相侵害而交相愛敬，不相侵害而交相愛敬則視他如自，而卽他卽自，卽他卽自而人我之界亡，人我之界亡而仁道成矣。子曰：能近取譬可謂仁之方也已。孟子曰：强恕而行，求仁莫近焉。是道也，合乎至理而順乎人情。合乎至理，故賢智莫能過。順乎人情，故夫婦盡可由。合乎至理者，中也。順乎人情者，庸也。洪範曰：會其有極，歸其有極。非聖人其孰能盡之？此文王所以視民如傷，望道而未之見。孔子曰：天下國家可均也，爵祿可辭也，白刃可蹈也，中庸不可能也。蓋奇詭之節易立，而平易之道難盡也。

已知中庸之道，應知行之之方。其方奈何？曰：誠而已矣。然誠有二途：一者生知之聖，性自純善，中正不倚，隨心所發，無不中節，率性而行，卽是中庸，卽是道焉。中庸曰：誠者，不勉而中，不思而得，從容中道，聖人也。此自誠而明謂之性也。二者大賢以下，未能生知安行，心未盡善，性未盡純，必施之以誠之之功而後心性乃得純善焉。此學者之事也。中庸曰：誠之者，擇善而固執之者也。博學之，審問之，愼思之，明辨之，篤行之。有弗學，學之弗能弗措也；有弗問，問之弗知弗措也；有弗思，思之弗得弗措也；有弗辨，辨之弗明弗措也；有弗行，行之弗篤弗措也；人一能之己百之，人十能之己千之，果能此道矣，雖愚必明，雖柔必強。此自明而誠謂之敎也。中庸以誠者爲天道，以誠之者爲人道，天道者，本自能之，不待學問思辨而自能行之者也。人道者，必待人爲，由學問思辨而後能行之者也。二者雖殊，及其成功則一也。然天縱之聖，不學而能，千載一遇，子曰：吾十有五而志於學，乃至七十而後從所欲不踰矩。堯舜之聖，雖不聞其學問之功，然允恭克讓，欽明文思，要有學問之功焉。是故中庸所說，多爲學者言也。其言曰：天命之謂性，率性之謂道，修道之謂敎。道也者，不可須臾離也，可離非道也。是故君子戒愼乎其所不睹，恐懼乎其所不聞。莫見乎隱，莫顯乎微。是故君子必愼其獨也。天命之謂性者自誠明，謂之性，天道也。率性之謂道者，不勉而中，不思而得，從容中道，聖人也。修道之謂敎者，未能從心卽道，而須依敎以修其道焉。敎者，禮樂之敎，聖人所以敎人，學者所以自修者也，此自明誠謂之敎也，人道也。戒愼乎其所不睹恐懼乎其所不聞以愼其獨焉，此修道之功，誠之之實也。戒愼者，存養之功。恐懼者，省察之功也。閑邪存其誠，此存養之功也。邪而或起，誠而或間，恐懼而悔改之，此省察之功也。不睹不聞者獨也，人所不知己所獨知之地也。其地爲何？心地也。念慮之微，意想之隱，卽此而爲行爲動作之本焉。其本旣誤，其行自乖，是故見莫見乎此，顯莫顯乎此，是以君子必愼其獨也。其在末章曰：詩云，潛雖伏矣，亦孔之昭，故君子內省不疚，無惡於志。君子之所不可及者，其唯人之所不見乎？詩云：相在爾室，尚不愧於屋漏，故君子不動而敬，不言而信是也。唯其誠之之功如是其嚴且密也，是故念茲在茲，心不離道。心不離道，則心平正而無偏倚。平正而無偏倚者，不逐喜怒哀樂於外，以窮人欲而滅天理者也。是故有喜怒哀樂未發之中。有未發之中以爲體，則有發而皆中節之和之用。中也者，天下之大本也，和也者，天下之達道也。達道者何道也？曰卽中庸之道也。蓋由戒愼恐懼修道以致中，而立其本復由中以致和以成其道也。中之爲義，既天下之大本，是故不等於睡眠悶絕，無知無識，冥頑之狀態；而爲平正不偏，清明不昧之心境。其在大學則謂之明德也。其在易則爲寂然不動感而遂通天下之故之體也。如但以喜怒哀樂之未發者爲中，則一切凡夫皆有未發喜怒哀樂之時，亦可謂有其中乎？既有其中，則何以發而不中節耶？故此言中，乃戒愼恐懼存養省察於不睹不聞之間，志道純熟，無須臾之或離，故能養得心志中正不倚，清明在躬，志氣如神之氣象。卽此心境，未與他物接觸時，則私念不起，寂然不動，以保持其平正清明之態，故名之曰中焉。及其與物接也，當喜乃喜，喜復不過其量；當怒當哀當樂乃怒乃哀乃樂，其哀樂也亦不過其量；如理如量而皆中節，是故名之曰和。和也者，得事理之宜而不失心體之平正者也。不失心體之平正，故能自致其仁義。得事理之宜，故動合乎禮樂。仁義禮樂出於身心而施於世事，故人倫以序，而上下以和，卽此便爲中庸之道也。故知中庸之學始在依道以正其性，故出戒慎恐懼以致其中。由中發而爲和，則卽和而道以立。是故爲心性之學，爲修道之學也。

夫中庸之道，本人之情，因人之欲，而條理節制之使得其和平，以交相生養愛敬而已矣。故和卽爲天下之達道也。和卽中庸之道也。（和所以爲中庸之道者，下文子曰君子之於中庸也，君子而時中，故中庸之中乃指已發之和言，與喜怒之未發謂之中不同，彼爲天下之大本，故無所謂時中。時中云者，因時制宜，使七情皆中乎節也。）然此和由人心所發，心苟不中不正，則發自不中節，自不能和。故欲求事理之得其中庸必先使心性得其平正。欲心性得其平正，故必須有戒慎恐懼慎獨之工夫。此聖賢之學，由內以及外，所以爲有本之學也。如非然者，源之不清而求流之不濁，本之不正而求末之不偏，故有以調和兩端，依違附和，模稜兩可以爲中庸者，未得事理之大公祇爲全身避禍之巧術而已，則胡廣之中庸是也。老莊之末流，卽有是弊，以爲世之仁人嵩目而憂世之患，不仁之人決性命之情而饕富貴，兩見其不可，故上不敢爲仁義之操，而下不敢爲淫僻之行，而藏其身於道德。藏身於道德者，亦爲善無近名，爲惡無近刑，而自處於才不才之間而已矣。如是則何以犯大難，決大疑，而負天下之重任哉？此與湯武之朕躬有罪，無以萬方，萬方有罪，罪在朕躬，一人橫行於天下，武王恥之之氣象迥乎其不同矣。其在中庸曰：君子和而不流，强哉矯！中立而不倚，强哉矯！國有道不變塞焉，强哉矯！國無道至死不變，强哉矯！彼其所以中庸者，中於理而無己私者也。中於理，故剛毅發强而不可奪。無己私，故行其所當然而弗遠人以立異爲怪也。是故君子之中庸也，平淡簡易而不可奪。小人之中庸也，依違兩可而無忌憚也。有本無本之學異也。何故而有本？曰：誠而已矣。誠則愼其獨矣，誠則致其中矣，誠則積義養氣而不動心矣。不誠則義襲而取之而已矣，行有不慊於心則餒矣。是故中庸之道根本工夫唯在乎誠也。

已知中庸之旨在乎誠矣，其功效復何如乎？曰：致中和，天地位焉，萬物育焉。何謂天地位？上下各得其序謂之天地位也。何謂萬物育？萬物各遂其生謂之萬物育也。蓋中和致，則禮義立。禮義立，則人倫正。君君，臣臣，父父，子子，夫夫，婦婦，長幼朋友各得其敘而不相侵陵也。中和致則人心和，人心和則君臣父子夫婦朋友長幼賓主各相親愛，同其意樂，相助生養而人類各遂其生矣。人心和平，則貪嗔止息。貪嗔止息則勝殘去殺，而推恩及夫禽獸魚鼈各得遂其生矣。樂記曰：禮樂偩天地之情，達神明之德，降興上下之神，而凝是精粗之體，領父子君臣之節。是故大人舉禮樂，則天地將爲昭焉。天地訢合，陰陽相得，煦嫗覆育萬物。然後草木茂，區萌達，羽翼奮，角觡生，蟄蟲昭蘇，羽者嫗伏，毛者孕鬻，胎生者不殰，而卵生者不殈，則樂之道歸焉耳。此致中和天地位萬物育之效也。蓋三界唯心，萬法唯識，世道之隆汙，宇宙之治亂，莫不隨人類之業力而轉移也。致中和，則善業隆而惡業息。人類互以善業相感則相養相生，相親相敬，而人羣理，大亂息，禍亂不作，故世界承平。世界承平，故和氣祥恰。和氣祥恰，故風雨節而草木繁，羽翼奮而角觡生，人心和平而恩及禽獸，皆有相憐相恤而不相殘賊也。故天地位而萬物育也。又曰：唯天下至誠爲能盡其性，能盡其性，則能盡人之性，能盡人之性則能盡物之性，能盡物之性則可以贊天地之化育，可以贊天地之化育則可以與天地參矣。盡其性者，學問思辨篤行愼獨以致中和，聰明睿知寬裕溫柔發强剛毅齋莊中正文理密察足以有臨有容有執有敬有別者也。盡人之性者，老者安之，少者懷之，朋友信之，仁以愛之，義以正之，禮以別之，樂以和之，使人皆興於士君子之行而恥爲不善，風移俗易天下皆寧者是也。盡物之性者，鳥獸魚鼈咸若生養食息皆不失其時是也。夫如是也，天地由我位，萬物由我育，經綸天下之大經，立天下之大本，知天地之化育，肫肫其仁，淵淵其淵，浩浩其天，非聖人其孰能之？蓋至誠無息，不息則久，久則徵，徵則悠遠，悠遠則博厚，博厚則高明，故能配天配地，振古迄今而德施無疆者也。此中庸之道之效也。

嗚呼，聖人不作，中庸之道不明。老莊談道德，則棄聖智，輕仁義，而以禮爲忠信之薄，亂之所由生也。可謂極其高也，而無當於實用。申韓之徒，卑卑於刑名法術之間，欲以威嚴克伐以齊一天下，激而成民之無恥，而益不可收拾。此所謂賢者過之，不肖者不及，智者過之愚者不及者也。要皆由至德不立，故至道不凝，己私之未忘而見道之不至。故必危言以動聽，奇行以駭俗。楊朱墨翟之一毛不拔與摩頂放踵而爲之者，猶之夫此也。唯聖人尊德性而道問學，致廣大而盡精微，極高明而道中庸，温故而知新，敦厚以崇禮，行遠自邇，登高自卑，始於戒愼恐愼，終於化育萬物，淡而不厭，簡而文，温而理，闇然以日章，至誠故不息，皇建其極，以爲生人之道萬世之法也。中庸之道，老莊之智墨翟之賢所不能知也，又況夫生今之世唯以個人國家階級等等生存競爭拔劍張弩日以殘酷詐謀相向者區區之主義學說所能知哉？彼胸無成見，以他人之牙慧唾餘爲從違者更不足與爲言矣。生人之苦，宇宙之亂，水火冰炭成人生之至極矛盾以成今日之世，物極必返，意者其不可以久乎？則中庸之道，將必有推而行之之日也。

十大人之學

戴記大學一篇，備論明明德親民止至善之道，修齊治平格致誠正之功，宋儒表章之與中庸並重，以爲聖人傳授心法之書，其義當也。朱子曰：大學者，大人之學也。茲申其義，爲大人之學。一者大人，二者大學之道，三者大人之志，四者大學之序，五者身心意知物之義，六者修正誠致格之功，七者宋明儒學之誤，八者齊治均平之道，九者眞儒與俗儒之異，十者王道與霸功之分。

（一）所謂大人者：易曰：大人者，與天地合其德，與日月合其明，與四時合其序，與鬼神合其吉凶，先天而天弗違，後天而天奉時，天且弗違，而況於人乎，而況於鬼神乎？詳論在易，今且約言之，大人者，不以一己一家一國爲量，以天下爲量者也。樂天下之樂，憂天下之憂，休戚與人同，禹視天下之溺猶己溺之也，稷視天下之飢猶己飢之也，湯曰萬方有罪在余一人，一人衡行於天下，武王恥之，孔子曰吾非斯人之徒與而誰與，天下有道丘不與易也，若是數聖人者，可謂大人也。又豈特聖人然後爲大人？凡人之不以一己一家一國之界域自封，而超然有利濟一切之心，慈愍仁恕而不自私者，皆可以為大人也。充大人之德量智力，則聖人耳。此在佛法則曰摩訶薩埵，意謂大士也。唯佛法攝受一切有情四生九有為一體，與儒者之以人類為量者異。然親親而仁民，仁民而愛物，大哉聖人之道，洋洋乎發育萬物，峻極於天，然則大人之量其亦未有盡歟？將為大人，故不可不有大人之學，是謂大學。何謂大學？

（二）大學之道　大學曰：大學之道在明明德，在親民，在止於至善。明德者，中庸曰：知仁勇三者，天下之達德也。寂然不動，感而遂通天下之故，知足以周天下之變，仁足以通天下之情，勇足以當天下之任，清明在躬，志氣如神，物來順應，允執厥中，是故謂之明德也。明明德者，因其本有之明德，存養省察，發展而光大之，使之光被四表，格於上下焉，是之謂明明德也。此在中庸則曰盡性也。盡之云者，充其量而盡其能也。明之云者，去其蔽而光其體也。親民者，親愛仁恕，己立立人，己達達人，使天下之人皆得遂其生而盡其性，使之皆明其明德也。止至善者，明德克明，萬民克親，至德既立，至道克凝，風移俗易，天下寧平，斯之謂至善也。止之云者，到達彼境，以斯為目的地，努力精勤修爲以至之也。大學曰知止而後有定，定而後能靜，靜而後能安，安而後能慮，慮而後能得。此言爲學之道，先當知其所止。然後意有定向，心不紛亂，乃能心境融適而智慮明發，乃能明德親民實德在己而止於至善也。此大學之道不可不先知也。

（三）大人之志　所謂大人之志者，大學曰：古之欲明明德於天下者，先治其國云云。此欲明明德於天下，是卽大人之志也。自明其德而無志仁恩及於天下，此鄉曲自好之士，非大人之志也。捨己徇人，以財以力惠施於人而不能立德以化人而使之自立，此亦非所謂大人也。孟子曰：大人者正己而物正者也。自旣明其德，復以明德愛人化人而使之皆明其明德，是謂明明德於天下也。明明德於天下，卽明明德親民而止至善也。大學之道在是，大人之志亦在是，是故說言古之欲明明德於天下者欲者願也，志也。明明德於天下，是爲大人之志也。

（四）大學之序　大學曰物有本末，事有終始，知所先後，則近道也。此言明明德於天下者，不可不知先後之序，否則勞苦而無功，馳騖而無益也。其序奈何？大學曰：

古之欲明明德於天下者，先治其國。欲治其國者，先齊其家。欲齊其家者，先修其身。欲修其身者，先正其心。欲正其心者，先誠其意。欲誠其意者，先致其知。致知在格物。物格而後知至，知至而後意誠。意誠而後心正，心正而后身脩。身脩而後家齊。家齊而後國治。國治而後天下平。自天子以至於庶人壹是皆以脩身爲本。其本亂而末治者否矣。其所厚者薄而其所薄者厚未之有也。此謂知本，此謂知之至也

此其序也。齊治均平爲親民之事。自脩身以下，則爲明明德之事。明明德者，修己也，親民者，安民也。安民必先正己，故此章結云壹是皆以脩身爲本也。既云壹是皆以修身爲本，則正心誠意致知格物皆但爲脩身之工夫，非離脩身以外別有格致誠正也。明明德於天下爲大人之志，故齊家治國平天下爲大人之志也。然天下不可以徒平，國不可以徒治，家不可以徒齊，故貴先脩其身。脩身則道立，然後可以治人化人否則本亂而末何由治？孟子曰言近而旨遠者，善言也。守約而施博者，善道也。君子之言，不下帶而道存焉。君子之守，脩其身而天下平。人惡捨其田而耘人之田，其責人也重，

則其自任也輕。與此意同也。故曰：天下之本在國，國之本在家，家之本在身。是故目的以天下爲志，工夫以脩身爲本。然而身又不可徒脩，故又有正心誠意致知格物之功焉。

（五）身心意知物之義　此中身者，威儀動作，言語行爲之業也。言語行爲威儀動作，由身所起，故統名曰身。此之身言，乃所以表現人之心志性情者，非謂血肉肺肝之軀也。乃活動的身，而非靜止的形骸也。心者意志情感知識之總名，所以支配身體而爲行爲動作以應物者也。無心則成痲木而失其作用，即無言行動作之事。故心爲行爲之根本，即爲身之主也。意者心之所趨，有目的，有主張，將以反應外物，有所作爲者也，謂卽志也。故近世心理學家，每每合言之曰意志。志者，欲望希求也。人之欲望希求，隨境不同，故意念每每雜起。然雖意念雜起，要有其共趨之大目的以爲取捨行止之標準，然後其人乃有健全之人格，而一生行爲爲有宗旨也。故人生意志，雖隨境變易，紛然雜起，而各個之小意志，零意志，皆爲其一大意志所趨使統帥而共赴一的而成一羣之完整的意志焉。其非然者，則爲病態的心理，而人格失其統一，如瘋癲白癡之人是也。大約人格愈偉大者，其意志愈健全而愈統一。人格愈庸懦愈下劣者，其意志愈不健全愈不統一，下之乃成瘋癲白癡焉。然人格之流品不一，故意志之種類亦殊，語曰：貪夫殉財，烈士殉名，夸者死權，衆庶馮生。貪夫者以圖財利爲志者也，故其意雖紛起，總不外以得財爲宗。烈士之於名，夸者之於權，亦如是也。至於衆庶則以求生競存爲其一生宗旨，故其意志之所趨，總不外保全身家性命而已矣。此外有賢人君子焉，非以名利權勢爲志也，非以身家性命爲志也，則其意之所趨自必有超夫常人者焉。子貢問曰：伯夷叔齊怨乎？子曰：求仁而得仁，又何怨？孔子曰：志士仁人，有殺身以成仁，無求生以害仁。故以仁義道德爲志者，則不貪財利名位，不寶身家性命也。今吾人講大人之學，則大人以何爲志乎？曰：明明德於天下者，大人之志也。是故大人之意，是卽古之欲明明德於天下者之欲耳。以是欲爲標準，而一意趨向修爲之，是卽大學先誠其意之義也。此意爲標準，爲一大欲，自餘欲治其國之欲，欲齊其家之欲，欲脩其身之欲乃至欲正其心之欲，欲誠其意之欲，皆隸屬之耳。以皆相關係而互不可捨離也。故欲誠其意之意，乃通上一切諸欲爲體者也。意志既立，則心有主，而一切情感知識言行動作皆不失正軌，而互致其功用而不相背。孟子曰：志氣之帥也，氣體之充也。志至焉，氣次焉。故曰：持其志，無暴其氣。誠意云者，卽持其志之謂也。謂夫令心有主而百體從令耳。知者，統知識智慧而說。分別事理爲知識，決斷疑難爲智慧。此心之能力大用所以應物而不窮者也。物者，事物也，心之境界也。心之生也，必有境界爲其所緣。境物爲緣，令心得生，由是而有知覺，由是而有感受，由是而有分別，由是而有情緒，由是而有意願，由是而有謀慮，由是而有言行動作，由是而有善惡是非安危禍福，是故言心必及乎物。雖然，不觸於心之物，與心無關，卽非此所云之物也。

（六）修正誠致格之功　修者，治也，去其不善而歸於善，條理節制之，使咸合夫道焉，是之謂修也。正者，中正和平，令無偏倚也。誠有二義，一者眞實不欺，二者力行不懈，是之謂誠也。致者，引而申之，以充其量，推而至之，以加諸物，致廣大而盡精微，引申之以充其量也，致敬盡禮，推舉之以加夫物也，是之謂致也。格者，窮究體察而得其眞相，調理處置而使入正軌，是之謂格也。人生之行爲，不必盡合夫道，故當修治之，條理之，節制之，使言語行動皆合乎禮，是故於身言修。行爲動作以心爲主，人心不能純善而無惡，故當去其邪妄而使情知意欲皆得其正，故於心言正。正心之道以意爲主，意正則能統帥於心，使心咸得其正，唯患不能眞實不能奮勉，則志終不成，故於意言誠。意之應物所以了解事物而不謬者知也，所以處理事物而得其宜者知也，致之盡之使充其量而效其能，則可以通達事理而處理之也，故於知言致。知不可以徒致，所藉以增進吾知者物也，故當博學審問愼思明辨之以窮究事物之理，事理既窮則知明矣，事理既窮吾知既明則當篤行之實施吾之知能以加夫物，使物皆得當，吾心乃盡，吾知乃致也，故於物言格。此修身正心誠意致知格物之略義也。至於修身之標準，則傳以毋之其所親愛賤惡畏敬哀矜敖惰而辟，好之貴知其惡，惡之須知其善，要使性情之發恰當事理之平而無所過，公其心以容天下之物，平其氣以處天下之事，然後可以無偏無黨王道蕩蕩，調御天下之人羣而使之上下尊卑皆得其所安其居而無所憾焉，故所行皆當而吾身乃修矣。正心之究竟則傳以無所忿懥無所恐懼無所好樂無所憂患爲得心之正。蓋心之所以不正者，內之則貪嗔煩惱之爲過，而外之則人事利害之爲累也。由有嗔忿故有忿懥之情生，由有貪欲故有好樂之情生，貪嗔合故有恐懼憂患之情生，（癡慢疑見一切煩惱皆可生此四，茲就其顯著者但言貪嗔也）煩惱生於內則心失其正也，此所謂內之煩惱之爲過也。夫貪之生，生於利之欲其獲也；嗔之生，生於害之不能忍也；利害動於外，故貪嗔生於內。心爲煩惱役而殉逐利害於外，則心失其平正安靜中立不倚之體而不正矣。是故正心之道，要使無所忿懥無所恐懼，無所憂患，無所好樂，外之不役於利害，內之不亂於煩惱，夫然而心正矣。其在詩曰，毋然畔援，毋然欣羡，誕先登於岸。謂夫心不累於外境而無所偏私，故能超然解脫也。心既不失其正，不累於物，不蔽於私，則其發於行爲也自能得人情事理之公，而所爲皆當，惡有之其所親愛而辟，乃至之於其所傲惰而辟焉也乎？是故正心，乃能修身也。正心者，致中也。脩身者，致和也。致中和則天地位而萬物育，心正身修則可以齊家治國平天下也。誠意之功，則傳所謂毋自欺也，必愼其獨也，道學也，自修也，恂慄也，威儀也，克明德也，日新又新也，無所不用其極也，乃至子曰聽訟吾猶人也，必也使無訟乎，誠能格人人皆格化而自不訟也，皆誠意之功也。此則並含中庸擇善固執，戒愼乎其所不睹恐懼乎其所不聞之功也。如何而致知，如何而格物，則未有詳細之說明，而宋明儒者乃有各家之解釋，學派以分，諍論以起，然而皆誤矣。其誤奈何？

（七）宋明儒者之誤　一者晦菴之誤，二者陽明之誤。晦菴之誤，則以舊本頗有錯簡，而更訂經文，別補格物致知一章是也。不知致知格物之工夫，即在誠意之中，而無勞更補，更亦不必更次經文，使之零碎不成意義也。此其弊，陽明論之詳矣。所謂格致即在誠意中者，意既誠則自能盡其心知之力，能以格應事物，下章所謂心誠求之，雖不中不遠，未有學養子而後嫁者也。言意之既誠，則自能致知而格物矣，則道學自修之功，使人無訟之效是也。故篇中但言誠意，不必言格致，意自足而不待補也。乃其所以補之者，義又未當。一者繁而寡要也，二者窮末而忘其本也。所謂繁而寡要者，其言曰：人心之靈莫不有知，而天下之物莫不有理，惟於理有未窮，故其知有不盡也。是以大學始敎，必使學者卽凡天下之物莫不因其已知之理而益窮之，以求至乎其極，至於用力之久而一旦豁然貫通焉，則衆物之表裏精粗無不到，而吾心之全體大用無不明矣。夫天下之事理無窮，而人心之知力有限，莊子曰：吾生也有涯，而知也無涯，以有涯窮無涯，殆矣。孟子曰：知者無不知也，當務之爲急；仁者無不愛也，急親賢之爲務；堯舜之知而不徧物，急先務也，堯舜之仁不徧愛人，急親賢也。夫以堯舜之聖尙知不徧物，乃欲學者於下手工夫役以窮竭天下之事理，此非繁而寡要，勞而無功，不知先務者乎？由其不知先務也，故疲竭身心以增知識，廣其見聞，見聞日廣，知識日增，而不知恐懼修省身體力行，則必有捨本逐末之弊，而長傲文姦以借寇兵而齎盜糧者也。程子見人讀書，謂爲玩物喪志者，非以此乎？是以象山謂其學問支離陸沈也。夫致知格物，本所以誠意，而逐末忘本，則並其意志而喪亡之，豈非大錯而特錯者乎？是故陽明力矯其弊，復大學古本之舊文，而歸格致之功於誠意中，功至偉也。然而吾復謂其誤者，則以不識心意知三者之義，是以工夫徜恍而無以服天下人之心也。陽明曰：大學之要，誠意而已矣。誠意之功，格物而已矣。誠意之極，止至善而已矣。正心，復其體也。修身，著其用也。……至善也者，心之本體也。動而後有不善。意者，其動也。物者，其事也。格物以誠意，復其不善之動而已矣。不善復而體正，體正而無不善之動矣，是謂止至善。此大學古本之序言也。又天泉問答則曰無善無惡心之體，（此句鄒東廓則曰至善無惡心之體，昔人以爲東廓是而緒山背其師旨也，雖然陽明常謂無善無惡斯爲至善，則二言一義，亦無所不同矣）有善有惡意之動，知善知惡是良知，爲善去惡是格物，此彼之所以釋心意知者，以心爲至善（或無善無惡之至善）之體，而意爲善惡之動，知善知惡之知爲良知也。夫如是，心既至善，則不當云正，所以者何？至善者，無不正也。無不正，奚其正？且心既爲至善之體，云何動而有不善乎？故心無不善，則意無不善矣。意既無不善，則奚待良知之知之，格物之爲之去之乎？蓋一切脩正誠致格之功夫純被一至善無惡之心取消了。又誠之一字，中庸約有二義一者天道不勉而中，不思而得從容中道聖人也。二者人道，擇善而固執之者也。此皆對於善意眞實踐履固守力行之意。唯善，是故可誠。惡烏乎誠乎？陽明既謂意者爲善惡之動，夫意既善惡紛乘雜起於中，而一般誠之，誠其善意固是誠，誠其惡意亦是誠乎？於是乃不得不轉語曰意之善者誠以爲之。其不善誠以去之。夫爲善去惡者，陽明明謂之格物也，則是誠意無功，但有格物而已矣。則何不曰，欲正其心者先格其物焉可也。烏事夫誠意致知乎？乃物不可以徒格，必先有知善知惡者乃可以爲善去惡，於是故不得不於格物之前有一段致知之功焉。爲爲善去惡而致知，則當曰欲格其物者先致其知，或曰格物在致知可也。何以終文乃曰致知在格物。又不曰知至而後物格，而曰物格而後知至乎？既但以格物爲爲善去惡，故不得不專以知爲知善知惡之知。而懼人之以知爲知識之知也，乃易之曰良知。知善知惡者，良知也。爲善去惡者，亦良知也。是則格物致知，皆良知之功用耳。如是則致良知爲學者第一要義焉，此致良知之所以爲陽明唯一宗旨也。雖然，陽明既謂有善有惡爲意之動，意既善惡紛雜如此，烏從而得彼良知乎？此末流之弊，所以有肆談聖學，以縱任自在爲良知，而至於放僻無忌憚者也。故雙江念菴之徒乃有反本歸寂之論以救其弊。既無現成之良知可致，故不能正本清源，致中以求和也。今吾之論心意知物與格致誠正也，不然。心者，情知意欲之總名也而有善惡染淨之雜，故須用正之之功，正之之道奈何？誠其意而已矣。意者，欲明明德於天下之意也，純善至正而無妄，故必誠之以求其至，眞實不虛，固執不移，力行不怠，愼其獨而謹其微，無使情志意欲之不正者得以有爲，此易閑邪存其誠之功也，孟子持其志無暴其氣之學也。如是則心有主而善惡是非之從違去就皆得其準矣。志立誠存，則必有所爲。將以應天下之事變，齊家治國平天下以見明明德於天下之實功焉，故必先致其知矣。則中庸所謂博學審問愼思明辨篤行之功是也，尊德性而道問學，致廣大而盡精微，極高明而道中庸，溫故而知新，敦厚以崇禮，皆所謂致知也。知者，心之才能智慧，所以理大事而斷大疑，通天下之故而成天下之務者也，故必學問之以發展其智能，力行之以曲盡其心力。學問者，所以全此心之用也。力行者，所以盡此心之能也。此成己盡性之功也。然知不可以徒致，知必麗夫物，故致知在格物。物者，人情事變之境也，觀察之通達之所以窮其理也。理窮則吾心之知能成就，條理之，處置之，使皆得其宜。物得其宜，則問心無歉，而吾心盡矣。是故物格而后知至也。知至者，成己而盡性也。己成性盡，故意誠矣。意誠，誠己存而邪已閑矣，故心正也。心正則中，不倚外物，故發於喜怒哀樂也咸中其節，而得其和，則身修矣。身修則行爲言語皆得人情事理之公平而無所辟，行之一家則一家咸服而各得其所，故家齊。家齊，國可得而治，天下可得而平矣。本末終始條理一貫，而何事乎增定經文而爲繁而寡要之說？又何必改致知爲致良知而後盡於理乎？

或謂子之所云致知格物爲發展智能窮究事理，與朱子之說何殊？曰：爲誠意而致知格物，先務之爲急，不同朱子卽凡天下之物盡格之也。一面固格物以致吾之知以充其量，一面又致吾之知能以格理乎事物以盡吾之心。求知而同時又力行之，力行又即以實驗吾知之至與未至，意之誠與未誠，故不同朱子之但以學問思辯爲事不落實而少所用也。此與朱子之說異也。或謂誠意章明言如惡惡臭如好好色此之謂自慊，又謂小人閒居爲不善無所不至見君子而後儼然，明明以好善惡惡說誠意，則有善有惡者意之動亦確有據矣，何爲而謂其盡誤耶？曰：所謂意者，非善惡之謂也。誠意者，非誠其善誠其惡也。善而好之，惡而惡之，乃所謂意也。好善如好好色，惡惡如惡惡臭，無一毫之虛僞焉，乃所謂誠意也。善是善而惡非善，然好善惡惡則皆是善，故善惡不可並誠，而好善惡惡之正當意欲則皆必誠之。然則意非善惡雜起之謂意，而爲裁制主宰乎心以好善而惡惡者乃所謂意也，其理定矣。故吾直以明明德於天下之志爲意，而以實守力行此志爲誠意，駿馬御勒而飛騰不亂，巨艦得舵而駕駛有方，故誠意爲本而格致正修咸得其道焉，此固不同於朱王各執一偏之說也。

按此格致之義，皆本字義文理而爲說，終覺空泛無以達吾意，茲舉吾近一經驗以明之。吾有一小孩，性行極不規則，頑不受教，吾故每責詈之，而終無效。令之讀書，亦不長進。故每令吾忿怒而所以責詈之者亦每過分而不中理矣。由是而益不易教。然吾終以不能教好爲恥。一日忽念孟子云愛人不親反其仁，治人不治反其智，禮人不答反其敬因思吾之所以不能教好此子者，蓋吾仁有不至智有不盡也。仁不至者意之未誠矣。智不盡者，知之未至也。吾因不單責彼而反求之己焉因平其心，靜其氣而徐察其性情心術之變而盡吾心知以導誘之。吾以爲此乃誠意致知格物之方也。教人如是，其餘事親敬長治事求學統帥大衆治平天下無不皆然。誠吾之意，致吾之知。以格物；待至物格時，（物格者愛人而人親，治人而人治，禮人而人答，是誠足以動之，知足以理之，故物感而化焉也。）則吾之知至而意誠矣。或謂雖聖人在位而有不受教之人，有不可理之事，堯之於洪水，舜之於四凶，及其於丹朱商均是也，彼物終不格，然則聖之知有未至而意有未誠乎？曰：自强不息之聖人，必猶以此自反，如文王之視民如傷，望道而未之見是也。然罪害實能減輕之使其有限，善則能擴大之使至於圓滿，亦皆所謂物格矣。世間無究竟，固不能充類以至盡也。洪水終平，而四凶不得縱惡，丹朱商均之不肖而安其位不敢爲亂，是卽物格知至而意誠矣。堯舜終何歉乎？此意也陽明頗知之，惜其未識心意知三者之眞義，是以未能將誠正之功言之正確也。

或謂孟子養氣則曰必有事焉而勿正心，大學修身則云先正其心，二者義相違背否？曰：是不相違。欲修其身則必先正其心，然心不可以徒正，故工夫在於誠意。意之誠也，又在於格物致知。格物致知者，是卽孟子必有事焉，卽集義之功也。物格知至而意誠，則心自然正。心正則不累著於外物，而忿懥恐懼好樂憂患等皆不足以動其心，是卽集義養氣不動心之功也。孟子恐人之徒執其心而强正之，故敎之以必有事焉以集義與大學之格致誠意而心正者其義同也。

又朱子格致在求知識，陽明格物在重力行，故致良知之說外更有知行合一之說。致良知者，盡吾心之良知良能於事事物物，使事事物物皆得其正，則格物而知至矣，此意誠善。但常人旣無現成之良知可致，意念之發駁雜不純，則有不以意見私心自認爲良知者鮮矣。誠者天之道也，不勉而中不思而得，從容中道聖人也。誠之者，擇善而固執之者也。故曰：誠身有道，不明乎善，不誠乎身也。則學問工夫何可不講，而遂可自信其爲良知而直致之也耶？今言致知以誠意爲主，而所誠之意爲明明德於天下至善無邪之意，（卽此意乃當於陽明之良知，）而致知之功則知行並重，格物以發展吾之知能，此求知之功也，盡吾之知能於事物使皆得其理，此力行之功也，朱王之所是者並存無餘，其所失者則並遺之，數百年之紛紜諍訟其可以已乎？學儒者其可以有所取則矣。

（八）齊治均平之道　齊者，整齊劃一之意。在家而言齊，然則父子兄弟夫婦之間一是平等而無差別乎？曰：否，齊者，齊其德也，家庭之間以和睦親愛爲第一義，而家之所以不和者，莫過於人懷異心，志趣心術之不齊，是以爲善者日趨於高明，爲惡者日趨於汙下，再加以善者以義相責，不善者以利自私，則父子夫婦兄弟姊妹之間相陵相怨，諍訟興而恩義廢矣。故家之齊，莫要於齊一其心志趣向，使相感而化，皆油然有向善之心。志同道合，則父父子子夫夫婦婦上下長幼各得其序，而親愛和洽不相乖離矣。國云治者合人羣以爲國，必使其相安相養而不爲亂。相安相養而不爲亂，則國治矣。治也者互守其分，互盡其能而不相陵奪也。夫一國之衆人各異心，必不能使心志齊一而同趨一途也。有君子焉，有小人焉，此德之不能齊者也。士農工商，此業之不能齊者也。德不能齊，故不能强齊之，業不可齊，更無需夫齊一之。唯在使君子小人各安其位，士農工商各務其業，君子賢其賢而親其親，小人樂其樂而利其利，以交相助養而不相奪害，斯人羣之道得也。此家所以言齊而國則言治之故也。蓋家必合居，心志須求其齊一。國人異處，但不相犯卽可交利也。天下而言平者，合衆國以成天下，民族各異，風俗各殊，文明程度各不相同，大小强弱，乃至其國內之治亂亦至不齊一，而欲以一種之政令一般之法律而通治之，此必不能行者也。故於天下不言治而言平。平也者，使强不脅弱，衆不暴寡，信使朝聘之相往還，而無帝國主義者以暴力互相侵略滅人之國奴人之民乃至絕人之種族。使强大者既自治其國，弱小者亦各遂其生存，光天之下，九夷百蠻皆各自孳生存養而互不危害，卽謂之爲天下平也。古者諸侯各治其國，天子亦自治其邦畿之內，至於四裔之外則羈縻之而已矣。有不守其分者，乃召方伯舉兵以威之，去其不平，使守其分而已，蓋古者重各邦之自治，而不貴集權專斷。以一人臨天下而欲政令之無失，以一國一民族之人情習俗治道而齊一天下，必見其穿鑿而無當也。唯自治其國而使人各治其國，國各自治而無相侵犯，卽天下爲已平矣。此所以不云治天下，而云平天下者也。（將來世界果有大同之日，則其道亦必不能外此。各民族各地域各有其自治之權，而帝國主義廢，使民族各得平等，無有征服國與被征服國，無有强權民族，亦無弱小民族，紅黃白黑各種人民一律平等，卽爲天下平矣。）此齊治均平之義也。次當言齊治均平之道。家何由而齊，如何乃可使一家之人皆油然向善而心志齊一乎？曰：在自己之德足以感之。德之足以感人者，言行動作皆得其道，喜怒愛憎不失其節者也。言行動作合道則表範立，喜怒愛憎中節則大公無我而當乎一家之心。愛之而無姑息之過，憎之而無乖離之失，則一家於己敬愛俱不失而收格化齊一之效矣。然對人之道，尤以大公無私，不立自我爲要。蓋有我有私，則雖存心是善執理不差，而好以一己之善以臨人而過其量，則便成偏頗，與人以難堪，於父母兄長固失恭順之節而不可行，卽對子女弟妹亦無慈和之氣而言不易入，則雖有好心而終成乖隔者多矣。故修身以齊家之道，尤重乎大公而無所辟也。故傳曰：所謂齊其家在修其身者，人之其所親愛而辟焉，之其所賤惡而辟焉，之其所畏敬而辟焉，之其所哀矜而辟焉，之其所傲惰而辟焉，故好而知其惡，惡而知其美者天下鮮矣。故諺有之曰：人莫知其子之惡，莫知其苗之碩，此謂身不修不可以齊其家。此齊家之道也。修身，則家自齊矣。齊家既在乎修身，故治國之道卽在齊家，而平天下之道卽在治國。統而言之：則一絜矩之道而已矣。絜矩之道者，恕道也，恕道者，以其所有而施諸人，以其所以修身者齊其家；以其所以齊其家者治國，以其所以治國者平天下焉耳已矣。故曰：是故君子有諸己而後求諸人，無諸己而後非諸人，所藏乎身不恕而能喩諸人者未之有也。或謂人有但能自修其身而不能齊家，有但能齊家而不能治國，有但能治國而不能平天下者，如獨善之士，鄉邑之才，百里之任，千夫之長是也。惡有修身而卽能齊家，家齊而卽國治，乃至天下平也乎？曰勝任之大小，化施之遠近，此存夫人之德量，無可勉强者也。然今非論此也。今所論者，謂有明明德於天下之德量志願者，如何以明明德於天下之道耳。如之何可以明明德於天下？則必先治其國也，如之何乃可以治其國？則必先齊其家也。如之何乃可以齊其家？則必先修其身也。能修身齊家治國者固不必皆能齊家治國平天下，而能齊家治國平天下者，則必其能修身齊家治國者也。此其故何哉？將欲治人者，必先正己，將欲化人者，必其有可化之德，使人自然信服樂從也。身也者家之表也，家也者國之表也，國也者，天下之表也。表不正而欲影之正，必不可得也。此忠恕絜矩之道也。至於與民同好惡以得人心。先德後財，寶仁善而不寶珠玉。秉國者不取才能精幹之豪傑，而取斷斷兮無他技，其心休休焉，其如有容焉，大公無我之君子。理財之方，則主張生衆食寡，爲疾用舒之大道，而非斥掊克聚歛之小術。而終之以國不以利爲利，以義爲利之宗旨。總之，節欲以臨民，推誠以爲政，上下一體，視國如家，進舉國之彥聖才能，兼容並進以共理國事，公全國之食貨財用，舒散之以厚人民之生養，是故財惡其聚於上，才惡其抑於下，君惡其驕縱而荒亡，民懼其飢寒而離亂，治國平天下之道盡見於大學之末章言之深切而著明矣。諸有志者，幸讀原書而深致意焉。

（九）眞儒與俗儒之異　所謂眞儒與俗儒之異者，眞儒之學，學以明明德於天下也，學以治國也，學以齊家也，學以修身也，學以正心誠意致知格物也，此眞儒之學，一言以蔽之曰學爲大人而已矣。若夫俗儒之學，則異此，博記古訓非以求實踐也，周知往事非以考得失也，章句辨析非以明聖道也，文詞典麗非以爲民生也，彼何爲哉？徒以矜才智，長情慾，釣聲名而收祿利也。此俗儒之學，一言以蔽之，曰學爲小人而已矣。故欲學眞儒，不可不爲大人之學。爲大人之學者，雖不必盡能得位乘時以治國平天下，然而誠意正心以修其身，則在家必有益於家，在國必有益於國，在天下必有益於天下。雖不必人人皆蒙其澤，而必有受其化者。即其身修心正而即得乎天爵。得天爵者，富貴貧賤無所損益於其身者也。素位而行，無入而不自得者也。孟子曰：廣土衆民，君子欲之，所樂不存焉；中天下而立，定四海之民，君子樂之，所性不存焉。君子之所性，雖大行不加焉，雖窮居不損焉，分定故也。君子所性，仁義禮智根於心，其生於色也睟然見於面，盎於背，施於四體，四體不言而喩。大學曰：富潤屋，德潤身，心廣體胖。誠意正心以修其身者也。此與俗儒之以學問爲工具役其心以徇名利者，超然豈不有天壤之判哉？故學者，必爲大人之學。

（十）王道霸功之分　何謂王？天下歸往之謂王。何謂霸？以力强人服從之謂霸。王道者，正其心，修其身，而使天下格化其德而自服之者也。霸功者，心不必正，意不必誠，身不必修，据其位，執其權，以鉗制天下，使不敢不服者也。是故王道本乎忠恕。忠也者，實有諸己者也。恕也者，推己及人者也。大學曰：是故君子有諸己而後求諸人，無諸己而後非諸人。是故欲明明德於天下者，必先治其國，欲治其國者，必先齊其家，欲齊其家者，必先修其身，自天子以至於庶人，壹是皆以修身爲本。此忠恕之道也。忠也者，誠也。恕也者，仁也。誠且仁，是以言出而人信，令下而民悅，是故君子篤恭而天下平，德化感人自然之理也。是以王道重德化而不重威力，尚禮義而不尚刑罰，節制自己之情欲而憂勞天下，是以民慕其化而自興於仁，心悅誠服而思愛無已。其在詩曰：虞芮質厥成，文王蹶厥生。蔽芾甘棠，勿剪勿伐，召伯所茇。孔子曰：道之以政，齊之以刑，民免而無恥。道之以德，齊之以禮，有恥且格。王道霸功之分，分於此耳。大學者，王道之學也。格致誠正修，立其本也，聖學也。齊治均平，致其用也，王道也。王道必本於聖學，故先格致誠正修而後齊治均平也。子曰：吾道一以貫之。曾子曰：唯。子出，門人問曰：何謂也？曾子曰：夫子之道，忠恕而已矣。何以忠恕爲一貫之道歟？曰：忠也者，立其體也，恕也者，致其用也，以所以立己者而立人，以所以達己者而達人，修己治人，其道一貫焉，是之謂一貫之道也。貫聖學王道於一耳。或謂王道甚難，霸功甚易，以力服人，以術取利，故秦始皇不十年而定天下。以德化人，以道致功，故周數百年歷太王王季文王武王成王而後天下平也。曰：是不然，王道無近功，功則誠哉其爲功也。何也？家以齊，國以治，天下以平，人民實受其福，忠愛之久而不忘，周之所以久而後化成者，以其眞有所成也。霸功雖有速利，而利之中大害存焉，始皇之世民以勞財以耗，天下洶洶，咸思得而甘心焉；項籍曰：彼可取而代也？劉邦曰：大丈夫不當如是乎？自餘草澤之中忿怨思起者，天下皆是也。卽身而有荆軻高漸離張子房之難，身死而陳勝吳廣揭竿而起，天下土崩，國亡君喪，子孫絕滅矣。至於天下人之因是而受流離顚沛殺戮夷滅之禍者，又何可量乎？是則霸功不爲霸功，但爲霸禍而已矣。且夫秦不遇六國之無君，不席穆公孝公數百年之威力，又豈可以一己之權謀威力而定天下乎？是則霸者之功，特數暴人相競，而力强者勝耳。此如鷹鷙豺狼之相搏擊，而終必有一存焉耳。設見威鳳祥麟，則彼强力無所用之矣。三代而下，王道不興，是以治化不純，民未能盡受其福。然雖羣雄並起，終必得道多失道寡者勝，否則亦必罪惡寡少者得最後之利耳。此如項籍劉邦是也。劉邦之强不及項籍，而豁達大度，能收羣策羣力，不擾民，不多殺，是以民心歸而人才往。霸王拔山蓋世之力，百戰百勝之才，終何所用哉？然則雖同是霸道，霸道之中猶有功多罪少，功少罪多之辨焉。守成之君，得道失道，而治亂以殊，亦猶之乎此理耳。蓋世間盛衰成敗，皆有其因果，因善果善，因惡果惡。王道以仁心而行正道，故無所施而不善。霸者以不仁之心而行邪道，故無往而不爲害。今天下相尙以利，相高以力，相傾相軋，以權謀詐術，國際無道德，天下無公理，以成此紛擾險惡之世界，被征服者自受其大害，霸國亦岌岌不得終日休息崩潰之期，其不遠矣！孰有大人本聖功以行王道仁義忠恕以明明德於天下者乎？五洲數十國之民皆將踊躍欣喜以從之。

跋

儒者之學，自古譏其博而寡要，蓋守歷代之文獻，中多往籍陳言，繁文縟禮，有多不適於後世者也。孔子集大成，而刪定六經以爲教導之資，修己治人，倫理，政治，教育，哲理，無不賅備。然而曰：吾道一以貫之。又曰：博學於文，約之以禮，其可以弗畔也乎？則以儒學爲繁博而寡要者，不深通儒學者也。儒者之學，深切人事，示人生以大道，範人羣於正軌，中正不倚，因時制宜，可謂無過於天下矣。孔孟之後，大聖不作，少能光顯其道。漢宋明清儒學大行，然漢儒役於章句而弗能明大義，宋儒求義理而落空虛，亂之以五行陰陽之說，囿之以門戶拘執之見，求能窮理盡性通天下之故而成天下之務，概乎其未之見也。西學東漸，物競天擇之主張，科學哲學文理密察之思想，在在與儒學以不相容。而儒學遂日崩潰而弗能自振。生人之道，將日入於偏激險阻以交相賊殺殘傷，可悲已也！洋幼受慈親訓誨，頗知以忠恕宅心。長讀孔孟之書，始識儒學，服膺歆慕，蓋有年所。適當新潮鼓盪之會，愧未能奮力昌大之。十餘年來，皈依佛法，依止親教歐陽竟無師專研唯識法相般若之教，始能窮彼方科學哲學之失。反諸儒書，亦乃愈覺親切而得其精蘊矣。適歐戰之後，西洋文化之弊畢露呈現於天下，苟非有溫厚而切近人事之教，莫能濟斯世之窮也。作人生學，因述儒學大義以餽天下。此十義者，始於人事之生養，終於德性之完成，自修己以至於化人，自下學以至於上達，王道備，聖功明，智愚賢否讀之皆能有所得而知所以自盡。有欲祛當時之迷執而長人之善心，以移風移俗而彰顯德化者乎？雖聖人復起不易吾言也。

解脫道論　人生學　第三編

導言

人生實相章言：人生澈底是苦，為拔諸苦，是生種種之行為。中篇云：由於人類對於飢寒等苦為拔除故，是生西洋之文明，為求淑身善世故，是生中國之文明，然而飢寒雖得拔除，身世縱極淑善，而人生無常，生死倚伏，治亂相循，業果相續，如夢幻泡影，輪轉無窮，無有究竟，然則世間之學亦終非究竟解決人生痛苦之學也。為求究竟，故不得不求出世。故不得不求出世之學。出世間學，需要如是。

雖知需要，未識能否。為唯物論者，以為有情之生，由物質之凝聚而化合。有情之死，由物質之朽壞而分離。凝聚變化之權，不操自我。物質能力，相引相攝相拒相違。日光發熱，水蒸成汽，昇而遇冷，聚則成雲，雲凝成雨，雨降為水，水浮地上，日蒸成汽，如是往復，變化無窮，無自無主，何出何離？有情生死，亦猶是耳。生也不得不生，死也不得不死，衰老疾病亦復如是。是爲世間實相，亦曰變化無窮。何者涅槃，云何解脫？故出世學，都無是處。

是說不然，彼以無情，例說人生。若如是言，人同土石。則何有於造業受果，更何有於情智意欲？當知有生命物，由有心智識故，攝取外物，成養自身；物質雖爲所憑，而非卽生命自體；故能同化物質，改變環境，自動自制，覺了思惟，言有其義，行有其的，諸所動作，皆其心智之力表現昭著於事實者。故有生命物，爲享受運用物質者，非物質之凝聚結晶體耳。其靜也，不同於山之峙，水之停，頑然死然而息其神化。其動也，不同於風之飄，雨之降，盲然昧然，而但隨他轉。是故人生者，有情之物，有情者有心也。有心者，有造作感受之用者也。心非卽身，所以驅役營攝此身者也。身非卽造作感受，但造作感受之具而已。造作謂業，感受謂果，人生爲業果之相續，是卽爲心識之相續而已矣。彼唯物之言，自不成立，何足爲據而斷出世之不可能？

然則出世之可能，其理由安在也？曰：詳參人生之原理，則知人生者，業果之相續耳。而業果之相續通於三世。前前無始，後後無終，種現熏生，輪轉無窮。諸如是義，具如前篇人生業果通於三世章明。人之生死流轉既不同於風飄水流，純受被動而全無意識，實乃自作自受業果之相續耳。夫然，苟能厭彼業而不作，自可盡彼果而不受業果既盡生死斯盡。是故出世爲可能，而出世之學爲可能之學也。

雖知出世爲可能，顧其學其道將何如耶？曰能正了知人生之所以生死輪轉者，則知所以出離解脫矣。其在經曰：

無明緣行，行緣識，識緣名色，名色緣六入，六入緣觸，觸緣受，受緣愛，愛緣取，取緣有，有緣生，生緣老死憂悲苦惱。

此有情流轉生死之相也。又曰：

無明滅則行滅，行滅則識滅，識滅則名色滅，名色滅則六入滅，六入滅則觸滅，觸滅則受滅，受滅則愛滅，愛滅則取滅，取滅則有滅，有滅則生滅，生滅則老死憂悲苦惱滅，

此有情還滅解脫之相也

如來教示有情順逆觀察十二緣起，將欲了知如何解脫生死，故先觀生死緣起之因。且如人生必有老死，必有憂悲苦惱，此老死憂悲苦惱從何起耶？曰、由生故起。苟無有生，何有老死憂悲苦惱耶？故欲無老死，必先求無生。然復當知此生復從何起耶？曰、生從有生。譬如禾稼，要由種子從雨水灌溉，已生機暢遂，然後乃生。設非有種已得灌溉，何者何由而有生耶？是故生之起，起於有也。有者，三界業識種子愛取潤已，具足現生功能，立之有名也。故生緣有起。將欲無生，當先無有。然則此有，復以何法爲緣耶？曰、業識種子，由於染著不捨，數數執取，故轉爲有。苟非執取愛著不盛，現生無力，不名有也。故有之起，緣於取也。取也者，染著不捨義。故欲無有，當先不取。然復當知，取復緣何而生起耶？曰、由愛故取。苟不愛彼，何故取彼耶？故欲無取，當先斷愛。然復不知，如是愛者，緣何起耶？曰、緣受故愛。感彼適樂，生彼愛故。故欲無愛，當先不受。然復不知，此受復緣何法起耶？曰、緣觸故受。根境識三，更相隨順，故有觸生，令心心所，觸境爲性。由是故取可意等相，故引受生，令於境界領受苦樂等。故欲無受，當先離觸。然此觸者，何緣起耶？曰、緣六入故起。六入者，亦名內六處，謂卽六根眼耳鼻舌身意，爲六識之所依處故。設無有根，則識不起，識不起故，云何觸境生起觸耶？故欲離觸，當先無六入。此六入者，復緣何法而得起耶？曰、緣名色起，名謂受想行識非色四蘊，色謂色蘊五淨色根四大造故，從於色起。意根思量性故，從於名起。且如胎生有情，識住胎已，執持名色，由是漸次諸根成滿，而後出胎，觸受境界。故離名色，六入不生。然此名色，何緣起耶？曰、緣識故起。識謂第八阿賴耶識，是一切法根本依故，是異熟果總報體故，生死相續，去後來先作主公故。有情現生異熟盡時，復由餘業招引餘異熟識生，此識生時便能攝取自體，執持名色，漸令諸根圓滿，成衆同分，說爲此是人天或鬼畜等。是故名色緣識而起也。欲離名色，當先離識。此識復依何法起耶？曰、緣行起。行卽世間有漏三業，云三業者，謂福非福，不動三業。福謂善業，由施戒等能生人天富貴等福報故。非福謂惡業，殺盜婬等，能生地獄餓鬼旁生及人中貧窮下賤等非福報故。不動謂定業，謂修世間靜慮無色止觀作意等，能生色無色界諸天定果故。自性寂靜，受生有定，命根堅住，必無中天，故名不動也。從果得名，故名福非福不動業。此三通名有漏者，漏是過失義，亦是流轉義。三業過失，令諸有情流轉生死，名有漏也。福不動業亦名漏者，是世間善，不離相故，有執取故，無漏之業何非此中行耶？順趨還滅，流轉對治，不招異熟果故。三業爲因攝殖習氣，故令八識取受界趣器界根身，此等諸相具如上篇中說，茲不重述。故欲離識，當先離行。離行云者，不造三業是也。然此三業緣何起耶？曰緣無明起。無明謂癡，於諸事理不能明解爲性。此復二種，一者異熟果愚，謂不了知諸不善業能招非福三惡趣果，由斯發起諸非福行。二者眞實義愚，謂不了知諸行無常，諸法無我，涅槃寂靜，有漏皆苦眞實諦理，雖能遠離惡趣所有諸不善業，猶於人天上界地果染著希求，由斯發起福不動行。是故三業由無明起。明因果者，不造諸惡，實證諦者，不住世間也。故欲無行，當離無明。如是十二有支，是爲世間因果究竟。謂由無明緣起於行，乃至由生緣起老死。既知流轉，便識出離。謂無明滅則行滅，乃至生滅故老死滅。是故經中，如彼彼

說。如是已略說緣起義。欲詳彼義，如窺基法師唯識述記十門廣釋

如是十二有支總攝於三雜染。謂生雜染，業雜染，煩惱雜染。無量憂苦所逼切故，無量過失所叢聚故，自性垢穢不寂靜故，是名雜染。此有多義，如餘處說。此中名色，六入，觸，受，及生老病死憂悲苦惱是卽生雜染。此中無明，愛，取，是卽煩惱雜染。此中行，有卽業雜染。有多要義此中不詳。

由是可知世間流轉由十二有支三種雜染更互爲因，輾轉生起。而其根本，乃在煩惱，無明愛取。將欲出離生死，故當斷除煩惱。何法能斷無明煩惱耶？曰：無漏正慧，無相無分別智能斷煩惱，正治無明。然彼智慧復由何起？曰由定起。定從何起？曰從戒起。由斯佛法，有增上戒學，增上心學，增上慧學。勤修三學，得出世果。今次當依三學大義，廣說出世間道，及彼道果。一者淨信，二者戒行，三根律儀等，四者淨行，五修止觀，六修作意，七世間離欲道，八出世離欲道，九三十七菩提分法，十者修果，

淨信第一

諸有欲求出世道者，當先發起堅固信心，方能精進勤修加行。何謂淨信？佛學解行論云：

所謂信者，佛學通釋云：謂於應順境，至誠倚任，心淨爲性等。然今此信，合因果說。因謂正解，果謂正欲。故論言信於實德能深忍欲樂，心淨爲信。又說此信差別有三種也。故今信者，謂彼學人，由自具有聖種性故，或遇佛出世，或佛法未滅，卽由於佛法得見聞故，生起勝解，於實德能決定印持，忍爲實有；忍實有故，便能生起堅固信心，於彼彼事，至誠倚任，一心皈命；由是發起彼彼欲樂願求證彼；是之爲信。云實德能者，實謂眞實，若事若理，實有不謬，名爲實也。如說心心所法，是謂事。一切法無我，是謂理。如說諸行，是謂事。諸行無常，是謂理。如說三界，是謂事。三界唯心，是謂理。乃至業道輪廻，涅槃解脫，是爲事。有漏皆苦，涅槃寂靜，是爲理也。於是事理深生忍解，一心倚任，求實證彼，是爲信有實。所云德者，謂佛法僧三寶淨德。佛謂如來，無始世來爲諸有情修習一切大菩薩行，慈悲智慧功德圓滿，成正等覺，成正覺已，更以無量無邊方便智慧悲有情故施作佛事，敎化有情令得度脫，是爲佛。法謂如來或佛弟子爲敎化有情故，方便施設種種敎法，謂如三藏十二部經，詮實事理，示實正行，顯正行果，令諸有情緣斯事理，修是正行，得彼正果，是之謂法。所云僧者，僧者衆也，義謂法侶。諸佛弟子聚集和合，共住一處，超夫流俗，遠離寂靜，於佛法中一見同戒，三業無乖，衣食住居共和受用，互作增上，同趨出離，如是法侶，故名爲僧。此三所以名寶者，世間珍奇金銀頗底最極莊嚴，足資衣食，是故名寶。佛法僧三，功德莊嚴，微妙無上，一切聖法從彼生長，是出世間慧命所依，最極珍奇，希有無比，故亦名寶。信有德者，謂於三寶決定印可，隨即發起眞實信心，至誠倚任，一心皈命，皈依佛，更不信崇外道邪師；皈依法，更不遵行外道邪說；皈依僧，更不與餘邪敎徒衆一見同住；是爲信有德。信有能者，謂皈依已，還於三寶起深希望，謂如佛功德我亦能得，如法敎理我自有力能證能成，如僧淨行我亦能修能習成辦，有勝希望，有大願力，不自暴棄，心無屈弱，篤實輝光，無復疑懼，是卽謂信有能也。信有德者，是卽信他。信有能者，卽自信也。理合內外，實無自他。信實有者，超夫人我。亦可說言：信實有者，是卽正忍，於世出世間實德能等，幷信有故。信有德者，謂卽正信，於三寶所一心皈命，至誠倚任，無惑無疑故。信有能者，卽是正願，信有力能，於實於德，深生希望，證得成辦故。諸有成就如是信心者，便於佛法不可引奪。

大智度論云：佛法大海，信爲能入，智爲能度。若人心中有信淸淨，是人能入佛法。若無信，是人不能入佛法。故經說信爲手。如人有手，入寶山中，自在能取。若無手，不能有所取。有信人亦如是，入佛法無漏根力覺道禪定寶山中，自在能取。若無信，都無所得。佛自念言：若人有信，是人能入我大法海中，能得沙門果，不虛剃頭染衣，無信人反此。諸經論中，贊信功德無窮無量。是故修行，信爲第一。

去聖彌遠，人性澆漓，乃有崇尙懷疑，誹難淨信者，爲護正理，辭而闢之。

有說修學首貴能疑，以爲疑者於諸事理不輕信受，必先辨其是非，察其然否，實驗無僞，方始信從，如是乃能不爲古人之所迷惑，不爲舊說之所封囿，然後能捨舊圖新，發明眞理也。此說雖有一曲之見，然非所論於佛法。所謂有其一曲之見者，謂世間邪敎，謬說多種，執有上帝神天宰馭一切，或乃拜物拜火妄計吉祥。不識因果正理，勤修無利加行，蔽惑人心，故當以其正智深加决擇，而後乃能識其迷謬，破其妄計，是以西哲有崇疑之論也。以所對者爲耶穌天主等敎。凡民固陋之俗也。然若準是以槪一切，則必轉以增益其謬。所以者何？倘充懷疑之論，無有分量之限，則將見絕知識之源，壞行爲之本，無事可信，無人可委，人生悵惘，無日無時不在憂疑恐怖之中，尙無以持任世間，更無論於出世之道也。所謂充懷疑之量絕知識之源者，蓋人之知識百分之九十九皆從往古前人傳習而來，其得由自我發明者特其百千萬分之一耳。卽此最少之一分，又必先由舊有知識歸納演繹而來。而能推陳出新，妙得新知者，則又百千萬億人中偶得一二人耳。自餘則更有不能領受之人而失其故有者比比焉。往古前人傳習而來之知識，由何得耶？曰由信故得也。信也者，人云如是，我卽印可隨順不逆決定承受，謂其如是，是謂勝解。既得勝解，更深倚任，無諸猶豫，依而奉行。倚任奉行，是爲信也。是故孺子初生，一無知識，由信教訓，便成智者。一切人皆從孺子長成，故一切知識皆由學習而得也。學習云者，信受他人以成自智是也。學數學者，學物理者，學史地者，乃至學一切者，離古先哲人歷代之所經驗發明演述記載，幾曾見有無師無友無書籍之可尋求，無學術之可承繼，而能憑空閉戶蔚然突成一大思想發明者哉？是知信之爲用，乃一切學問知識之源，捨此更無進求知識之道。使幼學小生一切違拗師長之言，處處懷疑，而不知問學，當知此乃頑梗不可教化之童，非聰明卓越之天才也明矣。故學問之道，由博反約，取精既多，用物乃宏，然後能參稽事理，睿發玄思，觀於天地之大全，而乃進知其缺陷，於是有救前人之失，而別樹新理，因當世之宜而自立嘉猷者也。此爲學問知識承變之道。要之無舊則新無所憑，新者咸自舊而出。由信起智，智自信生。故苟離信，絕學問知識之源也。所謂充懷疑之量，壞行爲之本者，蓋人之一生，有諸事業，必於彼事有倚任心，信其有力有能可成可得，然後於彼希求欲樂勤修加行。由行爲故，成就彼業。譬之農人，播種耕稼，以求收穫。收穫之事，原在未來，水旱風雹，螟蝗蟊賊，有多災厄，皆足使收穫成空，勞而無果。然爲農人者，必當將此種種疑慮一切屏除，自信耕稼必有其果，然後乃能殷勤辛苦，工作不輟。人力既盡，稼穡斯成，一家衣食，乃以無乏。儻其一無信心，事事懷疑，天災未至，人力已虧，因之不種，果於何求？日月荏苒，飢寒交至，一家八口，同歸死亡而已。農作如是，工商亦然。造作運輸，必求售易。售易有主，主在他人。停貨折本，乃常有事。然工商業者，仍必於彼事業具有信心，而後乃能辛苦造作，日夜無懈。涉海逾山，犯歷艱險，以求有濟也。自餘政治事業，社會改造，思想學說，主義奉行，更必具大信心大願力，險阻不懼，刀鑊不辭，一秉至誠，以犯天下之大難，決天下之大疑，千回百折，不變其志，而後能伏除憂危，克成事業也。往古來今，哲人志士，誰不有大信大願，而以猶豫懷疑成天下之大業者哉，故捨信心撥行爲事業之本也。況夫人生世間，不能孤立，知識行爲，皆由人羣之互信互任，而後乃以相養相生，相助相救。一人之身，百工之所爲備。一人之生，古今之學問皆需。一人之業，合衆人之力乃成。相信則人羣之生活優然，相疑則一身之存濟失所。通常家庭父子，兄弟夫婦之間，社會朋友交際之道，必須忠信倚任可不待言也。且如人有疾病，必需醫藥。醫藥之技能學問，固非人人可能，則必仰賴醫士。然而神醫國手，固不常有其人。平庸之醫則到處皆是。故無不誤人之醫，亦無不毒人之藥。病者苟心存懷疑，忌藥惡醫，則醫藥之道廢於人間，而疾病纏綿，死亡相藉矣。然而醫藥之道，固不廢於古今。是知人類生存，咸相倚而互信。雖如醫藥，亦有殺人之時，要其根本，是乃生人之道。生濟之功，常殺害之患變，人固不以其變患廢其常功，捨大信而從狐疑也。醫藥如是，其他人倫社會，何莫不然？苟無信心，將見父子無親，兄弟無義，閨門室家之中，咸成疑畏之府。社會友朋之際，皆爲猜忌之場。無人可信，無物可親，天高地厚，尚有陷墜崩裂之時，人生其中，誠不勝愴惶恐怖，憂虞戰慄，而無一日之安矣。易曰：上九睽孤，見豕負塗，載鬼一車，先張之弧，後說之弧，匪寇婚媾，往遇雨則吉。此言多疑過察之人，雖處姻婭骨肉之間，睽離不信，而自限孤獨。人雖親賢，而己憎惡，亦視之如豕負塗焉，豕本不潔，而更貧泥塗，深言其不可親近也。此其所以自陷睽孤也。夫多疑多忌之人，固常以是作非，以親作怨，抑且以虛爲實，將無爲有。是以白日見鬼，載滿一車也。蓋鬼本無形，疑極則且自現其形。不徒現形而已，又且載之滿車焉。甚言其妄誕乖張，謬執之極也。人之忠而見謗，信而見疑者，必有其可謗可疑之迹焉。構畫空虛，隨心起像，則疑似之地，禍變之源也。先張之弧者，疑豕疑鬼，欲殺之也。後說之弧者，睽孤之人，將何往而得利濟？自且不適於生存，更何力能張弧射人也？力既終不足以射人，故廢然思返，乃不得不自脫其弧，而轉與人親焉。既得人之存濟，於是乃知昔之自所謂寇者，非寇也，乃婚媾也。往遇雨則吉者。孤苦無聊之極，而忽得仁人施之膏澤，如苗之遇雨，則有立改初心羣疑頓釋，而知人之可親可信，自本不孤也。故象曰：往遇雨則吉，羣疑亡也。此亦言對睽孤之人，不可爭以是非，服以義理，但當於彼孤極無聊之時，施之仁恩，乃可釋其羣疑也。上來因論生論，雜引易卦，以著睽孤之情。——程傳釋此爻甚好，其言曰：上居卦之終，睽之極也。陽剛居上，剛之極也。在離之上，用明之極也。睽極則咈戾而難合，剛極則躁暴而不詳明，極則過察而多疑。上九有六三之正應，實不孤，而其才性如此，自睽孤也。如人雖有親黨，而多自疑猜，妄生乖離，雖處骨肉親黨之間而常孤獨也。上之與三雖爲正應，然居睽極無所不疑，其見三如豕之汙穢，而背負泥塗，見其可惡之甚也。既惡之甚，則猜成其罪惡，如見載鬼滿一車也。妄之極也。——孰謂懷疑之道爲治學爲人立身行事之正道哉？孔子曰，人而無信，不知其可也。大車無輗，小車無軏，其何以行之哉？又曰：自古皆有死，民無信不立。誠哉，信爲生人之本也。夫世間尚不可以無信，況於出世之學乎？苦空無我之理，非世學之所可比擬也。涅槃解脫之道，非常人之所證得也。苟非至誠倚任，一心皈命依教奉行，其可以私心小智世俗之見而測證高深也歟？亦唯狂思橫議，自陷非辟而已矣。況夫無實信者無淨心，二三其德，反覆不常，浮沈游移於內外正邪之間，而誠願至行不立。以是欲求解脫，亦猶煑沙成飯，說食圖飽者也。是則今日學佛者之弊也。故今言信，詳摧異說，俾知信爲世出世間共由之道，一切狂言皆失其據。眞學佛者，至誠倚任，實德力能，大信大願，斯爲第一。

戒行第二

一切有情，由煩惱纏，造作諸業，沈迷三界，不得出離。諸佛如來哀愍有情，爲欲令彼離三惡道，離諸欲染，制立戒禁。由戒禁故，不造惡業，行合律儀，先於世間行正道已，漸次攝心止觀靜慮，得正智慧，方於世間而得解脫。是故戒爲定慧解脫一切根本。

佛所制戒有其多種，以諸弟子有七衆故，謂比丘，比丘尼，正學，沙彌，沙彌尼，優婆塞，優婆夷。前五出家衆，後二在家衆。雖復同具正信，同一正見，然出家衆專志一趣，勤修出離，遠離惡行，遠離欲行；在家二衆，爲有世緣，但離惡行，不離欲行；故佛說戒，四衆有異。出家衆中復開五者，具足之戒，非易可持，當先勤策淘練，心行得調伏已，漸次乃堪受具足戒；故出家衆復分爲五。

佛爲在家通制五戒，謂不殺，不盜，不邪淫，不妄語，不飲酒。於月六日，行八齋戒：謂不殺，不盜，不淫，不飲酒，不坐高大牀，不著香花，不聽妓樂，過中不食。

佛爲出家沙彌沙彌尼制十戒：謂不殺，不盜，不淫，不妄語，不飲酒，不坐高大牀，不著香華瓔珞，不聽妓樂，不畜金錢，不非時食。正學六戒：謂遠婬欲想，離偷盜，離殺生，離妄語，離有漏心聽漏心男子扨衣，摩捪，離有漏心聽漏心男子捉手捉衣，共立共語等。比丘戒者，他勝法四，僧殘十三，不定法二，捨墮三十，單墮九十，向他悔法四，衆學法一百，滅諍法七，共二百五十。比丘尼戒者，他勝法八，僧殘二十，捨墮三十，單墮一百八十，向他悔法十一，衆學法四十四，滅諍法七，無不定二，共三百零三。廣如律藏，略如戒本，此不專述。

佛所制戒雖有多種，總爲解除二種罪過。一者性罪，二者遮罪。性罪者，由煩惱俱思所作殺，盜，婬，妄語，兩舌，惡口，綺語，貪，嗔，惡見等身語意業。此業自性不善，能招三惡道果，障生善趣，障沙門性，自損損他，故名性罪。遮罪者，雖性不必遂爲不善，然順不善法，能生染著法，生世譏嫌，失人敬信，不護他心，障礙善趣壽命及沙門性，有多過失，是故如來遮令不行，如行此者便得遮罪，故名遮罪。如比丘比丘尼戒中一切衣服食具威儀進止言語行爲等所有戒禁。性罪通於在家出家，俱應禁止，以是惡趣因，損惱自他，罪性大故。凡爲人者俱應戒禁。遮罪但爲出家衆立，以條理繁密，諸在家人，未遠離欲，有諸事務，弗易持故。然出家衆，天人軌範，護持僧制，爲攝受僧故，令僧精懇故，令僧安住故，未生信者令生信故，已生信者令增盛故，難調伏者令調伏故，令慚愧者得安樂故，伏現纏故，斷隨眠故，爲令正法相續不絕得久住故，故於出家戒禁特繁，性罪之外更嚴遮罪，諸有志求出離護持佛法者，一切應學。

云何修學戒禁律儀？曰：學戒律者，第一當先發起正願，謂吾學戒，非爲希求利養恭敬，亦非希求昇天得福，但爲成就出世資糧，調伏身行，護持正法故，而修學戒。如斯正願，爲根本故，乃能成就律儀功德。發正願已，次應恭敬求請親教軌範及同法者開示指導戒律文義，犯不犯相；勿令無知盲行妄爲。既於律儀得明知已，次應慇懃防守律儀，恆自審思戒行功德，犯戒過失，謂淨戒者世間正道，出世根本，身之甲胄，心之城塹，長養善法，遠離過失，拔濟有情於三惡道，令得趣入解脫涅槃清涼寂靜之地，有如是等諸善功德，是故我今當勤修學堅固防守。由此便能遠離犯戒。設由失念無知有作，於戒虧損，卽當發起猛利慚愧，謂我於法已得正信，誓於戒禁深心護持，今者何故妄犯此耶？犯此戒故，當爲同法所輕，當爲尊師所棄，當爲世所譏嫌，當於來生往墮惡趣，我今何故蹈此不善，損汙淨戒，損汙正法耶？既起如是慚愧正念已，當勤觀察，我此所犯爲重爲輕，如但生心未成事者，但當自行尅責自心懺悔，設所犯重已成罪者，卽當無覆無諂以直質心以至誠心，現對師長及同業者自述罪過，作證懺悔，幷於佛前諸菩薩前諸賢聖前，誠哀頂禮，自申罪戾，乞加慈悲聽其懺悔。幷發宏誓，從前種種如昨日死，以後種種如今日生，已生惡法令永斷滅，未生惡法令永不生，未生善法願令生長，已生善法令得增長堅固淸淨圓滿。既能如是至誠質直慚愧恭敬，便於罪業得還淸淨。諸學戒者，已能如是持護還淨，更當時時深心觀察，諸有作爲，必先觀察吾斯行者爲於淨戒有違犯否，爲於善法有虧損否，爲於他人有損害否，爲於自心有不淨否？如斯觀察，諸過皆無，然後加行，行令究竟。設異此者，卽制止心身，令不復爲。於先已作，以時觀察，吾昔所作身語心行爲清淨耶？於自於他有違損耶？不於惡道惡名惡稱爲增上耶？如是觀察諸過皆無，然後身心恐懼皆無，恬安寢安，坦然自得。設異此者，立行懺悔，如前廣說。又時審思諸所應作：如於正法聞思修習，如於尊長恭敬承事，如於病苦瞻視扶持，於正事務操作勤勞，如於徒衆教授教誡，或因懶惰懈怠放逸，或以憍慢無慈無喜而不作耶？如皆已作，卽便坦然，無歉無畏。如或當作而不作者，卽當克責，深自懺悔：更發誓願，後此定作。諸學戒者，旣能如是時時觀察檢點身行，又必勇猛勤修善法，方於戒行而得圓滿。所謂勇猛所修善法者，卽諸行者所應行事。戒雖以禁制爲性，然徒禁惡法，不生善法，卽於禁制無力無能，羣居終日，無所事事，苦執其心，如堤障水，有時潰決，其害反大。故學戒者，禁制之外，必有所爲。在家則事親教子，服事公衆，作諸慈濟，皆所應爲。出家則讀誦經論，事佛事師，調理大衆，敷揚教法，習禪思義，皆所應爲。爲所應爲，則善法日增；止所應止，則惡法日減。惡法減，故善法彌純；善日增，故惡彌無力。如斯展轉，戒行圓矣。

今世之學戒者，最初發願既不純正，在家者求財求子，出家者賴佛逃生，草草受戒，曾無研習。律文不知，遑言夫義？尙無所知，何言防守？設有毀犯，則堅自覆藏，惟恐他知，虧損名利。更其甚者，則酒色財氣，當衆施爲。無佛無法，無慚無愧。作惡無邊，自謂無犯。漫無忌憚，何事懺悔？其或性情平正略有善根，則又科儀形式之外無所事事。束經高閣，自謂文字超然。視死不瞻，且云清淨寂止。故非羣居終日言不及義，則趨奉承迎隨俗逐利而已。苟有清淨淡泊之士，又苦無開示悟入之門，禮佛坐禪，亦惟掉舉昏沈，胡塗度日而已。非無特立獨行之人，乃乏和合清淨之衆。佛法之所以式微，僧制之所以日毀，有由來也。故居今而欲護持佛法，必當先復戒行。戒行之復，貴先嚴流品。必其有眞誓願眞志氣者，乃可授戒。授戒之先，當先研習。得戒之後，尤貴奉行。持戒之人，貴有聞思，尤重觀察。斯於防守有具，懺悔眞誠也。又必恢復義學，昌明聖敎。先啓其智，乃進修禪，日用資生，尤貴勞作。服務爲公，和合有爲。方能免於苟且偷惰，盲昧一生，徒作無義也已。諸在家者，更宜捨其下劣之心，專其皈命之志，自慚未能捨離諸欲，即勿以淨行格律他人。哀正法之陵遲，卽當思護持之不可不力。念世事之澆漓，更當以佛心爲心施其宏濟。倫常綱紀世務禮儀，一切一切尤宜自盡。優婆塞戒先供事六方；必世法無歉，乃可進修佛道。苟能以佛法之精神，作世間之事業；復能以世事之平治，大佛法之規模；此則交相爲濟者也。倘因學佛而廢世務，或藉學佛遂其世俗下劣之希求，是則佛法世法交相爲損者也。至乃狂慧憍慢，執着名言，棄戒弗修，增其邪見，一般文人名士謬稱學佛，是乃稗販如來，借寇以兵者也，此於佛法奚足以爲有無？總之學佛之道，先在戒行。學戒之道，正願正知，思惟守護，慚愧懺悔，觀察業行，勤修善法，缺一不可。無論比丘戒比丘尼戒，乃至優婆塞戒優婆夷戒，一切一切無不皆然，是不可不明辨而力行之者也。

復次，時當末法，去佛遙遠。時地旣殊，修行匪易。諸修行者，於佛條敎尤當斟酌施行。或禁或開，不可執定。竊謂首宜體佛制戒之意，更思佛制戒之地與時，然後準今日此方之情形，授戒者善權開禁，或更制立；持戒者，勤護自心，實際修持；如斯方不死於戒條之下，反成修行桎梏；或乃畏其難行，一切破棄；此於佛教僧制關係極大，故學佛者不可不留之意焉。

所謂體佛制戒之意者，佛之制戒，在令衆生離諸惡行，出三惡道；更令比丘，離於欲行，進趨解脫。故諸性罪，有禁無開。但除菩薩，慈心利物。離欲行者，辭家習道，離我我所，財產蓄積，一切摒除；三衣隨身，乞食濟命；禁握金錢，恐生貪染；種田除草，一切禁制，懼害蟲蟻，傷慈心也。諸如是等，禁制極嚴。然修道所資，生活必需存濟；如法衣食，恣聽受用。佛之制戒，遠離二邊，一者欲樂行邊，二者自苦行邊。露形虛腹，并所禁也。蓋解脫必除欲染，故我所愛著全除。生活必有所需，故衣食聽人受用。不苦不樂，正處中道，然後可以修行得果。此佛制戒之意也。

所謂佛制戒之地與時者，地在印度，氣候温熱，三衣隨身，足濟終歲之用；物產豐富，得食不難。又復時當正法，人足善根。出家者德慧高明，在家者信心隆盛，德慧高明，故法施無量。信心隆盛，故財施不難。此以法往，彼以食來，在家出家，互得利濟。是以乞食不難，反生功德。當彼之時，猶復手捉金銀，貯財何用？農務工作，勞苦何爲？徒長貪心，而虧道業，故佛一切禁制，地不同也，時不同也。

所謂準此方此時之情形者，地屬支那，時當末法，三衣不足以護身，乞食不足以果腹，手無金錢則無以涉遠，不務農事則生活無依，猶欲嚴持戒條，見其鑿矣。生理艱辛，自苦何極？是卽反背於佛制戒之本意矣。故宜薄立寺產，略事儲藏，作務修行，並行不背，古人一日不作，一日不食，斯得變通之宜者也。然而寺產既立，則阡陌連籌，儲藏既興，則金銀滿貫。作務既開，則俗事纏綿。於是師徒弟子，日惟財產貨利之是謀，子孫繼承之相續，出家而有家，離俗而反俗。至於招延遊客，侍候俗人，乃以莊嚴寺廟同於旅店茶舍之營業；送死葬亡，誦經施食，大酒大肉，多索金錢，則以如來之大法，同於巫道之符籙。世緣日重，道味日漓，罪業日興，爭端日啓。食獅肉以獅蟲，破佛法以佛事，此大教之所以風雨漂搖，又不但個人之道禁虧損而已。是則全反佛意，盡棄戒行者之過也。

所謂授戒者善權開禁或更制立者，竊聞自來傳戒，但執成文，四分五分，一切同授。糢糊了事，但誦戒文。初不保其能不能守。卽授戒者，亦不反身行此戒無？是以入壇則諸戒同遵，出壇則諸戒齊犯，事同兒戲，誠爲可傷。竊謂諸山大德，護持律學者，當集合一處，斟酌戒條。何戒爲彼方所可獨行，而非今日此時所堪持守？何者爲今日所應遵守，而爲彼方之所未禁？或禁或開，更成範本。如不更改如來戒本，則可於某條之下，附注此爲天竺所行，非此地今人所能行，故不嚴戒，行者自勉等文云云。而於戒本之末，附以新條，如比丘之戒，不禁肉食，蓋既以乞食濟命，絕無立意殺生，隨緣受施，食五淨肉。我既無食肉之意，彼亦無爲我殺生之罪，故絕不因是食肉而增貪嗔痴，成殺生罪也。且乞食之道，任運隨緣，必求素食，時乃弗辦。佛之不禁，亦恐因是而弗能得食也。至於中國，乞食之法既無形廢棄，則肉食之戒自當明立戒文。附戒本後云，據楞伽等經，禁止肉食云云。蓋苟無明戒，則任意食肉，食肉不已，終且任意殺生。如是則根本戒禁，且將推翻矣。（至於西藏蒙古邊地之僧，彼地以牧畜爲業，欲禁肉食，勢有難能準佛之意，亦可開禁。然彼方喇嘛，一入中國，卽當遵中國之戒，亦如玄奘義淨諸師入天竺時，衣服飲食卽同天竺之制也。禮云，禮從宜，使從俗。又異國人居異國者，卽當守所居國之法律，世禮世法且然，況在佛法？詩云，出自幽谷，遷於喬木。自邊地而入中國，固當捨肉食而素齋也。乃近喇嘛之入中國者，成都北平等處，牛肉羊肉，大喫大吞，叢林古寺爲作庖廚；染汙聖地，敗人戒行；僧俗之中，信心輕薄者以爲活佛尚且爲之，吾人復何所忌，因是而開齋捨戒，爲彼而殺牛殺雞者不少。此則可云毀此方僧俗之戒禁，而壞其信心者也，可不惜哉？）至於吸煙賭博，其罪不在飲酒以下，印度當時無此等惡習，故佛無戒。今既習俗通行，國法有禁，故戒律尤當禁止。佛法之嚴，百倍世法，寧有法律有禁，而佛法不禁者？故此等罪，與飲酒同，平等禁戒，庶以全僧格而起世信也。若夫寺產必應保留，然保留之量不可逾量，佛以少欲知足敎弟子，故宜以粗給衣食足資勞習爲限，田皆自耕，廢除租佃地主之習，復禪門淸苦勤勞之風，一廟之中，智者愚者，老者少者，皆有職業，不得遊惰。勤則思善，逸則增慾，貨財不多，則爭貪不起，團體和合，則外侮不入。至於過量有餘之產，則當舉而興辦佛化事業，培植人才，昌明教法，興諸慈濟，廣利人羣。自不肯爲，亦爲世俗奪去，反以作打倒佛教之資，終且因愛產而覆其教，此今日屢見之事實，稍有智者而皆知者也。方今僧體散漫，無系統紀綱，凡茲所言，必難生效。所望志行卓越之士，悲願宏深之僧，自率徒侶，以身爲唱。立之軌範，定其規模，法以人興，久之自有風從者也。

所謂持戒者，勤護自心實際修持者，佛所制戒，爲防惡業。惡業之生，從心而起。心苟清淨，業自清淨。是故佛言業從心生，隨心垢淨，制之一處，無事不辦。故持戒者，當先持心。心苟不持，戒律空文，亦無益也。心苟得持，則三千威儀，百萬細行，佛雖不制，可由我起。大論云：意樂毀壞者，於其所犯尚不能出，況能無犯？意樂毀壞略有五種：一於精進無發起欲，二於煩惱有染著欲，三於所犯有起犯欲，四於惡作無除遣欲，五於等持無引發欲。復次意欲具足者，尚無有犯，況出所犯？意欲具足略有五種：一於精進有發起欲，二於煩惱無染著欲，三於所犯起無犯欲，四於惡作有除遣欲，五於等持有引發欲如世尊言：於所犯罪，由意樂故我說能出，非治罰故。禪師有言，車苟不前，鞭牛乎，鞭車乎？戒者車也，心者牛也，鞭牛則車自行，持心則戒自立。今之學佛而弗能持戒者，亦唯志之不立，願之不誠耳。志願苟誠，則體佛爲心，進趣出離，惡行自息，染著自空，我我所執之日微，一切貪鄙俗惡之行自不起。而再取鑒律儀，察其違否，勤加警惕，雖不中不遠矣。是之謂勤護自心實際修持。

或謂如來說教，聖言尊嚴，因緣制戒，玉律金科。今乃謂可斟酌開禁，或更制立，將不狎侮聖言成大罪業耶？曰否。瑜伽師地論，慈尊所說，抉擇分中說如是言：諸持律者，應以五相觀察所犯，然後斷罪。何等爲五？謂一向雜染故，一向不行故，制立依處故，現彼過失生不生故，非一向現行故。此中一向雜染所犯，謂諸性罪，應當一向敎令不犯，若毀犯者，如其所應當爲顯示令速悔除。又佛世尊依此補特伽羅此方此時制立，如是遮罪學處，若有所餘補特伽羅餘方餘時犯此過失，由觀此失而制立故，如其所犯應爲顯示對治之法，若有不犯如是過失，不應於此斷其有犯，亦不應顯對治之法。此言何義謂諸性罪，一向雜染一向不行，此罪無開。諸遮罪中，爲此方此時此諸有情而制立者，此諸有情犯則成罪生起過失。非依餘方餘時餘諸有情而制立故彼餘方有情雖犯而無過失，卽不爲犯制立依處異故，過失有生不生，卽非一向現行也。此明言佛制遮戒，原有時方有情之依據，而不可通用之以格禁一切時方諸有情也。大論又云，略由五處應知出離制立爲最甚深，謂無染出離故逼惱出離故，障難出離故，無計出離故，說悔出離故。無染出離者，謂如有一，於小隨小所犯法中，隨有所行，若善法增不善法減，由此因緣便不染汙，由此無染卽是出離，故名無染出離。逼惱出離者，謂若有遭困苦重病之所逼切，除其性罪，於餘犯法隨有所行，由此逼惱卽是出離，故名逼惱出離。障難出離者，謂若見有命難現前或梵行難，於小隨小所犯法中隨有所行，由此障難卽是出離，故名障難出離。無計出離者，謂若有一遊於異方經行匱乏之處，隨有一種障難之法而現在前，隨其所有應受用事求受用法而不能得，遂生敬畏受用此事，於小隨小所犯法中，隨有所犯，由此無計卽是出離，是故說爲無計出離。說悔出離者，謂如有一於五犯罪聚有餘犯中隨有所犯，遂於有智同梵行所以毘奈耶祕密之法發露陳說，如法悔除。言小隨小所犯法者，謂除性罪。 復次略由五處應知止息制立爲最甚深，一清淨故，二防破壞故，三爲引接廣大義利補特伽羅令入法故，四爲令聖教轉增盛故，五爲遮防難存活故。清淨故者，謂阿羅漢已得極清淨故，於彼小及隨小所有學處皆爲止息。防破壞故者，謂於僧中一分苾芻於有犯中生無犯想，於無犯中生有犯想，一分苾芻於有犯中生有犯想，無犯中生無犯想，由此發起鬥訟違諍。爲欲止息此諍事故，僧衆和合白四羯磨，於小隨小學處皆共止息。爲引廣大義利有情入正法者，謂有族姓高貴有情，於聖教中多有所作，僧遇彼人無別方便可令入法，爲欲引接令得入故，僧衆和合於小隨小所有學處皆爲止息。爲令聖教轉增盛者，謂於末刧諍刧穢刧正現前時，無量有情於小隨小衆多學處不樂修學，未入法者不欲趣入，已入法者復欲離散，由此聖教漸漸衰退不得增盛。由此因緣僧衆和合，爲令聖教得增盛故，白四羯磨於小隨小所有學處皆爲止息。爲欲遮防難存活者，謂於末刧由小隨小諸學處故令諸苾芻難可存活，爲欲息此難存活事，僧衆和合白四羯磨，止息學處凡此所說皆謂遮罪因事因地因人因時捨小全大，通可開禁，通可止息於出離甚深中明言遮戒之可廢立。聖言明載，大義昭垂，方今世變危急之秋，僧制敗壞之際，戒律廢弛至於極點。然非創新，無以守舊。非變通，無以應時。誠不得不大加革易者也。雖然，欲事變革，必一本如來本願，要以防止惡行，防止欲行，少欲知足，維持生存，勤修道業之諸大原則爲根本。而不可流俗化，西洋化。至逢迎潮流，發展情慾，捨佛教出世解脫之宗旨，失軌範人天之精神。故必戒律精嚴，操行峻潔之苾芻，始足言革舊圖新之事業。否則腐化之不足，益之以俗化洋化，直等於亡教滅法而已。宏慈實踐躬行之士，尚其勉哉！尚其愼哉！

瑜伽說戒，最極宏深。本地抉擇，及攝事分，極多妙義。有意裒集，畢成一書，合之戒本，以便修學。誠長夜之明炬，律藏之津梁也。此非專書，故不詳載。

根律儀等第三

諸持戒者有四勝行，資長戒行，令無所犯，令得圓滿，令得清淨。謂根律儀，食知量，初夜後夜常勤修習悎寤瑜伽，及正知住。今從瑜伽大論，節錄於下，爲戒行眷屬第二。

云何根律儀？謂即依此尸羅律儀，守護正念，修常委念，以念防心，行平等位。眼見色已而不取相，不取隨好，恐依是處由不修習眼根律儀防護而住，其心漏泄所有貪憂惡不善法，故即於彼修律儀行。如是行者耳聞聲已，鼻齅香已，舌嘗味已，身觸覺已，意了法已，而不取相，不取隨好，恐依是處由不修習意根律儀防護而住，其心漏泄所有貪憂惡不善法，故即於彼修律儀行，防護意根，依於意根修律儀行。是名根律儀。

大論於此有別詳釋，其如聲聞地，今略釋者，尸羅律儀在防惡行及諸欲行。吾人既知惡行欲行當戒禁已，故應勤修尸羅令無所犯。設有所犯，急應懺悔。然事事禁制於事後，孰若預防於事先。根律儀者，即預防於事先之道也。蓋不善諸法，雖畜勢力於內心，而必境界現前，諸根觸對，心乃得起。心起，於境不正了知，取相隨好，然後發起貪憂惡不善法故設根境不對，心不得生，則自無有貪愛不善法起。然修行者不能絕視聽，瞑思想，毀滅諸根之用，如土石枯槁，故但應於諸根修律儀耳。是謂根律儀。根律儀者，謂眼之視色，耳之聽聲，乃至意之了法，不妄不愚，視聽言動皆合律儀，故名根律儀也。云何不妄不愚？謂不取其相，不取隨好。相也者，諸法之自相。隨好者，其差別相也。如有痴人，目見人影，執爲是鬼，是謂取相，以執實有此物也。既執爲鬼，更起分別，謂是鬼者能殺人害人，有其可懼可怖之用焉；是謂取隨好。又如目睹幻影，或畫相中諸美女人，便執爲實有美人，是謂取相。更執此女人者，是其可愛可悅可染可着等，是爲取隨好。他如看小說者，於諸艷情，神迷顚倒；作邪夢者，損失精血；無相無好，取則成相，取便成好。吾人白日邪視淫聽，不如理思，所取相好亦如夢耳。而執爲有實相焉，有實隨好焉，因是而生起種種貪憂惡不善法，非愚妄而何？如是愚妄，謂不律儀。故修根律儀者，目無邪見，耳無婬聽，乃至意無不如理思，於諸色聲香味觸法不取其相，不取隨好，淸淨淡泊，心行平等，安住上捨。終日視，而目不亂；終日聽，而耳不昏；終日思，而意無邪。老子曰，五色令人目盲，五音令人耳聾，五味令人口爽，馳騁田獵令人心發狂。縱耳目，逐外境，自然之勢也。孔子曰，非禮勿視，非禮勿聽，非禮勿言，非禮勿動。視聽言動皆由乎禮，根律儀之謂也。修根律儀，視聽不妄，故於外境不邪分別。邪執不起，故無貪憂。貪憂無故，不起惡不善法。貪憂惡不善法不起，故不犯尸羅。不犯尸羅故，戒行清淨，此所以持戒者，貴先事預防，謹視聽於機先，使自不犯也。此中所云恐心漏泄所有貪憂惡不善法者，貪憂謂煩惱，惡不善法謂惡業，於可愛境生起於貪，於不可愛境生起於憂，或貪求不得生起於憂，由貪憂故生起惡不善法。又貪憂卽諸欲行，惡不善法卽諸惡行也。云漏泄者，謂種子固有，隨逐境生，以根爲門。不善防護此根門故，卽便由心漏泄所有貪憂等種而起現行，故云漏泄。由根律儀防護根門故，令貪憂等不得漏泄。孔子曰，君子之道辟則坊與？禮以坊德，刑以坊淫，命以坊欲。律儀之用，與禮同也。

已知根律儀之用在密護防守根門，令不生起貪憂惡法。然不知誰密護防守之耶？曰：是爲正念。言正念者，依於聖教正理尸羅律儀由聞思修所起之念。念於律儀，明記不忘，繫念不捨，故名爲念。恆修此念，無有間斷，名修常念。委細審念，令無疏懈，名修委念。以念防心者，念繫其心，令行律儀，心卽不得異緣非禮，由是卽無不善心生，故名以念防心。儒書有言：是故君子戒愼夫其所不睹，恐懼夫其所不聞。又曰：十目所視，十手所指，其嚴乎！是卽以念防心之功也。行平等位者，謂由念故，心住律儀，故無貪嗔諸不善法。於境無取，無下無高，喜怒哀樂之未發，好樂恐怖之兩忘，故能令心行平等位，此靜存功夫也。眼見色已而不取相，不取隨好，恐依是處由不修習眼根律儀防護而住，其心漏泄所有貪憂惡不善法，故卽於彼修律儀行，防護眼根，依於眼根修律儀行等者，此動察之功夫也。由心得防護行平等位，故能眼見色已，不取其相，不取隨好。設緣境時，心有走作而取於相，及取隨好，令心流漏；卽當由念急起防護，攝歛其根，修根律儀。禪家所謂如牛食草，急引其鼻者是也。耳聞聲等，一切如是。蓋正念常住，心卽有主。由心有主，卽不馳散取境，漏泄所有惡不善法。此儒者欲正其心，先誠其意之功也。

如是已略釋根律儀。欲求其詳，當讀大論。此根律儀略有二種：謂思擇力所攝，及修習力所攝。思擇力所攝根律儀，於境界深見過患，伏煩惱纏。修習力所攝律儀，能除遣斷滅境界所起一切過患，能斷煩惱隨眠。

云何於食知量？謂彼如是守諸根已，以正思擇食於所食：不爲倡蕩，不爲憍逸，不爲飾好，不爲端嚴食於所食；然食所食爲身安住，爲暫支持，爲除飢渴，爲攝梵行，爲斷故受，爲令新受當不更生，爲當存養力樂無罪安隱而住。如是名爲於食知量。

此中詳義，如大論釋。今略釋者，一切有情皆依食住，欲界有情更依段食，苟無所食，身便飢羸，乃至夭歿。故無有情不求食者。卽此飮食之求，爲人生第一大欲；因爲人生所必需故。然以需要之重，故欲求之切。欲求旣切，故愛着甚深。愛着旣深，故過患轉重，爲害有情亦無已也。過患奈何？謂諸有情於食受用有諸過患，於食追求有諸過患。受用過患者，謂於食過多，於食匪宜，則能令身生諸疾病，亦令其心昏沈悶重無所堪能。更其甚者，有因飲食致人於死亡者也。此受用過患也。追求過患有其多種，一者積集所作，二者防護所作，三者壞親愛所作，四者無厭足所作，五者不自在所作，六者惡行所作。積集所作者，謂人爲積集飲食財物故，春夏秋冬四時勞苦營務操作備受艱辛，然後於食乃得積集。防護所作者，謂既得食已，殷勤保護，或畏盜賊暴君刼奪征斂，或畏天災時至火水焚漂，或自作惡業傾覆家產，如是等等皆能令人憂悲苦惱恐怖愁憂。壞親愛所作者，謂諸有情爲食因緣多起鬥諍，父母子女兄弟朋友每爲飲食互相非毀，失其親愛，至餘非親爲食因緣互相侵掠乃常有事。人羣紛擾，食爲因也。（此中食言通指飲食財富等，凡可致食，皆食因緣也。）於食無厭所作過患者，謂如財閥軍閥，資本主義，帝國主義者，雖已積財無量，身家衣食受用不盡，而復貪欲逐逐，無有厭足。由無厭足，故起爭鬥，陰謀不足，繼以刀兵，殺人流血之禍繼飢寒凍餒而層出不窮，使世界荆棘，人不聊生，皆由彼少數人於食於財無有厭足之過也。於食不自在所作過患者，謂諸僕使兵役及爲盜賊者，爲求食故，以身命爲犧牲，奔走於戰爭之場，出入於危險之地，一飽不足，死傷隨之，受極大苦。惡行所作過患者，謂諸有情為貪求食物故，作諸不善業，佃漁屠殺，賭博欺騙，刼奪偷盜，陰謀侵略，乃至戰亂相循等。生造惡業，死墮三途，劍樹刀山，烊銅火池，受極重苦。如是等等，皆為有情於食追求所作過患。由是可知，凡飲食者，為諸有情所不可離，亦令有情備受衆苦。故修行者，於食食時，當正思擇，應當如何食所食耶？曰：當如服藥而食所食。云服藥者，藥為除病，明知有毒而强服之。但求除病，非貪甘美。病除藥止，適量而已。食之於人，亦復如是。雖非可愛，有諸過失，然為除飢羸死亡病故，而强食之。適量而止，不起貪著，不起追求，更不造作諸不正業以求所食。更應思惟，我食食已，若但令除飢羸等苦，身得住故，而便無事，則是痴人，同於猪狗，於自於他，都無所益。故我食已，更當修習種種梵行，求自出離，報施主恩。當思施主以其辛苦所得之食，以之食我，故我必勤修梵行，造諸功德，令施我者，得大果利。佛告阿難，衆生一粒粟，重如須彌山，徒食不修道，披毛戴角還，甚言食之不易也。（此中施主，不必親手布施財物乃名施主，人羣相依，父母師長兄弟朋友長養扶持，乃至社會彼此互助皆有交施之恩義存焉耳。）如是思擇食所食者，不爲倡蕩，不爲憍逸，不爲飾好，不爲端嚴食於所食。不爲倡蕩者，不爲淫欲食所食故。不爲憍逸飾好端嚴食所食者，非爲勇武少壯身形健美以矜誇於人而食所食故。但爲爲身安住，爲暫支持，爲除飢渴，爲攝梵行，爲斷故受，爲令新受當不更生，爲當存養力樂無罪安隱，而住食於所食。此中爲攝梵行者，大論云：謂如其量受諸飲食，由是因緣修善品者，飲食已後，身無沈重，有所堪能堪任修斷，令心速疾得三摩地，令入出息無有艱難，令心不爲惛沈睡眠之所纏擾，由是速疾有力有能，得所未得，觸所未觸，證所未證，是爲爲攝梵行受諸飲食。爲斷故受者，謂由過去食不知量，食所匪宜，不消而食，由是因緣生多疾病，所謂疥癩皰漿瘷等，由此發生極重苦惱不可意受，爲欲斷除此諸疾病及衆苦故，受諸良藥及好飲食，令病得瘥，故受永斷。爲令新受當不更生者，由現在世安樂無病氣力具足，不非量食，不食匪宜，非不消食，令於身中不生一切疾病衆苦。爲當存養力樂無罪安隱而住受諸飲食者，謂飲食已，壽命得存，是名存養。若除飢羸，是名有力。若斷故受新受不生，是名爲樂。若以正法追求飲食不染不愛亦不耽嗜饕餮迷悶堅執涵著而受用之，是名無罪。身無沈重，有所堪能，堪任修斷等，是名安隱而住、如是食者，不受飲食所作種種過患，而能受用飲食所生種種利益。如是名爲於食知量。如是於食知量有四功德：一者攝受對治，謂由正思擇食於所食，由是因緣對治一切受用追求過患故；二者遠離欲樂行邊，謂不爲倡蕩，不爲憍逸，不爲飾好，不爲端嚴食於所食故。三者遠離自苦行邊，爲除飢渴，爲斷故受，爲令新受當不更生，爲當存養若力若樂食所食故；四者攝受梵行，爲攝梵行，爲得無罪安隱而住食所食故。戒定慧等諸清淨行，總名梵行。

云何初夜後夜常勤修習悎寤瑜伽？謂彼如是食知量已，於晝日分經行宴坐二種威儀從順障法淨修其心，於初夜分經行宴坐二種威儀從順障法淨修其心。過此分已，出住處外洗濯其足，右脇而臥，重累其足，住光明想，正念正知，思惟起想，巧便而臥。於後夜分，速急悎寤，經行宴坐二種威儀從順障法淨修其心。如是名爲初夜後夜常勤修習悎寤瑜伽。

此中義者，自從日出以至日沒爲晝日分。一夜四分，除中二分，初爲夜初分，末爲夜後分。修行者一日一夜二十四小時中，白日十二小時，夜初分三小時，夜後分三小時，共十八小時，經行宴坐，但以夜中二分安息睡眠。（或夜三分各四小時，但以四小時安息睡眠耳。）言經行者，謂於廣長稱其度量（二十步或四十五步以上）一地方所，謂淸淨無擾，無烈日烈風處，攝心正念，始從西方不緩不急安步東行，旣至東已，轉身西面，端立須臾，如前復行，如是往復，是名經行。言宴坐者，謂如有一或於大牀，或小繩牀，或草葉座，結跏趺坐，端身正願，安住背念。（安住背念者，正念住心，背散亂故。或念趨涅槃，背生死故，名爲背念。）安住此念，名爲安住背念。）是名宴坐。言從順障法淨修其心者，此中言障，謂卽五蓋。一者貪欲蓋，二者嗔恚蓋，三者惛沈睡眠蓋，四者掉舉惡作蓋，五者疑蓋。能令善品不得顯了，是蓋義，覆蔽其心，障諸善品，令不轉故，此說爲障。順障法者，謂淨妙相，順生貪欲障。瞋恚相，順生瞋恚障。黑闇相，順生惛沈睡眠障。親屬國土不死尋思追憶昔時笑戲喜樂承事順生掉舉惡作障。於過去世我爲曾有，爲曾無耶，等三世不如理作意思惟，順生疑障。從順障法淨修其心者，謂修對治障及能引障法令心不爲諸障所障，得清淨故。於經行時從幾障法淨修其心？云何從彼淨修其心？答：從惛沈睡眠蓋及能引惛沈睡眠障法淨修其心。爲除彼故，於光明相，善巧精懇善取善思善了善達，以有明俱心及有光俱心，或於屏處，或於露處，往返經行，於經行時隨緣一種淨妙境界，極善示現勸導讚勵慶慰其心；謂或念佛，或法，或僧，或戒，或捨，或復念天；或於宣說惛沈睡眠過患相應所有正法，聽聞受持，讀誦思惟，稱量觀察；或觀方隅，或瞻星月諸宿道度，或以冷水洗灑面目；由是惛沈睡眠纏蓋未生不生，生已除遣。心得清淨。於宴坐時從四障法淨修其心，謂貪欲，瞋恚，掉舉惡作，疑蓋，及能引彼法，淨修其心。爲令已生貪欲纏蓋速除遣故，爲令未生極遠離故，結跏趺坐，端身正願，安住背念，或觀青瘀，或觀膿爛，或觀變壞膖脹食噉血塗乃至骨鎖；或於隨一賢善定相作意思惟；或於宣說貪欲過患相應正法聽聞受持尋思通達宴坐思惟。由是因緣，貪欲纏蓋未生不生，已生除遣，心得清淨。於瞋恚蓋法有差別者，謂如是宴坐，以慈俱心，無怨無敵無損無惱，廣大無量極善修習，普於一方發起勝解，具足安住，如是第二第三第四上下旁布普徧一切無邊世界發起勝解具足安住。餘如前說。於掉舉惡作蓋法有差別者，謂宴坐時，令心內住，成辦一趣，得三摩地。餘如前說。於疑蓋法有差別者，於宴坐時，於過去世非不如理作意思惟；於未來世，於現在世，非不如理作意思惟；我於過去爲曾有耶，爲曾無耶，爲曾何有，云何曾有耶？我於未來爲當何有，云何當有？我於現在，爲何所有，云何而有？今此有情從何而來，於此殞歿當往何所？於如是等，不如正理作意思惟，一切遠離，如理思惟去來今世，唯見有法，唯見有事，知有爲有，知無爲無，唯觀有因，唯觀有果，於實無事不增不益，於實有事不毀不謗，於其實有了知實有；謂於無常苦空無我一切法中了知無常苦空無我。以能如是如理思惟，便於佛所無惑無疑，於法於僧於苦於集於滅於道於因於果無惑無疑。由是因緣，疑蓋便遺，心得清淨。是謂於宴坐時從順障法淨修其心。

如是已說由法增上從順障法淨修其心，復有由自增上及世增上，從順障法淨修其心。自增上者，隨其何蓋現在前時，便自了知此爲非法，不堅執著，深自羞恥，速疾棄捨，擯遺變吐。世增上者，思爲大師訶責，世人輕毀，便於彼蓋未生不生，生已棄捨。

如是已說經行宴坐從順障法淨修其心，是晝日分，初夜分，後夜分事。於夜中分，爲息勞倦長養大種，令身增益轉有勢力，修善無倦故，如法寢臥，所謂出住處外洗濯其足，右脇而臥，重累其足，住光明想，正念正知思惟起想，巧便而臥。右脇臥者，與獅子王法相似故。如是臥時，身無掉亂，念無忘失，睡不極重，不見惡夢。住光明想者，緣念光明，令雖寢臥心不惛闇故。正念而臥者，於所習善法，常念不忘，乃至睡夢亦常隨轉，常得好夢，善心眠故。正知而臥者，能正覺了一切染法，速疾棄捨諸煩惱故。思惟起想巧便而臥者，謂以精進策勵其心，然後寢臥，於寢臥時時時覺寤，如林野鹿，不應一切縱放其心；更當發起如是願心，諸佛所示一切善法，應當精勤離諸懶惰，至明淸旦倍當發起精進加行；如是臥者，能不染著睡眠，起不過時，勤修善法。諸修行者，由能如是住光明想正念正知，思惟起想，巧便臥故，令於起時身有堪能，應時而起，非為上品惛沈睡眠纏所制伏，令將起時，闇鈍薄弱懶惰懈怠。由無如是闇鈍薄弱懶惰懈怠，暫作意時無有艱難，速疾能起，從諸障法，淨修其心，是故說言，於夜後分，速疾悎寤經行宴坐，從順障法淨修其心。

此常勤修習悎寤瑜伽有四種所作：一者乃至悎寤常不捨離所修善品，無間常委修善法中勇猛精進。二者以時而臥，不以非時。三者無染汙心而習睡眠，非染汙心。四者以時悎寤，起不過時，如右當知。

復次云悎寤瑜伽者，云何悎寤？云何瑜伽？遠離沈眠，故名悎寤。對治蓋障，如理修行，令心清淨，故名瑜伽。一切有情沈迷昏醉，雖在白日猶同睡眠，起貪嗔癡掉舉惡作，造諸惡業，躭著五欲，不入聖道；是故修習悎寤瑜伽，初中後夜常勤修習悎寤瑜伽，於夜中分為息勞倦，雖入睡眠，猶復住光明想，正念正知，思惟起想，而入睡眠，令離染汙，以時悎寤。佛說生死爲長夜。爲求正知，故修勝行。諸修行者焉得而不精勤修習悎寤瑜伽？

云何名爲正知而住？謂彼如是常勤修習悎寤瑜伽已，若往若還正知而住，若觀若瞻正知而住，若屈若伸正知而住，持僧伽胝及以衣鉢正知而住，若食若飮若噉若嘗正知而住；若行若住若坐若臥正知而住，於悎寤時正知而住，若語若默正知而住，於解勞睡時正知而住，如是名爲正知而住。

於諸善品先未趣入心與加行，如理作意俱行妙慧說名正知。卽此正知，行時住時，一切成辦，無所減少，如是名爲正知而住。言行時者，謂往，還，觀，瞻，屈，伸，持僧伽胝，持衣持鉢，食，飮，噉，嘗，是謂行時。行，住，坐，臥，勤習悎寤，若語，若默，若解勞睡，是謂住時。往詣聚落，家屬，道場等處，是名爲往。從彼處還，是名爲還。所言往還正知而住者，謂於自往，正知我往；及於自還，正知我還；於所應往，及非所往，能正了知；於所應還，及非所還，能正了知；於應時往，及非時往，能正了知；於應還時，及非還時，能正了知；於其如是如是應往，及不應往，能正了知；於其如是如是應還，及不應還，能正了知；是名正知。由彼成就此正知故，自知而往，自知而還，往所應往，非非所往，還所應還，非非所還，以時往還不以非時，如其色類動止軌則禮式威儀，應往應還，如是而往如是而還，如是名爲若往若還正知而住。如是往還正知而住，總有四義：一者往還自性，二者往還處所，三者往還時節，四者往還威儀，往還如是，睹，瞻，屈，伸，乃至於解勞睡，一切如是各有四義。謂能正知解於勞睡，於應解勞睡處而解勞睡，於應解勞睡時而解勞睡，正住威儀而解勞睡，是謂若覩若瞻乃至解於勞睡正知而住。此中覩瞻義者，先無覺慧先無功用先無欲樂而見衆色，是爲覩，覺慧功用欲樂爲先，眼見衆色，是爲瞻。屈伸義者，謂手足支節屈伸行動。持僧伽胝及衣鉢者，大衣名僧伽胝，中衣下衣名衣，被服受用能正將護名持，或鐵或瓦乞食應器說名爲鉢，現充受用能正將護說名爲持。食飲噉嘗者，受用飲食總名爲食，食咽衆食名噉，咀嚼諸味名嘗，飲諸水汁湯漿名飲。行住坐臥等義者，行謂經行，或復往詣同法者所，或涉道路等，總說爲行。住經行處，住諸同法諸尊長前，是名爲住。宴坐爲坐。右脅疊足巧便而臥說名爲臥。經行宴坐，從順障法淨修其心是名悎寤。於未受法正受正習讀誦經頌，爲他廣說，與同法者語言談論，慶慰勸勵，或求資具，如是等類說名爲語。隨所聞習，獨處思惟，觀察其義，或處靜室令心內住等住安住近住調伏寂靜最極寂靜一趣等持，或復於彼毗鉢舍那修瑜伽行，如是等類說名爲默。於炎暑時，或爲熱逼，或爲劬勞，便以疲倦非時惛寐樂著睡眠，爲解勞倦暫應寢息，名解勞睡。

復次，如是正知而住云何次第？爲顯何事？謂如有一依止如是村邑聚落亭邏而住，作是思惟：我今應往如是村邑聚落亭邏巡行乞食，如是乞已出還本處。又於如是村邑等中或有居家我不應往。何等居家？謂唱令家，或沽酒家，或婬女家，或國王家，或旃荼羅羯恥那家，或復有家一向誹謗不可迴轉。或有居家我所應往，謂刹帝利大族姓家，或婆羅門大族姓家，或諸居士大族姓家，或僚佐家，或饒財家，或長者家，或商主家。又有居家我雖應往，不應太早太晚而往，若施主家有遽務時亦不應往；若戲樂時，若有營構嚴飾時，若爲世間弊穢法時，若忿競時亦不應往。又如所往如是應往，不與暴亂惡象俱行，不與暴亂衆車惡馬惡牛惡狗而共同行，不入鬧叢，不蹈棘刺，不踰垣牆，不越坑塹，不墮山崖，不溺深水，不履糞穢。應隨月喻往施主家，具足慚愧，遠離憍傲，盪滌身心，不求利養，不希恭敬，如自獲得所有利養心生喜悅，如是於他所得利養心亦喜悅，不自高舉，不輕懱他，心懷哀愍。又應如是自持其心，往施主家，豈有出家往詣他所要望他施，非不惠施，廣說乃至要當速疾而非遲緩。又作是心：我於今假往施主家所受施物應知其量。又我不應利養因緣矯詐虛誑現惑亂相，以利求利，得利養已，無染無愛，亦不耽嗜饕餮迷悶堅執湎著而受用之。復於已往或正往時，觀見衆色，於此衆色一分應觀，或有一分所不應觀，於不應觀所有衆色，當攝其眼，善護諸根，於所應觀所有衆色，應善住念而正觀察。何色類色所不應觀？謂諸妓樂戲笑歡娛，或餘遊戲所作歌儛音樂等事，如是復有毋邑殊勝，幼少盛年，美妙形色。或復有餘所見衆色，能壞梵行，能障梵行，能令種種諸惡不善尋思現行，如是色類所有衆色不應觀視。何色類色是所應觀?謂諸所有衰老朽邁上氣者身，傴僂憑杖戰掉者身，或諸疾苦重病者身，脚腫手腫腹腫面腫膚色萎黃瘡癬疥癩衆苦逼迫身形委頓，身形洪爛諸根闇鈍，或有夭喪死經一日或經二日或經七日，被諸烏鵲餓狗鵄鷲狐狼野干種種暴惡傍生禽獸之所食噉，或命終已出置高牀上施幰帳，前後大衆或哀或哭，以其灰土塵坌身髮，生愁生苦生悲生怨，生憂生惱，如是等類所有衆色我應觀察。觀是衆色，能順梵行，能攝梵行，能令諸善尋思現行。不應搖身，搖臂，搖頭跳躑，攜手，义腰，竦肩入施主家。不應輒坐所不許座。不應不審觀座而坐。不應放縱一切身分。不應翹足，不應交足，不太狹足，不太廣足，端嚴而坐。不應開紐，不軒不磔，亦不褰張，而被法服。所服法衣，并皆齊整，不高不下。不如象鼻，非如多羅樹間房穗，非如龍首，非如豆摶，而被法服。不應持鉢頂就其食，不應持鉢在飲食上，不應置鉢在雜穢處，若坑澗處，若崖岸處。又應次第受用飲食。不應以飯覆羹臛上，不以羹臛覆其飯上，不應饕餮受諸飲食，不應嫌恨受諸飲食，不太麤食，不太細食，不應圓摶食，不應舐鉢，不振手食，不振足食，不應齧斷而食其食。從施主家還歸住處，於晝夜分在自別人所經行處往還經行，非於他處，非不委處，非不恣處，非不與處而輒經行。非身劬勞，非身疲倦，非心掉舉所制伏時而習經行。爲修善品，爲善思惟，內攝諸根，心不外亂，而習經行。不太馳速，不太躁動，亦非一向專事往來而習經行。時時進步，時時停住，而習經行。如是於自所居住處，自院自房，自別人處，僧分與處，非於他處，非不委處，非不恣處習經行已，復於大牀，或小繩牀，或草葉座，或尼師壇，或阿練若樹下冢間，或空閑室，結跏趺坐，端身正願，安住背念，而習宴坐。於夜中分如法寢息於晝日分及夜初分修諸善品，不應太急。如是寢時應如前說，住光明想，正念正知思惟起想。於夜後分速急悎寤。或於語論，或於讀誦勤修加行。或爲修斷，閒居宴默思惟法時，應當遠離順世典籍綺字綺句綺飾文詞能引無義不能令證神通等覺究竟涅槃。復於如來所說正法，最極甚深相似甚深空性相應隨順緣性及諸緣起，殷重無間善攝善受令堅令住，令無失壞。爲成正行，不爲利養恭敬稱譽。又於是法，言善通利，慧善觀察，於諠雜衆不樂習近，不樂多業，不樂多言，於時時間安住正念，與諸有智同梵行者語言談論，共相慶慰，樂與請問，樂求諸善，無違諍心，言詞稱量，言詞合理，言詞正直，言詞寂靜，樂勤爲他宣說正法。又應宴默，於惡不善所有尋思不樂尋思，又於非理所有諸法不樂思惟。於自所證，離增上慢，於少下劣差別證中不生喜足，於上所證中無退屈，善能遠離不正思處，時時修習止觀瑜伽，樂斷樂修無間修習殷重修習。又於熱分極炎暑時，勇猛策勵發勤精進，隨作一種所應作事勞倦因緣，遂於非時發起惛睡，爲此義故暫應寢息，欲令惛睡疾疾除遣，勿經久時，損減善品，障礙善品，於寢息時或關閉門，或令苾芻在傍看守，或毗奈耶隱密軌則，以衣蔽身，在深隱處，須臾寢息，令諸勞睡皆悉除遣。如是名爲正知而住先後次第。

復次，正知而住有四種業：謂初依彼行業住業起如是業，卽於彼業，安守正念、不放逸住。當知此業正念所攝，不放逸攝。若於是事是處是時如量如理如其品類所應作者，卽於此事此處此時如理如量，如其品類正知而作。彼由如是正知作故，於現法中無罪無犯無有惡作，無變無悔。於當來世亦無有罪，身壞已後不墮惡趣，不生一切那落迦中。爲得未得積習資糧是爲正知而住所有作業。正念不放逸故作所應作故，現役無罪故，積習資糧故，共爲四。

諸修行者，以自他圓滿善法欲樂爲先，依止禁戒，密護根門，於食知量常修悎寤正知住已，更以親近善友，聽聞正法，思擇正法，遠離諸障，修行惠施，沙門莊嚴諸種功德皆成辦故，便能成辦世出世道二種資糧，速得定慧，成就解脫，具如大論聲聞地廣說。諸有志者，可自求之？此戒律儀根律儀等，戒及眷屬總名增上戒學。由於心學慧學俱增上故，得增上名。戒不精嚴，無能求定，況能得慧，及得解脫？故修行者，應無放逸，精勤修行。

淨行第四

諸修行者，已能安住淨戒，修習圓滿增上戒者，當更進修增上心學。於中最初修五淨行。

云何增上心學？何故心學先五淨行？何等名爲五種淨行？如何修習五種淨行耶？

言心學者，心謂有情所有心識，一切煩惱及諸善法共所依止，以皆是心相應行故。此心由與煩惱俱，故便爾沈迷顚倒，馳散奔流，造諸惡業，受諸苦果。由與善法相應起故，便能如理修習世出世間一切正道，得彼道果。世間善業，謂十善四禪，四無色定等。出世間正道，謂卽無漏善業，出世定慧等。故求出世道者，不但嚴守淨戒遠離惡業修正身行便已成辦，必更伏除心中所有煩惱，令得淸淨鮮白，純一無動，不爲煩惱之所間雜，然後乃能成就世出世道。如是伏除煩惱，令心淸白之學，是爲心學。戒學從行爲上禁制故名戒學。心學從心上調治，故名心學。心行既得調治純一無動已，便於智慧而得增上，令彼生長，故名增上心學。此心所以能得純一無動者，必由定力而後得成。又卽此純一無動之境，名爲定境，是故心學通名定學。然求定者，爲求心行純一伏除煩惱也。卽此伏除之功，調治之用，非唯依定，蓋必止觀並用，功行乃成，故但言定，因行不具。心行純一清白無動者，不唯得定，亦發通慧。故但言定，果用不圓。故瑜伽諸論，通名增上心學。因既賅於止觀，果復通於通慧，而伏除煩惱，調練心行之意，尤重焉。此增上心學之義也。

吾人既知增上心學之用在伏除煩惱，調練心行，則不可不先從有情之最難調伏，急須調伏處，先行調治。難調伏者得調伏已，則餘易調伏者自調伏矣。急須調伏者既得調伏，則餘所不急者徐就調伏矣。故調伏之功，有先後次第焉。何等心最難調伏，急須調伏？曰、此隨有情心行各有不同，故所調伏先後各異。謂諸有情，有貪行者，有瞋行者，有癡行者，有慢行者，有尋思行者，有等分行者，有薄塵行者，七種不同，故調伏之功，亦各類有異。謂貪行者當先治其貪，瞋行者當先治其瞋，癡行者當先治其癡，慢行者當先治其慢，尋思行者當先治其尋思。由是因緣說五淨行。等分行，薄塵行者，以諸煩惱無偏勝故，勢微薄故，隨以何法而施對治，皆無不可，故不更立六七淨行。

何謂七種行？何謂五淨行？

七種行中言貪行等者，謂彼有情雖具諸煩惱行，而貪行增上，勢力獨盛；由是因緣，彼諸有情常由貪行起諸業用；一切作業，無非貪者。即此貪行，又能於餘煩惱爲導爲將；謂由貪故，起癡慢等。或由此貪，伏餘煩惱；謂彼有情貪行增故，嗔行反減，由是說彼爲貪行有情。嗔行增上，勢力獨盛，名嗔行有情。癡行增上，勢力獨盛，名癡行有情。慢行，尋思行，亦爾。於五種煩惱行無獨盛故，非猛利故，而於彼法未能厭壞，修習對治，故隨所緣平等生起，故名等分行有情。已得修治一切煩惱，勢力微薄，故名薄塵行有情。

由是已知貪行有情等得名所由。云何應知貪行有情等所有諸相？

一貪行有情所有行相者：謂彼有情，於諸微劣可愛事中，尚能生起最極厚重上品貪纏，何況中品上品境界？又此貪纏住在身中，終久相續，長時隨縛。由貪纏故，爲可愛法之所制伏，不能制伏彼可愛法。諸根悅懌，諸根不彊，亦不麤澀。爲性不好以惡身語損惱於他。難使遠離，難使厭患。下劣勝解，事業堅牢，禁戒久固。能忍能受，於資生具爲性躭染，深生愛重，多喜多悅，遠離頻蹙，舒顏平視，含笑先言。是名貪行者相。

二嗔行者相：彼於微劣所憎事中，尙能發起最極厚重上品嗔纏。況於中品上品境界？又此嗔纏住身，經久相續長時隨縛。由此嗔纏，爲可憎法之所制伏，不能制伏彼可憎法。諸根枯槁，諸根剛彊，疏澀麤燥。爲性好以惡身語業，損惱於他，易令遠離，易令厭患。凶暴强口，形相稜層。無多勝解。事業不堅，事業不固，禁戒不堅，禁戒不固，不忍不受。多憂多惱。性好違背。所取不順。性多愁慼。性好麤言，多懷嫌恨，意樂慘烈，悖惡尤蛆，好相拒對。得少言語，多恚多憤，憔悴而住。喜生忿怒，眉面頻蹙，恆不舒顏，邪睛下視。於他利樂多憎多嫉。如是等類，是瞋行者相。

三癡行者相：彼於微劣所愚事中，尙能生起最極厚重上品癡纏。何況中品上品境界！又彼癡纏住身，經久相續長時隨縛。由此癡纏，爲可癡法之所制伏，不能制伏彼可癡法。諸根闇鈍，愚昧羸劣。身業慢緩，語業慢緩。惡思所思，惡說所說，惡作所作。懶惰懈怠，起不圓滿。詞辯薄弱，性不聰敏，念多忘失，不正知住，所取左僻。難使遠離，難使厭患。下劣勝解，頑騃瘖瘂，以手代言，無有能力領解善說惡說法義。緣所牽纏，他所引奪，他所策使。如是等類，是癡行者相。

四慢行者相：謂彼有情於彼微劣所慢事中，尙能生起最極厚重上品慢纏，何況中品上品境界！又彼慢纏住身，經久相續，長時隨縛。由慢纏故，爲可慢法之所制伏，不能制伏彼可慢法。諸根掉動，高舉散亂。勤樂嚴身，語尙高大，不樂謙下。於父母眷屬師長不能時時如法承事。多懷憍傲，不能以身禮敬，訊問合掌迎逆，修和敬業。自高自舉，陵懱他人。樂着利養恭敬，世間稱譽聲頌。所爲輕舉，喜作嘲調。難使遠離，難使厭患。廣大勝解，微劣慈悲。計我有情命者養者補特伽羅生者等見多分上品。多怨多恨。如是等類，是慢行者相。

五尋思行者相：謂彼有情，於諸微劣所尋思事，尙能發起最極厚重上品尋思纏，何況中品上品境界！彼尋思纏住身，經久相續，長時隨縛。由此纏故，爲尋思法之所制伏，不能制伏可尋思法。諸根不住，飄舉掉動，及以散亂，身業誤失。難使遠離，難使厭患。喜爲戲論，樂着戲論。多惑多疑，多懷樂欲。禁戒不堅，禁戒不定。事業不堅，事業不定。多懷恐慮。念多忘失。不樂遠離，多樂散動。於諸世間種種妙事，貪欲隨流。翹勤無隋。起發圓滿。如是等類，是尋思行者相。

六等分行者相：謂彼有情如貪嗔癡等行者相所有諸行，一切具有。然彼行相，非上非勝。如貪等行隨所遇緣有其差別，施設此行與彼相似。

七薄塵行者相：謂彼有情無有重障，最初清淨資糧已具，多清淨信，成就聰慧，具諸福德，具諸功德。（無重障者，謂無三障，業障，煩惱障，異熟障。五無間業，及諸故思尤重諸業，彼異熟果若成熟時，能障正道，令不生起，是名業障。猛利煩惱，長時煩惱，於現法中雖以種種淨行所緣不能令淨，名煩惱障。若所生處無有聖道，於彼處異熟果生；或所生處雖有聖道，於彼中生，而聾騃愚鈍，盲瞽瘖瘂，無有能力了解善說惡說法義，是名異熟障。）於前所說貪等行相，已得清淨。

言五淨行者：謂不淨行，慈愍行，緣起行，界差別行，阿那波那念行。諸佛菩薩，爲令貪等行者厭患對治貪等行，故說於五種淨行所緣；以是爲境，令諸行者安置心行於五境中於彼觀察，審諦思惟；由是修習長時相續，便於可貪諸境生於遠離；由是貪等諸行漸得清淨。由此五種所緣，能淨貪等心行，故名五淨行。

云何修習五淨行者，謂諸貪行者修不淨行，令貪清淨。諸嗔行者，修慈愍行，令瞋清淨。諸癡行者修緣起行，令癡清淨。諸慢行者修界差別行，令慢清淨。諸尋思行者修阿那波那念行，令尋思行而得清淨。諸貪行者必修不淨行乃能令貪得淸淨，非修慈愍。諸瞋行者，必修慈愍行，乃能令瞋得淨，非修不淨。如是癡行者，必修緣起；慢行者，必修界差別；尋思行者，必修阿那波那念；乃能令癡慢尋思得淨，非修餘法。諸等分行者，薄塵行者，隨修何行皆無不可，以彼但爲心得安住故，非爲淨行故。

云何貪行者修不淨行耶？蓋人之情着境美妙，故生於貪，貪欲重故，於一切境咸感美妙。故修不淨，知無可貪，生厭逆想。如是久久，貪心便息。此不淨觀略有二種：一者依內，二者依外。依內不淨者，謂觀內身髮毛爪齒，塵垢皮肉，骸骨筋脈，心膽肝肺，大腸小腸，生藏熟藏，肚胃脾腎，膿血熱痰，肪膏肌髓，腦膜洟唾，淚汗尿屎，如是等類諸不淨物之所聚集，是爲觀內朽穢不淨。觀外朽穢不淨者，謂觀自他身，一旦死已，速疾朽壞，或變青瘀，或復膿爛，或復滅壞，或復胖脹，食噉變赤，或復散壞，或骨，或鎖，或復骨鎖，或屎所作，或尿所作，或唾所作，或洟所作，或血所塗，或膿所塗，或便穢處，如是等類，名爲觀外朽穢不淨。如是不淨，能淨貪行。貪且二種：一者內身欲欲貪，二者外身婬欲婬貪。依內朽穢不淨所緣，故令於內身欲欲貪心得清淨。依外朽穢不淨所緣故，令於外身婬欲婬貪心得清淨。婬相應貪，復有四種：一顯色貪，二形色貪，三妙觸貪，四承事貪。由依外四不淨所緣，於此種婬相應貪心得清淨。謂於青瘀膿爛變壞胖脹食噉作意思惟，於顯色貪令心清淨。若於變赤作意思維，於形色貪令心清淨。於骨於鎖或於骨鎖作意思惟，於妙觸貪令心清淨。若於散壞作意思惟，於承事貪心得清淨。如是四種，名於婬貪令心清淨。是謂貪欲者淨行所緣境界。

云何瞋行者修慈愍行耶？謂瞋行者，由多瞋故，常於有情作不饒益，自惱惱他，造多惡業，令心不淨。故修慈愍行，以淨瞋恚。當觀世間，一切有情，無始時來，無有不互爲眷屬者。或爲父母，或爲師長，或爲夫婦朋友，兒女僕使侶伴，皆於我身曾作恩惠現作，當作。惟以愚癡障蔽故不知識。覆於彼身興起憎恚，作不饒益。此不如理，此爲非法。是故我今當以慈心悲心喜心捨心利樂一切，無恚無害無嫉無著，廣大無量徧滿具足而住。彼由如是於一切有情起眷屬想，起恩惠想起利樂想；便能息除於諸有情怨憎恚害損惱諸想。由是因緣，瞋行清淨。

云何癡行者，修緣起行耶？謂癡行者，由愚癡故，不達事理，計我我所，凡事執著，迷謬昏亂。尙於世事不正了知，生多染業，令心不淨。况能正定入聖道耶？故修緣起行，以治彼癡。令知諸法，從緣所生，無我無主。但有因果，但有功能，別無作者受者。如是觀察作意思惟，迷著漸輕，於諸癡行心得清淨。

云何慢行者修界差別行耶？謂慢行者，由執我故，生起於慢。設知無我，則慢便息。是故令觀諸界差別。云何諸界？地界，水界，火界，風界，空界，識界，諸有情類六界差別。毛髮爪齒，塵垢皮肉，骸骨筋脈，肝膽心肺，脾腎肚胃，大腸小腸，生藏熟藏，及糞穢等，是則爲地。淚汗涕唾，肪膏脂髓，熱痰膿血，腦膜尿等，是則爲水。身中溫煖，能令身熱，等熱徧熱，由是因緣所食所飲所噉所嘗易正消變，彼增盛故墮蒸熱數，如是等類是則爲火。出息入息隨支節力，上行下行，脅臥脊臥腰間臏間，小刀大刀，針刺，畢鉢羅等風，是則爲風。眼耳鼻口咽喉等處，所有孔穴，由此吞咽，既吞咽已，由此孔穴便下漏泄，乃至徧身血道汗孔等，是則爲空。眼識耳識鼻識身識意識等，是則爲識。如是身者六界成故，非一非常，亦非是我。自六界外，更無餘物可說爲我。我既無有，慢自不生。由是分析，由是觀察，作意思惟，便於身中離一合想，得不淨想。無復高舉，憍慢微薄。於諸慢行，心得清淨。

云何尋思行者修阿那波那念耶？阿那波那，此云入息出息。念是入息出息，名阿那波那念。云何尋思行者修此念耶？謂尋思行者多疑多慮，多憂多悔，分別計較，得失利害之心深。由是因緣，悵惘張皇，沈迷顛倒，無有休息。修阿那波那念者，爲欲令彼虛妄分別疑慮憂悔一切除息，故令彼於全無利害得失疑悔愁憂可生心處而用其心。

久久自然尋思止息心得淸淨。此念修習，略有五種：一者算數修習，二者悟入諸蘊修習，三者悟入緣起修習，四者悟入聖諦修習，五者十六勝行修習，具如大論廣辯其相。諸修行者，最初由此止息尋思，最終於此得阿羅漢。功用奇妙，不易思議。唯在行者，好自爲之。

如是五種淨行，能先治心，摧伏貪等諸纏，漸息。諸纏息故，無重煩惱，然後乃能漸入正定。故修心學，必先修習此五淨行。

止觀第五

梵語奢摩他，此義爲止。梵語毗鉢舍那，此義爲觀。攝持其心，專住一境，是爲止。於境觀察，籌諦思惟，是爲觀。止觀者，定慧之因，故求定慧，當修止觀。

止有九品，謂卽九種心住中心一境性。觀有四種，謂卽四種慧行中心一境性。

何謂心一境性？大論云：謂數數隨念同分所緣，流住無罪適悅相應，令心相續，名三摩地，亦名爲善心一境性。數數隨念同分所緣者，謂於正法聽聞受持，從師獲得敎誡敎授增上力故，令其定地諸相現前，數數緣此，故名數數隨念。所緣諸相，是同類故，名同分所緣。流注無罪適悅相應令心相續者，由念於境無散亂行，無缺無間，殷重加行，適悅而轉，故名流注適悅相應。又念於境無有染汙極安隱住，熟道適悅相應而轉，故名無罪適悅相應，如是令心相續者，名爲三摩地。三摩地者此名等持，平等持心，令得無罪適悅無散亂故亦名爲善心一境者，心於所緣前後相續，專住一境，故名心一境性。或心於境冥合無間，現證相應故。復云善者，以離沈掉散亂等染汙法故。卽此亦顯異貪嗔等法於境染著不捨義。

　云何名爲九種心住？謂修奢摩他，令心內住，等住，安住，近住，調順，寂靜，最極寂靜，專注一趣，乃至等持。內住者，謂從外一切所緣境界攝錄其心，繫在於內，令不散亂，故名內住。所云內者，如觀身不淨者，卽以不淨法相爲所止處，是爲內。自餘一切境界，卽皆名外。觀受是苦，觀心無常，觀法無我者，卽以苦無常無我法相爲所止處，是名爲內。

餘諸法相，皆名爲外。正法正理，能令心住者，皆名爲內。非法非理，令心馳散者，通名爲外。非以形骸地域分內外也。止於內故名內住。等住者，謂卽最初所繫縛心，其性麤動，未能令其等住徧住，故次於此所緣境界，以相續方便澄淨方便，挫令細微，徧攝令住，故名等住。安住者，謂心如是內住等住已，然由失念故，於外散亂；復還攝錄安置內境，故名安住。近住者，先應如是如是親近念住，由此念故數數作意內住其心，令不遠住於外，故名近住。調順者，謂種種相令心散亂，所謂色聲香味觸相，及貪瞋癡男女等相；故彼先應取彼諸相爲過患想，由如是想增上力故，於彼諸相折挫其心，令不流散，故名調順。寂靜者，謂有種種欲恚害等諸惡尋思，貪欲蓋等諸隨煩惱，令心擾動，彼先應取諸法爲過患想，由是想增上力故，於諸尋思及諸煩惱止息其心，令不流散，故名寂靜。最極寂靜者，謂失念故，卽彼二種——諸惡尋思及隨煩惱，暫現行時，隨所生起能不忍受，尋卽斷滅除遣變吐，是故名爲最極寂靜。專注一趣者，謂彼後有加行有功用無缺無間三摩地相續而住，是故名爲專注一趣。等持者，謂數修習數多修習爲因緣，故得無加行無功用任運轉道由此因緣，不由加行，不由功用，心三摩地任運相續，無散亂轉，故名等持。

如是九種心住，由六種力方能成辦。一聽聞力，二思惟力，三憶念力，四正知力，五精進力，六串習力。謂由聽聞思惟二力，數聞數思增上力故最初令心於內境住。及卽於此相續方便澄淨方便等徧安住。如是於內繫縛心已，由憶念力，數數作意攝錄其心，令不散亂，安住近住。從此以後，由正知力，調息其心，於其諸相諸惡尋思諸隨煩惱不令流散，調順寂靜。由精進力，設彼二種暫現行時，能不忍受，尋卽斷滅除遺變吐，最極寂靜，專注一趣。由串習力，等持成滿。

如是九種心住中，有四種作意，謂於內住等住中，有力勵運轉作意，於安住近住調順寂靜最極寂靜中，有有間缺運轉作意。於專注一趣中，有無間缺運轉作意。於等持中有無功用運轉作意。當知如是四種作意，於九種心住中是奢摩他品。於毗鉢舍那勤修習時，復由如是四種作意精勤修習，是卽毗鉢舍那品上來已說九種心住，云何四種毗鉢舍那？謂由依止內心奢摩他故，於諸法中能正思擇，最極思擇，周徧尋思，周徧伺察，是名四種毗鉢舍那。正思擇者，謂於諸淨行所緣境界——不淨慈愍等五淨行；或於善巧所緣境界，——蘊處界緣起等善巧；或於淨惑所緣境界，——四聖諦；能正思擇盡所有性。最極思擇者，謂卽於彼所緣境界最極思擇如所有性。——盡所有性者，謂諸法所有一切事相，如觀不淨，徧觀內身所有髮毛乃至糞尿，徧觀外身青瘀乃至白骨，一切不淨，盡其所有一無遺失而思擇之；是爲思擇盡所有性。如所有性者，謂諸法所有眞理。如觀不淨者，觀彼髮毛眞是不淨，乃至糞尿眞是不淨，青瘀眞是不淨，乃至白骨眞是不淨。徧觀人身若內若外，無有一分是淨性者。如是觀身不淨眞是不淨，是謂思擇如所有性。觀緣起者，始從無明乃至老死具足觀察十二有支，是爲思擇盡所有性。思擇緣起無主宰，無作者，無受者，有因，有果，有功能等；是爲思擇如所有性。周徧尋思者，謂卽於彼所緣境界，由慧俱行有分別作意取彼相狀周徧尋思。周徧伺察者，謂卽於彼所緣境界審諦推求，周徧伺察。——

尋思伺察二不同者，尋思於境粗轉爲性，伺察於境細轉爲性。卽上二種思擇，由於盡所有性如所有性粗淺思擇，故名周徧尋思；委細思擇，故名周徧伺察，非離上二別立後二，以後二種仍以上二種境爲所緣緣故。

如是毗鉢舍那由三門六事差別所緣，當知復有多種差別。云何三門？一者唯隨相行毗鉢舍那，謂由如理作意暫時汎緣所聞所受教授教誡諸法相故。二者隨尋思行毗鉢舍那，既緣彼相已，復於彼相思量推察彼法義故。三者隨伺察行毗鉢舍那，推察義已如所安立復審觀察委細推求故是名三門毗鉢舍那。六事差別所緣毗鉢舍那者，謂尋思時尋思六事：一義，二事，三相，四品，五時，六理。既尋思已，復審伺察。尋思義者，謂正尋思如是如是語，有如是如是義。尋思事者，謂正尋思內外二事。尋思相者，謂正尋思諸法自相，共相。尋思品者，謂正尋思諸黑品所有過患過失，尋思白品功德勝利，尋思時者，謂正尋思諸事過現未來三時。尋思理者，謂正尋思四種道理，一觀待道理，二作用道理，三證成道理，四法爾道理。由觀待道理尋思世俗以爲世俗，尋思勝義以爲勝義，尋思因緣以爲因緣，由作用道理尋思諸法所有作用，謂如是如是法，有如是如是作用。地有持載作用，水有滋潤作用，火有成熟用，風有動轉用，根有發識用，識有了別用，如是等。由證成道理尋思三量：一至敎量，二比量，三現量，謂正尋思如是如是義有至敎量不，爲現證可得不，爲應比度不。由於三量證成諸法義故，由法爾道理，於如實諸法成立法性，難思法性，安住法性，應生信解，不應思議，不應分別。謂如說言，地何故以堅爲相，水何故以濕爲相，識何故以了別爲相，受何故以領納爲相，有爲法何故從緣而生，何故無常無我，如是等，皆法爾道理不應思議故。如是名爲尋思於理。如是六事及前三門，略攝一切毗鉢舍那。

何因緣故建立如是六事差別毗鉢舍那？依三覺故：一語義覺，二事邊際覺，三如實覺。尋思義故，起語義覺，尋思其事及自相故，起事邊際覺，尋思共相品時理故，起如實覺。修瑜伽師唯有爾所所知境界，所謂語義，及所知事盡所有性，如所有性。

已知毗鉢舍那六事觀察，應徵實事詳著其義。

且如勤修不淨觀者尋思六事差別所緣毗鉢舍那者：初依不淨增上正法聽聞受持增上力故，由等引地如理作意了解其義，知此不淨實爲不淨，深可厭逆，其性朽穢，惡臭生臭，由如是等種種行相，於先所聞依諸不淨所說正法了解其義，是爲於諸不淨尋思其義。　解了義已，觀不淨物建立二分，謂內及外，是爲尋思彼事。　卽於內身中所有朽穢不淨發起勝解，了知身中有髮毛等，廣說乃至腦膜小便。復於如是身中所有多不淨物，攝爲二界，發起勝解。所謂地界水界。始於毛髮乃至大便，起地勝解。始於淚汗，乃至小便，起水勝解。如是名爲依內不淨尋思自相。復於其外諸不淨物由青瘀等種種行相，發起勝解。謂先發起青瘀勝解，或親自見，或從他聞，或由分別所有死屍，如是死屍或男或女，或非男女，或親或怨，或是中庸，或劣中勝，少年中年，或是老年；取彼相已，若此死屍死經一日，血流已盡，未至膿爛，於是發起青瘀勝解。至經二日，已至膿爛，未生、蛆蟲，於是發起膿爛勝解。死經七日，已生蟲蛆，身體已壞，於是發起爛壞勝解，膖脹勝解若此死屍爲諸狐狼鵄梟鵰鷲烏鵲餓狗之所食噉，於是發起食噉勝解。既被食已，皮肉血盡，唯筋纏身，於是發起異赤勝解。支節分離，散在處處，或有其肉，或無其肉，或餘少肉，於是發起分散勝解。若此死屍骨節分散，手骨足骨膝髀髖髆臂脊頷輪齒髮髑髏，各各異處，見是事已起骨勝解。若復思維如是骸骨共相連接而不分散，唯取麤相不委細取支節屈曲，如是爾時起鎖勝解。若委細取支節屈曲，爾時發起骨鎖勝解。又有二鎖，一形骸鎖，二支節鎖。形骸鎖者，謂從血鎖脊骨乃至髑髏所住。支節鎖者，謂臂髆等骨連鎖及髀髆等骨連鎖。此中形骸鎖說名爲鎖，若支節鎖說名骨鎖。又卽此外造色色相三種變壞，一自然變壞，二他所變壞，三俱品變壞。始從青瘀乃至膖脹，是自然變壞。始從食噉乃至分散，是他所變壞。若骨若鎖以及骨鎖，是俱品變壞。若能如是如實了知外不淸淨相，是名尋思外諸所有不淨自相。尋思不淨共相者，謂若內身外淨色相未有變壞，若在外身不淨色相已有變壞，觀彼外身所有不淨，例知自身我淨色相亦有如是同彼法性一切不淨；觀他既爾，知我亦然，一切妙色終歸朽壞。是名尋思不淨共相。

尋思不淨品者，謂作是思，若我於彼諸淨色相不淨法性不如實知，於內於外諸淨色相發起貪欲，便爲顚倒黑品所攝，是有諍法，有苦有害，有諸災患，有偏燒惱，由是因緣發起當來生老病死愁嘆憂苦種種擾惱。若我於彼諸淨色相不淨法性如實隨觀，便無顚倒，白品所攝，是無諍法，無苦無害，廣說乃至由此因緣能滅當來生老病死乃至擾惱。若諸黑品我今於彼不應忍受，應斷應遣，若諸白品我今於彼未生應生生已令住增長廣大。如是名爲尋思彼品。

尋思不淨時者，謂作是思：一切有情身諸淨色，無有不歸朽壞不淨者。如此死屍現不淨色，於其過去未死壞時，人共愛護謂爲淨色。故我今者，此淨色身，當知將來亦當朽壞同彼不淨。復應思惟，設諸色身眞妙淨者，云何終當歸不淨耶？由是應知過去未來及現在身，若淨不淨，同是不淨。所以者何？以諸淨色終歸不淨故，如彼過去現在所有不淨色身。是爲尋思彼時。

尋思不淨理者，謂作是思：若內若外，都無有我有情可得，或說爲淨，或說不淨。唯有色相，唯有身形，於中假想施設言論，謂之爲淨，謂之不淨。既死歿已，漸次變壞，分位可知：謂青瘀等乃至骨鎖。今我此身先業煩惱之所引發，父母不淨和合所生，糜飯等食之所增長，此因此緣此由藉故，雖暫時有諸淨色相似可了知，而內身中若內若外於常常時種種不淨皆悉充滿。如是名爲依世俗勝義及以因緣觀待道理尋思彼理。復作是思：於此不淨，若能如是善修善習善多修習，能斷欲貪。如是欲貪，定應當斷。如是名爲依作用道理尋思彼理。復作是思：如世尊說，若於不淨善修善習善多修習，能斷欲貪，是至教量，我亦於內自能現觀，於諸不淨如如作意思惟修習，如是如是令欲貪纏未生不生，已生除遣，是現證量。比度量法亦有可得，謂作是思，云何今者作意思惟能對治法，可於能治所緣境界煩惱當生，如是名依證成道理尋思彼理。復作是思，如是之法，成立法性，難思法性，安住法性，謂修不淨能與欲貪作斷對治；不應思議，不應分別，唯應信解。如是名爲依法爾道理尋思彼理。是名勤修不淨觀者尋思六事差別所緣毗鉢舍那。

勤修慈愍觀者尋思六事差別所緣毗鉢舍那者，謂依慈愍增上教法聽聞受持增上力故由欲利益安樂意樂——現世名安樂，二世名利益，善業爲利益，福報爲安樂，法施令得利益，財施令得安樂，俱如菩薩地自他利品廣說。意樂者，意所樂爲，卽志欲也，於諸有情作意與樂，發起勝解，是慈愍相。若能如是解了其義，名於慈愍尋思其義。

解了義已，復能思擇此爲親品，此爲怨品，此中庸品。有饒益相名爲親品，不饒益相名爲怨品，俱相違相名中庸品。是一切品，皆他相續之所攝，故於中發起外事勝解。又若親品名爲內事，怨中庸品名爲外事。是爲於慈愍尋思其事。

復能思擇，如是三品，若無苦樂，欲求樂者，願彼得樂。欲求樂者，略有三種：一求欲界諸樂，二求色界初禪二禪有喜勇悅諸樂，三求三禪離喜諸樂。於彼怨親中庸有情，隨彼所樂，我皆願彼得所求樂，是名尋思慈愍自相。　復審思擇親品怨品及中庸品，我於其中皆當發起相似性心，平等性心。所以者何？諸法聚集，假說爲人，我本非有，何論怨親？又諸有情無始生死，無不互爲父母兄弟姊妹師長者，故諸怨品無非親品。又怨親品無有定性，生死輪轉怨品有時轉成親品，親品餘時成怨品，故於有情發平等心，皆與其樂。如是勝解，是名尋思慈愍共相。　復審思擇：我若於彼不饒益者，發生瞋恚，便爲顚倒黑品所攝，是有諍法，能生衆苦。我若於彼不起瞋恚，便無顚倒，白品所攝，是無諍法，能息諸苦。是爲尋思慈愍黑品白品。　復審思擇過去有情皆已過去，故我無能施與其樂，現在當來我固當盡我力所能，常與其樂。是名尋思諸慈愍時。

復審思擇諸法無我，唯有諸蘊，唯有、諸行，無求樂者，無與樂者。又彼諸行業煩惱等以爲因緣，是依觀待道理尋思慈愍。若於慈愍善修善習善多修習，能斷瞋恚。是依作用道理尋思慈愍。如是之義，有至敎量，我內智見現轉可得，比度量法亦有可得。名依證成道理尋思慈愍。又卽此法成立法性，難思法性，安住法性，謂修慈愍能斷瞋恚，不應思議，不應分別，應生信解。如是名依法爾道理尋思慈愍，是名勤修慈愍觀者尋思六事差別所緣毗鉢舍那。

勤修緣起觀者尋思六事差別所緣毗鉢舍那者，謂依緣生緣起增上正法聽聞受持增上力故能正了知如是如是諸法生故彼彼法生，如是如是諸法滅故彼彼法滅，此中都無自在作者生者化者能造諸法。亦無自性士夫能轉變者轉變諸法。了知此故名思諸緣起義。　審思十二有支，若內若外而起勝解。是名尋思諸緣起事。一倫記：十二有支根所攝者名內，塵所攝者名外。意謂緣起根身，是名內。緣起器界是名外。諸所緣起，不外此二。　復思：云無明者，謂前際無知，後際無知等，是爲無明。行謂福非福不動三業，如是乃至老死。謂根身衰變，識離於身，壽命終盡。是名尋思緣起自相。　復思如是緣生諸行，無不皆是本無今有，有已還滅，是故前後皆是無常。皆有生老病死法故，其性是苦。不自在故，中間士夫不可得故，性空無我。是名尋思緣起共相。　復審思擇我若於彼無常苦空，無我諸行如實道理發生迷惑，便爲顚倒黑品所攝，有諍有苦。若不迷惑，便無顚倒白品所攝，無諍離苦是名尋思諸緣起品。復審思擇於過去世所得自體無正常性，如是已住；現在未來，所得自體，無正常性，今住當住。是名尋思諸緣起時。　復當思擇，唯有諸業及異熟果；其中主宰都不可得，所謂作者，及與受者。但於無明緣行，乃至生緣老死中，發起假想施設言論，說爲作者，及與受者。有如是名，如是種姓，如是飲食領受苦樂，長壽久住，以至於死。又於此中有二種果及二種因：——謂自體果，受用境界果；牽引因，生起因。於今現世諸異熟生六處等法——是卽根身；名自體果；愛非愛業增上所起六觸所生諸受，名受用境界果。牽引因者，謂於二果發起愚癡，愚癡爲先，生福非福及不動行，行能攝受後有之識，令生有芽；謂能攝受識種子故，令其展轉攝受後有名色種子，六處種子，觸受種子，爲令當來生支想所攝識名色六處觸受次第生故，令先攝受彼法種子，如是一切名牽引因。生起因者，謂若領受諸無明觸所生受時，由境界愛生復有愛，乃能攝受愛品癡品所有諸取，由此勢力，由此功能，潤業種子，令其能與諸異熟果，如是一切名生起因。由此二種因增上力故，便爲三苦之所隨逐，招集一切純大苦蘊。如是名依觀待道理尋思緣起所有道理。　復審思擇於緣起觀中善修善習善多修習，能斷愚癡。又審思擇如是道理有至教量，有內現證，有比度法，亦有成立法性等義，如是名依作用道理證成道理法爾道理尋思緣起所有道理。是名勤修緣起觀者尋思六事差別所緣毗鉢舍那。

修界差別觀尋思六事者：謂依界差別增上正法聽聞受持增上力故，能正了解一切界義。謂種性義，及種子義因義性義，是爲界義。是名尋思界義。　又正尋思地等六界內外差別，發起勝解。如是名爲尋思界事。——內界者，謂根身所攝諸界。外界者謂器界所攝諸界。　又正尋思地爲堅相，水爲濕相，火爲煖相，風輕動相，識了別相，空界爲虛空相，徧滿色相無障礙相，是名尋思諸界自相。　又正尋思此一切界以要言之皆是無常，乃至無我，是名尋思諸界共相。　又正尋思於一合相界差別性，不了知者，由界差別所合成身發起高慢，便爲顚倒黑品所攝。能善了知界差別性者，除一合想，離於我慢，便無顚倒白品所攝。是名尋思界品。　又正尋思去來今世，六界爲緣，得入母胎，是名尋思界時。　又正尋思如草木等衆緣和合圍繞虛空故名爲舍，如是六界爲所依故筋骨血肉衆緣和合圍繞虛空假想施設說名爲身，復由宿世諸業煩惱及自種子以爲因緣。如是名依觀待道理尋思諸界差別道理。又正尋思若於如是界差別觀善修善習，善多修習，能斷憍慢。又正尋思如是道理有至教量，有內證智有比度法，有成立法性，有難思法性，安住法性，如是名依作用道理證成道理法爾道理尋思諸界差別道理。是名勤修界差別觀者尋思六事差別所緣毗鉢舍那。

勤修阿那波那念尋思六事者：謂依入出息念增上正法聽聞受持增上力故，能正了知於入出息所緣境界繫心了達無忘明記，是阿那波那念義。是名尋思其義。

又正尋思入息出息在內可得，繫屬身故；外處攝故；內外差別。是名尋思其事。

又正尋思入息有二，出息有二。若風入內名爲入息，若風出外名爲出息。復正了知，如是爲長入息出息，如是爲短入息出息，如是息徧一切身分，是名尋思諸息自相。

又正尋思入息滅已有出息生，出息滅已有入息生，入出息轉繫屬命根及有識身，此入出息及所依止皆是無常，是名尋思諸息共相。又正尋思若於出入息不住正念爲惡尋思擾亂其心，便爲顚倒黑品所攝。與上相違，便無顚倒，白品所攝。是名尋思其品。又正尋思去來今世入出息轉，繫屬身心，身心繫屬入息出息，如是名爲尋思其時。又正尋思此中都無持入息者，持出息者，唯於因緣所生諸行假想施設說有能持入出息者，如是名依觀待道理尋思其理。又正尋思若於如是入出息念，善修善習善多修習，能斷尋思。又正尋思如是道理有至教量，有內證智，有比度法，有成立法性難思法性安住法性不應思議不應分別，唯應信解。如是名爲依作用道理證成道理法爾道理尋思其理。是名勤修阿那波那念者尋思六事差別所緣毗鉢舍那。

如是依止淨行所緣尋思六事差別觀已，數數於內令心寂靜（止）數數復於如所尋思以勝解觀行諦審伺察。（觀）彼由奢摩他爲依止故令毗鉢舍那速得清淨。復由毗鉢舍那爲依止故，令奢摩他增長廣大。

復次，修止觀者有九種白品所攝加行，與此相違當知卽是九種黑品所攝加行。

白品所攝九種加行者：

一相應加行。謂貪行者應於不淨安住其心，瞋行者應於慈愍安住其心，癡行慢行尋思行者各別應於緣起界差別阿那波那念安住其心。若等分行，或薄塵行者，隨其所樂任於何境安住其心勤修加行。

二串習加行。謂於止觀已曾數習異初修業者雖能相應加行而有諸蓋數數現行，不能令心速得定故。

三不緩加行，謂無間殷重勤修加行。若從定出，於乞食事師，看病等事，速急究竟，還復宴坐勤修觀行。雖與衆會，不多言語，不起諍論，一心將護彼遠離心勤修觀行。又常修習無常死想住不放逸，半日須臾乃至一息都不懈怠修習瑜伽。是名不緩加行。

四無倒加行。如師如法之所開示，即如是學。於法於義不顚倒取，無有我慢，無自見取，無邪僻執，於尊敎誨終不輕毀，故名無倒加行。

五應時加行。有四種時，謂止時，觀時，擧時，捨時。若心掉擧，或恐掉擧時，應依九種住心令心寂止，是應修止時。又修觀故爲諸尋思之所擾惱，及諸事業所擾惱時，是修止時。若心沈沒或恐沈沒時，應依三門六事令慧觀察，是應修觀時。又修止故，先應於彼所知事境如實了覺，故於爾時是修觀時。所云舉者，謂隨取一種淨妙所緣境界顯示勸導慶慰其心，令心策勵發勤精進，是爲舉。舉時者，心沈下時或恐沈下時，是修舉時。所云捨者，謂於所緣心無染汙而平等性，於止觀品調柔正直任運轉性，及調柔心有堪能性，又於所緣境不發太過精進。捨時者，謂於止觀品已無掉舉，是修捨時。隨於諸時修止觀舉捨，是爲應時加行。

六解了加行。謂於如是所說諸相善取善了。善取了已，欲入定時卽便能入，欲住欲起能住能起，或時棄捨定相，思不定地本性境界，是名解了加行。

七無厭足加行。謂於善法無有厭足，修斷無廢，於展轉勝處多住希求，不唯獲得少小靜定便於中路而生退屈，於餘所作常有進求，是名無厭足加行。

八不捨軛加行。謂於戒根律儀精勤守護，於食知量勤修覺悟，少事少業少諸散亂，於久所作所說事中，常憶不忘。是名不捨軛加行。由是等法隨順靜定，令心不散，不令其心內不調柔馳流外境故。

九正加行。謂於所緣數起勝解；數正遣除，名正加行。正除遣有五：一內攝其心，觀爲上首九相住心故。二不念作意，背一切相無亂安住故。三於餘作意，緣餘定境思惟餘地故。四對治作意思惟不淨對治於淨，乃至思惟阿那波那念對治尋思，思惟虛空界對治諸色故。五無相界作意，於一切相不作意思惟，於無相界作意思惟故。正除遣相雖有五種，今此義中惟取初二。謂初修業者始修業時，最初全不於所緣境繫縛其心，或於不淨，或復餘處；唯作是念：我心云何得無散亂，無相無分別，寂靜極寂靜無轉無動，無所希望，離諸作用，於內適悅。如是精勤，於所生起一切外相無所思惟，不念作意。卽由如是不念作意除遣所緣，彼於其中修習瑜珈，攝受悅適。得受適悅已，次復行於有相有分別不淨等境。云何而行？謂由隨相行，隨尋思行，隨伺察行，毗鉢舍那行，彼境界而非一向精勤修習毗鉢舍那，還捨觀相，復於所緣思惟止行。於所緣境不捨不取，止行轉故不名爲捨，不作相故無分別故不名爲取。卽由如是內攝其心除遣所緣。又於其中不取觀相故，於緣無取。取止行故而復緣於所知事相。若於所緣唯數勝解（觀）不數遣除，（止）卽不令彼所有勝解後後明淨究竟而轉，不能往趣乃至現觀所知境事。由數勝解數除遣故，後後勝解展轉明淨，究竟而轉，亦能往趣乃至現觀所知境事。如習畫者，初習畫業先從師所受學圖樣，如圖臨寫，作已除毀，除已更作如除毀後後更作，如是如是後後形相轉明轉淨究竟美妙。如是正學經歷多時，世共推許爲大畫師。若不數除所作形相，卽於其上數數重畫便於形相永無明淨成就之期。此中道理，當知亦爾。又若於此境起勝解已，定於此境復正遣除非於此境正遣除已，定於此境復起勝解。謂於狹小境起勝解已，卽於狹小而正遣除。廣大無量，當知亦爾。於狹小境正遣除已，或於狹小復起勝解，或於廣大，或於無量復起勝解。於廣大境無量境當知亦爾。若諸色法所有相貌影像顯現，當知是粗變化相似。諸無色法，假名爲先如所領受增上力故，影像顯現，如是一切名正加行。

如是九種白品加行，於奢摩他毗鉢舍那當知隨順，能令其心速疾得定，令三摩地轉更升進，又由此故於所應往地及隨所應得速疾能往能得無有稽遲，與是相違，是卽九種黑品加行，不順止觀，不能令心速疾得定不能升進於應往地及所應得極大稽遲，不能速疾往趣獲得。

復次正修加行諸瑜伽師，有四種障。彼障自性，因緣，過患及修對治應徧了知及正修習。

四種障者，一怯弱障，二蓋覆障，三尋思障，四自舉障。怯弱障者，謂修出離及遠離時所有染汙思慕不樂希望憂惱。蓋覆障者，謂貪欲等五蓋。尋思障者，謂欲恚害親屬國土不死昔所曾更歡娛戲笑承奉等事諸染汙尋思自舉障者，謂於少分下劣智見安隱住中而自高舉。是爲諸障自性。

諸障因緣者，怯弱障有六因緣：一由先業疾病擾惱其身羸劣。二太過加行。三不修加行四初修加行。五煩惱熾盛。六於遠離猶未串習。蓋覆尋思自舉障因緣者，謂於隨順蓋覆尋思及自舉障處所法中，非理作意，多分串習。若不作意思惟不淨，而於淨相作意思惟，不思慈愍而思瞋相；不思光明而思闇相；不思止相而思親屬國土不死等相；不思緣起而思三世我我所相；是名此中非理作意。

諸障過患者，謂由四種障在身故，未證不證已證退失，敗壞瑜伽所有加行，有汙染住，有苦惱住，自毀毀他，身壞命終生諸惡趣。

修對治者：諸怯弱障總用隨念以爲對治。由隨念作意，慶悅其心，令諸怯弱已生除遣，未生不生。其身羸劣太過加行初修加行，用於精進平等通達以爲對治。不修加行，用恭敬聽聞勤加請問，以爲對治。煩惱熾盛，用不淨等所緣加行以爲對治。若未串習，卽用如理思擇以爲對治。謂我昔於遠離不串習故，今於習修生起怯弱；今若不習，於當來世定復如是；是故我今者，應於遠離捨不喜樂，修習喜樂。餘蓋覆等非理作意，用彼相違如理作意以爲對治。

修觀行者，能徧了知諸障自性是能染汙，是黑品攝，是應遠離。能徧了知如是諸障遠離因緣，方可遠離，故應尋求遠離因緣。能偏了知於應遠離不遠離者有何過患，故應尋求諸障過患。既遠離已，更復尋思如是諸障云何來世當得不生，故應尋求修習對治。由是因緣能令其心淨除諸障。

又由隨順致有衆多故，毗鉢舍那亦有衆多。毗鉢舍那有衆多故，令奢摩他亦有衆多。又毗鉢舍那由所知境無邊際故，當知其量亦無邊際。謂由三門，及六種事，一一無邊品類差別悟入道理。

正修行者如如毗鉢舍那串習淸淨增上力故，增長廣大；如是如是能生身心所有輕安奢摩他品當知亦得增長廣大。如如身心獲得輕安，如是如是於其所緣心一境性轉復增長，如如於緣心一境性轉復增長，如是如是轉復獲得身心輕安。心一境性，身心輕安，如是二法展轉相依，展轉相屬。若得轉依，方乃究竟得轉依故，於所知事現量智生。

問齊何當言究竟獲得不淨觀耶；乃至齊何當言究竟獲得阿那波那念耶？答、修觀行者，於不淨觀正加行中，親近修習，多修習故，若行若住，雖有種種境界現前，雖復觀察所有衆相，而住自性不由加行多分不淨行相顯現，非諸淨相。於順貪纏處法，心不趣入愛樂信解安住於捨，深生厭逆。當於爾時修觀行者應自了知我今已得不淨觀，已得所修果。齊此名爲修不淨觀已得究竟。與此相違，當知未得究竟。如不淨觀，如是慈愍緣性緣起界差別阿那波那念當知亦爾。於中差別者，謂多分慈心行相顯現，非瞋恚相；於能隨順瞋恚纏處心不趣入乃至廣說。多分無常苦空無我行相顯現，非彼常樂身見俱行愚癡行相，於能隨順愚癡纏處法心不趣入乃至廣說。多分種種界性非一界性身聚差別相想顯現，非身聚想；於能隨順憍慢纏法處心不趣入，乃至廣說。多分內寂靜想奢摩他想顯現，非戲論想；於能隨順尋思纏處法心不趣入乃至廣說。

問：齊何當言止觀二種雙運轉道？答若有獲得九相心住中第九相心住，爲所依止；於法觀中，修增上慧。彼於爾時，由法觀故，任運轉道無功用轉，不由加行毗鉢舍那清淨鮮白，隨奢摩他調柔攝受，如奢摩他道攝受而轉，齊此名爲奢摩他毗鉢舍那二種和合平等俱轉。由此名爲止觀二種雙運轉道。如是說止觀竟。

修作意第六

警心令起，引趣自境，令於所緣分明覺了，是爲作意。心心所生，皆由作意起。是故經言：若根不壞，境界現前，作意正起，令諸識生。故此作意名徧行心所，性通三性。今言作意，義略異彼。謂由正見，正知正念等俱行作意，故警策其心，令於所緣得正觀察，亦能安住其心於應緣境；由於此境安住觀察善住善觀，故久久純熟，隨彼欲觀境，卽現前，於境自在。由於境自在故，心轉明淨，心轉寂靜。由心明淨轉增盛故，久便能得現覺現觀，或定心所攝，或無漏心所攝。如是作意性唯是善，或復無漏。警策其心，趣應緣境，轉令心境明淨顯現，增長廣大，乃至圓滿，是爲此中所言作意。是故作意，爲止觀導首，爲世出世道方便。故修止觀，修世出世道者，應當精勤修習作意。

作意差別有其多種，初修業者，始修業時，爲欲證得心一境性淨諸障故，有四作意應勤修習。一調練心作意，二滋潤心作意，三生輕安作意，四淨智見作意。

調練心作意者，謂於可厭患法令心厭離。何等可厭患法？謂諸世間所有諸欲，欲因，欲果，諸欲境界，及由欲故起諸惡行，能自損害，能損害他，少受快樂，多生憂苦，而能令心生貪生著，馳逐追求，沈溺不返。是故於彼審諦思惟，觀彼過患而生厭離，由心於彼生厭離故，便不於彼染著馳逐。由是令心而得調練。又觀世間一切無常，一切是苦；若自衰損，若他衰損，現在前時，作意思惟成可厭處。若自興盛，若他興盛，過去滅盡離變壞時，作意思惟成可厭處。由是令心貪逐希微，漸成恬靜，漸得調順。是名調練心作意。

滋潤心作意者，謂於可欣尙處令心欣樂。何等可欣尙處？一者三寶，二者學處清淨，尸羅清淨。三者於自所證差別，深生信解，心無怯弱。三寶處者，謂作是念，我今善得大利，得蒙如來爲我大師，得於善說法毗奈耶中我得出家，與諸具戒具德忍辱柔和成賢善法同梵行者共爲法侶；以是因緣當得賢善命終殞歿，當得賢善趣於後世，由是隨念三寶故令心欣樂。學處尸羅清淨者，謂作是念：我今善得大利，得於聖教與諸法侶同戒同見同所受用同修慈仁身語意業，尸羅無缺，學處清淨，軌則所行皆得圓滿。由是隨念令心欣樂。謂無悔爲先，發生歡喜。於自所證處者，謂作是念，我今有力有所堪能，尸羅清淨堪爲法器，得與如是同梵行者同清淨戒，得與有智正至善士同其所見，我有堪能精進修習如是正行，於現法中能得未得能觸未觸能證未證，由是令心生大歡喜，是名於自所證深生信解，心無怯弱處，令心欣樂。又由前後勇猛精進正得安住所證差別，由隨念此復於後時所證差別深生信解令心欣樂。心欣樂故，便於善法親愛附着增上廣大。譬如禾稼得雨露故，便得滋潤增長廣大。是故說名滋潤心作意。

生輕安作意者，謂由此作意於時時間於可厭法令心厭離，於時時間於可欣法令心欣樂，已安住內寂靜無相無分別中一境念轉，由是因緣對治一切身心粗重能令一切身心適悅，生起一切身心輕安，是名生輕安作意。當知卽前九種住心。

淨智見作意者，謂由此作意於時時間卽用如是內心寂靜爲所依止，由內靜心數數加行，於法觀中修增上慧，是名淨智見作意。當知卽前三門六事觀察諸法。

諸修行者，於可厭法調練心故，令於隨順諸漏處法心不趣向，違逆背棄，離隔而住。於可欣法滋潤心故，於出於離諸法親愛，令心趣向附着喜樂和合而住。如不由可厭法調練心故，心便染著，向諸黑品。如不由可欣法滋潤心者，心成枯燥，於諸淨法不欣不樂不能增長。彼由欣厭二種行相，背諸黑品，向諸白品，作意調練滋潤心已，於時時間依奢摩他內攝持心令心輕安，於時時間於法思擇最極思擇周徧尋思周徧伺察清淨智見。如是彼心於時時間爲奢摩他毗鉢舍那之所攝受，堪能與彼一切行相一切功德作攝受因，經歷日夜刹那臘縛遽得升進。譬如金師鍛治金銀，於時時間燒鍊金銀令其棄捨一切垢穢，於時時間投清冷水令於嚴具有所堪能調柔隨順，於是金師以工巧智用作業具隨其所樂造作種種莊嚴飾物無不成辦。如是勤修瑜伽行者爲令其心棄背貪等一切垢穢，及令棄背染汙憂惱，於可厭法深生厭離。爲令趣向所有清淨善品喜樂，於可欣法發生欣樂。於是行者，隨於彼彼欲自安立或奢摩他品或毗鉢舍那品，卽於彼彼能善親附，能善和合，無轉無動，隨其所樂種種義中如所信解皆能成辦。

復次諸善通達修瑜伽師於初修業者修作意時，如應安立隨所安立正修行時，最初觸證於斷喜樂心一境性。云何如應安立？謂應敎彼先依三種取相因緣，或見或聞或心比度增上分別取五種相。一厭離相，二欣樂相，三過患相，四光明相，五了別事相。厭離相者，卽調練心作意所緣相。欣樂相者，卽滋潤心作意所緣相。過患相者，卽淨障中諸相尋思隨煩惱障所有過患。光明相者，卽日月星火燈光等諸明相。了別事相者，謂卽不淨，慈愍，緣起，界差別，入出息念，諸所緣相。彼於厭離相，善得厭離，於欣樂相善得欣樂，於過患相善知過患已，應依心一境性，心安住無亂性，以六種行正取其相。一無相想，二於無相中無作用想，三無分別想，四於無分別中無所思慕無躁擾想，五寂靜想，六於寂靜中離諸煩惱寂滅樂想。如是便能淨三種障，令心寂靜。心寂靜已，取光明相，令心於所緣境相分明照了顯現而轉，由是或依不淨，或依慈愍，或依緣起，或依界差別或依入出息念，善取其相，由勝解作意修習奢摩他修習毗鉢舍那入四念住。復由勝解作意而修眞實作意，於勝奢摩他毗鉢舍那恆常修作，畢竟修作。由如是修作故，當於最初證得下劣身心輕安心一境性，後當獲得世出世間廣大圓滿。有諸要義，廣如大論三十二卷中說。

初修業者蒙正敎誨修正行時，安住熾然正知具念，調伏一切世間貪憂。謂由恆常畢竟無倒作意，諠丙不能動，故名爲熾然。由修止觀諦審了知亂不亂相故名正知具念。善取厭離欣樂相故名調伏世間貪憂。彼由如是正加行故，漸次展轉能獲彊盛身心輕安心一境性。將得彼時，有其前相：謂於頂上似重而起，而非損惱。此相內起故，能障樂斷諸煩惱品心粗重性皆得除滅，能對治彼心調柔性心輕安性皆得生起。由此生故，有能隨順起身輕安風大偏增，衆多大種來入身中。因此大種入身故，能障樂斷煩惱粗重皆得除遣能對治彼身調柔性身輕安性徧滿身中，狀如充溢。彼初起時，令心踴躍令心悅豫，歡喜俱行，令心喜樂所緣境性於心中現。從此以後彼初所起輕安勢力漸漸舒緩。有妙輕安隨身而行，在身中轉。由是因緣，心踴躍性漸次退滅，由奢摩他所攝持故，心於所緣寂靜行轉，從此以後於瑜伽行初修業者名有作意，始得墮在有作意數。何以故？由此最初獲得色界定地所攝少分微妙正作意故由是因緣名有作意。此時已得色界少分定心，已得少分身心輕安心一境性，有力有能善修淨惑所緣加行。令心相續滋潤而轉。爲奢摩他之所攝護，能淨諸行。雖行種種可愛境中，貪纏不起。雖少生起，微起對治，卽能除遣。如是於可憎可愚可生憍慢可尋思境中不起瞋等纏，當知亦爾。宴坐持心，疾得輕安。不極爲身粗重逼惱，不極數起諸蓋現行，不極現行思慕不樂憂慼俱行諸想作意。雖從定起出外經行，而有少分輕安餘勢隨身心轉。如是等類，是名有作意者清淨相狀。

世間離欲道第七

諸修瑜伽已得作意者，從此無間精勤修習能往二種離欲道。一者世間離欲道，二者出世離欲道。

云何世間？云何世間離欲道？有幾種人得作意已往趣世間離欲道？云何往趣世間離欲道耶？

言世間者，謂從有漏三業——福非福不動——所感三界九地五趣四生異熟果，若根身，若器界，若二所依識，若從彼所生有漏心心所，通名世間。是有漏法，體不究竟，有多過失，恆流轉故，名爲世間。言三界者，謂欲界，色界，無色界。言九地者，三界中共分九地，言五趣者，謂天，人，傍生，餓鬼，地獄。言四生者，謂胎生，卵生，濕生，化生。如是界趣體相業果建立抉擇等類，如拙作佛學通釋界趣章說，此中不詳；讀者應自取詳閱，善知世間故，乃可進言世間道離欲言世間離欲道者，謂由修世間道故，離世間欲。言離欲者，謂於彼彼界地不貪不著，不喜不愛不作彼業，不受彼果，證得上界上地，超然遠離彼下界下地欲，故名離欲。言修世間道離欲者，但由修世間上地上界勝法故，伏除下界下地欲，令彼暫不得生。能治所治俱是世間，故伏除非究竟，故名世間離欲道。

言幾種人得作意已往趣世間離欲道者：

有四種人得作意已修世間離欲道，非出世間。一者一切外道，二者於內法中根性羸劣先修正行，三者根性雖利善根未熟，四者一切菩薩樂當來世證大菩提非於現法疾求解脫。

云何往趣世間道離欲者，謂由修治諸定，離下地欲，於諸上地若定若生修習證得。

定地有八，謂色界四，初靜慮，第二靜慮，第三靜慮，第四靜慮。無色界四：謂空無邊處，識無邊處，無所有處，非想非非想處。先於欲界觀爲粗性，於初靜慮觀爲靜性，發起加行精進修習故；離欲界欲，入初靜慮，如是展轉勝進，於無所有處觀爲粗性，於非想非非想處觀爲靜性，發起加行精勤修習故，離無所有處欲，入非想非非想處。

如經中說：遠離諸欲惡不善法，有尋有伺，離生喜樂，入初靜慮具足安住；尋伺寂靜，於內等淨，心一趣性，無尋無伺，定生喜樂，第二靜慮具足安住。遠離喜貪，安住捨念及以正知，身領受樂，聖所宣說捨念具足安樂而住，第三靜慮具足安住。究竟斷樂，先斷於苦，喜憂俱沒，不苦不樂捨念清淨，第四靜慮具足安住。一切色想出過故，有對想滅沒故，種種想不作意故，入無邊空，空無邊處具足安住，超過一切空無邊處，入無邊識，識無邊處具足安住。超過一切識無邊處，入無少所有，無所有處具足安住，超過一切無所有處，入非有想非無想，非想非非想處具足安住。——此中遠離諸欲惡不善法者，此顯離欲界地欲，欲是彼地果，惡不善法是由欲所生及能生諸欲之業也。由遠離彼二，名離欲界欲，有尋有伺，離生喜樂，入初靜慮具足安住者，此顯得初靜慮也。依雜集說，四禪各有三支：初禪尋伺爲對治支，由出離無恚無害尋伺，能斷欲界恚害等尋伺故喜樂二種，利益支由尋伺支治所治已，得離生喜樂故。喜樂名離生者，謂從離欲界欲所生，故名離生。心一境性，是彼二所依自性支，依止定力尋等轉故。言心一境性者，即謂靜慮。初二三四，依次第說。尋伺寂靜者，謂離初靜慮地欲，厭患尋伺，對治斷除彼尋伺已，入第二靜慮故，遠離喜貪，謂離二禪欲，究竟斷樂，是離三禪欲。乃至超過一切無所有處，是離無所有處欲。內等淨，是二禪對治支，對治尋伺故，定生喜樂，是彼利益支。云定生者，離尋伺躁擾，定轉勝故，從定所生，故名定生。捨念正知，是三禪中對治支。對治喜故。樂是彼利益支。捨清淨，念清淨，是四禪中對治支，由此對治樂故，不苦不樂受，是彼利益支，由離苦樂者，安住寂靜靜慮無動故。二三四禪，並以心一境性為二所依自性支。四無色中不立支分，以奢摩他一味性故。四禪四無色，廣釋體義，具如瑜伽雜集顯揚中說。

如是修習世間離欲道入諸定者，有七作意，應正修習，方能獲得世間離欲。謂了相作意，勝解作意，遠離作意，攝樂作意，觀察作意，加行究竟作意，加行究竟果作意且如離欲界欲修初靜慮者，彼七作意其相云何？

彼了相作意者，謂若作意能正覺了欲界粗相，初靜慮靜相。云何覺了欲界粗相？謂正尋思欲界六事：一義，二事，三相，四品，五時，六理。

尋思諸欲粗義者，謂思欲界有多過患損惱；有多疫癘災害。

尋思諸欲麤事者，謂尋思諸欲，有內貪欲，有外貪欲

尋思諸欲自相者；謂思此爲煩惱欲，此爲事欲。此復三種：謂順樂受處，順苦受處，順不苦不樂受處。初是貪欲依處，是想心倒依處，次是嗔恚依處，是忿恨依處，三是愚癡依處，是覆惱誑諂無慚無愧依處，是見倒依處。卽思諸欲，是極惡諸受，極惡煩惱之所隨逐。是名尋思自相。

尋思諸欲共相者，謂思諸欲生苦，老苦，廣說乃至求不得苦等所隨逐，等所隨縛。諸受欲者於圓滿欲驅迫而轉，由未解脫生等法，故雖彼諸欲勝妙圓滿，而暫時有。是名尋思諸欲共相。

尋思諸欲麤品者，謂思諸欲皆隨黑品：猶如骨鎖，如凝血肉，如草炬火，如一分炭火，如大毒蛇，如夢所見，如假借得諸莊嚴具，如樹端果。追求欲故，於中受追求所作苦，受防護所作苦，受親愛失壞所作苦，受無厭足所作苦，受不自在所作苦，受惡行所作苦。具如於食知量中說。如佛言，習近諸欲有五過患，謂彼諸欲極少滋味，多諸苦惱，多諸過患。又習近時，能令無厭，無足，無滿。又爲諸佛及佛弟子賢善正士之所毀訾。又習近時，能令諸結積集增長。又習欲時，無有惡業而不作者。如是諸欲，令無厭足，多所共有，是非法行惡行之因，增長欲愛，智者所離。速趣消滅，依託衆緣，是諸放逸危亡之地。無常虛僞，妄失之法，猶如幻化，誑惑愚夫。若現法欲，若後法欲，若天上欲，若人中欲，一切皆是魔之所行，魔之所住，於是處所能生無量依意所起惡不善法，所謂貪瞋及憤諍等。於聖弟子正修學時，能爲障礙。由如是等差別因緣，如是諸欲多分墮在黑品所攝。是名尋思諸欲粗品。

尋思諸欲麤時者，謂思諸欲去來今世，於常常時多諸過患，損惱多諸疫癘，災害；

是名尋思諸欲粗時。

尋思諸欲粗理者，謂思諸欲由大資糧追求劬勞，及由無量工巧業處，方能招集生起增長。雖善生長一切多爲外攝受事，謂父母妻子奴婢作使，親友眷屬。或爲對治自內有色麤重四大麋飯長養常須覆蔽沐浴按摩壞斷離散銷滅法身，隨所生起，種種苦惱。食能對治諸饑渴苦，衣能對治諸寒熱苦及能覆蔽可慚羞處，臥具能治諸勞睡苦，及能對治經行住苦。病緣醫藥能治病苦。是故諸欲，唯能對治隨所生起種種苦惱，不應染着而受用之。唯應正念：譬如重病所逼切人，爲除病故服雜穢藥。又彼諸欲有至教量證有粗相；我亦自內現見粗相；有比度量知有粗相。又彼諸欲從無始來，本性粗穢，成就法性，難思法性，不應思議，不應分別。是名尋思諸欲粗理。

如是名爲由六種事覺了欲界諸欲粗相。復能覺了初靜慮中所有靜相。謂欲界中一切粗性，於初靜慮皆無所有。由離欲界諸粗性故，初靜慮中說有靜性是名覺了初靜慮中所有靜相，卽由如是定地作意，於欲界中了爲粗相，於初靜慮了爲靜相，是則名爲了相作意。
卽此作意當言猶爲聞思間雜，從此以後超過聞思，唯用修行，於所緣相發起勝解修奢摩他毗鉢舍那，如所聞思粗相靜相數起勝解，是名勝解作意。
卽此勤修勝解作意爲因緣故，最初生起斷煩惱道。卽此生起斷煩惱道俱行作意，此中說名遠離作意。
由能最初斷於欲界先所應斷諸煩惱故，及能除遣彼煩惱品麤重性故；從是以後愛樂於斷，愛樂遠離，於諸斷中，見勝功德，觸證少分遠離喜樂。於時時間欣樂作意而深慶悅，於時時間厭患作意而深厭患。爲欲除遣惛沈睡眠掉舉等故。如是名爲攝樂作意。
彼由樂斷樂修正修加行善品任持，欲界所繫諸煩惱纏若行若住不復現行，便作是念：我今爲有於諸欲中貪欲煩惱不覺知耶，爲無有耶？爲審觀察如是事故，隨於一種可愛淨相作意思惟。由未永斷諸隨眠故，思惟如是淨妙相時，便復發起隨習趣習臨習近心，不能住捨，不能厭毀，制伏違逆。彼作是念：我於諸欲未正解脫，我心仍爲諸行制服，如水被持，未爲法性之所制服，爲欲永斷餘隨眠故，更應精勤樂斷樂修。如是名爲觀察作意。

從此倍更樂斷樂修奢摩他毗鉢舍那，鄭重觀察，修習對治。時時觀察先所已斷，由是因緣，從欲界繫一切煩惱心得離繫。此由暫時伏斷方便，非是畢竟永害種子。當於爾時，初靜慮地前加行道已得究竟，一切煩惱對治作意已得生起，是名加行究竟作意。

從此無間，由是因緣證入根本初靜慮定。卽此初靜慮定俱行作意，名加行究竟果作意。

又於遠離攝樂作意轉時，能適悅身離生喜樂，於時時間微薄現前。加行究竟作意轉時，卽彼喜樂轉復增廣，深重現前。加行究竟果作意轉時，離生喜樂徧諸身分，無不充滿，無有間隙。彼於爾時，遠離諸欲，遠離一切惡不善法，有尋有伺離生喜樂，於初靜慮圓滿五支尋伺喜樂心一境性具足安住。名住欲界對治修果，名隨證得離欲界欲。

又了相作意於所應斷及所應得，能正了知爲斷爲得，心生希願。勝解作意，爲斷爲得正發加行。遠離作意，能捨所有上品煩惱。攝樂作意，能捨中品煩惱。觀察作意，能於所得離增上慢加行究竟作意，能捨下品煩惱加行究竟果作意，能正領受彼諸作意善修習果。

又了相作意，勝解作意，總名隨順作意。厭壞對治俱行。遠離作意加行究竟作意，總名對治作意。斷對治俱行。攝樂作意，名對治作意，及順淸淨作意。觀察作意，名順觀察作意。

已說離欲界欲修初禪者七作意相，餘修二禪三禪四禪空無邊處識無邊處無所有處非想非非想處各有七種作意，茲不備述。

修習諸定有四種果。一者漸得離下地欲。二者得上地定現法樂住。三者依諸邊際靜慮修習證得五種神通。四者於他生中得彼彼定諸異熟果。

云漸離下地欲者，謂證得初靜慮地者離於欲界諸欲惡不善法故。如是乃至證得非想非非想處者，超過一切無所有處故。

云得上地定現法樂住者，謂於欲界證得初靜慮者，卽於現法中有尋有伺離生喜樂入初靜慮具足安住故。如是乃至於非想非非想處具足安住故。

云依諸邊際靜慮修習證得五神通者，依定究竟名邊際定。如邊際初靜慮，乃至邊際四靜慮。五神通者，謂天眼通，天耳通，神境通，他心通，宿命通。五神通相，及修習相，具如大論。

云於後生得彼定地異熟果者，謂由下中上品修初禪故，卽於後生隨應得生初靜慮地下中上三天：謂梵衆天，梵輔天，大梵天。下中上品修二禪者，隨應得生彼地三天：謂少光天，無量光天，光淨天。下中上品修三禪者，隨應得生彼地三天：謂少淨天，無量淨天，徧淨天。下中上品修四禪者，隨應得生彼地三天：謂無雲天，福生天，廣果天。若不還者以無漏第四靜慮間雜熏修有漏第四靜慮，卽於此中下品中品上品上勝品上極品，善修習已，隨其所應當生五淨居天：謂無煩天，無熱天，善現天，善見天，色究竟天。若於空處識處無所有處非想非非想處下中上品善修習已，當生空處識處無所有處非想非非想處隨行天衆同分中。由彼諸天無有形色，故無處所差別。然由住時滿不滿故，及寂靜勝劣有差別故，三品差別。

復次所云觀察下地麤相，上地靜相者，當知粗相略有三種：謂諸下地望於上地煩惱衆多故。苦住增上，望上所住不寂靜故。及諸壽量時分短促，望上壽量轉減少故。上地靜相反此易知。

復次離欲相者，謂離欲者身業安住，諸根無動，威儀進止，無有躁擾。於一威儀，能經久時，不多驚懼，終不數數易脫威儀。言詞柔軟，寂靜安詳，不樂諠雜，不樂衆集。眼見色已，唯覺了色，不起貪欲。耳鼻舌身聞聲等已，不起貪欲。能無所畏。覺慧幽深，輕安廣大。身心隱密，無有貪婪，無有憤發，能有堪忍，不爲種種欲尋思等諸惡尋思擾亂其心。

如是等類，是爲離欲者相。

復次如是離欲道所以名爲世間離欲道者，以但暫時伏除現纏，不永斷滅煩惱隨眠故。故雖於彼若定若生具足安住受報盡已，當知還應退生下界，復起如先種種諸欲。由異出世離欲道永斷隨眠，永不生起彼諸欲故，名世間離欲道。然諸求出世離欲道者，必依諸定作意乃能發勝智慧及大神通。故此諸定，聖者應學。又諸聲聞獨覺諸大菩薩諸佛如來，以四聖諦眞如法性眞見俱心修得諸定者，卽名出世靜慮。彼出世定，隨諸佛菩薩功德觀行無量差別，當知三昧亦有無量差別。

出世離欲道第八

諸修瑜伽已得作意者，或於諸定已善修習具足證得者，由於四聖諦善修習故，能正趣入出世間離欲道。

出離世間，名出世間。由於世間不貪不住，不喜不愛，不造彼業，不受彼果，永斷隨眠，不復生起，超然解脫，究竟涅槃，故名出世。由修出世道故，永離世間欲，故名出世道離欲。如是離欲道，名出世離欲道。

此出世離欲道，以何爲體？曰：以無漏無分別智爲體。亦以加行後得智爲體。是能對治煩惱隨眠故，是彼引發生起因緣故，是彼自體後所得故。總名出世道體。謂加行智爲根本智引發因，後得智爲根本智後所得。由善修習加行智故，伏制煩惱，引發根本智。由根本智斷除煩惱隨眠，證得出世間離欲。由後得智忍證根本智，施設敎法，轉敎他人；亦自觀察修習勝進，趣後勝境，令得究竟。是故皆出世道攝。如是三智，謂卽增上慧學。以於解脫爲增上故。慧卽三慧：聞所成慧，思所成慧，修所成慧。聞所成慧謂於聖敎決定信解。思所成慧，謂於敎理尋求通達。修所成慧，謂依定地作意力故，於眞如境現觀作證。聞所成慧，思所成慧，加行智攝。修所成慧，加行智根本智後得智攝。由聞而思，由思而修。由於加行，而得根本，由於根本後得智生，增上慧學，次第如是。

此道所依者，謂諸靜慮。慧由定生，故依止諸定，修三種智。然加行智所依定唯是世間，俱有漏故。根本後得智所依定，唯是出世間，俱無漏故。當知依世間定，發加行智。由加行智得根本智。定由慧無漏故，體成無漏。故於得根本智時，定慧俱成出世。非謂先得出世定已，依彼次得出世智。亦非智成無漏已後時乃得無漏定。以二俱時而轉，無先後故。

此智所緣者，謂四聖諦。由觀四聖諦，得解脫故。

何謂四聖諦？

謂苦聖諦，集聖諦，滅聖諦，道聖諦。苦謂有情根身器界，及依於彼所生諸受，苦及苦具俱名苦故。苦謂諸受，苦具謂身器。無身無器，苦不生故，爲苦之具，故名苦具。言受者，謂苦受樂受捨受三受俱名苦者，苦受自性苦故；樂受變壞苦故，謂樂受變滅時轉成於苦也；捨受無常粗重苦故。卽此三受又名苦苦，壞苦，行苦。故一切受，皆悉是苦。世界根身義具如佛學通釋界趣章說。諸苦，如有情八苦章說，此不廣辯。

集謂煩惱，及煩惱增上所生諸業。煩惱，謂貪瞋癡等。煩惱增上所生業，謂福，非福，不動三業。雖善惡等別，而福及不動俱有漏故，皆由無明愛等增上所生，故云三業煩惱增上所生。煩惱及業，亦詳通釋煩惱善法十善業道十惡業道等章；此不廣辯。如是煩惱及業，以能集起根身器界受諸苦故，名之爲集。集彼種子，起彼現果，故名集也。

滅謂有餘依無餘依二種涅槃。於集及苦，無餘解脫。滅衆苦故，滅煩惱隨眠故，永不造業受諸世間生死輪轉故，超然出離，寂靜安樂，故名爲滅。

道謂三十七種菩提分法，或復其餘。由修習此正趣滅故，名之爲道。

如是四種名爲聖諦者，聖所證得，眞實諦理，故名聖諦。謂此身器及所起受，聖證爲苦，眞實是苦，名苦聖諦。煩惱及彼增上業，聖證爲業，眞實是集，名集聖諦。寂滅涅槃，聖證爲滅，眞實是滅，名滅聖諦。三十七種菩提分法，聖證爲道，眞實是道，名道聖諦。以異世間妄執世間爲樂爲常。或於世間生起因緣起妄見者，計爲上帝大自在天等主宰所生，或從猿猴狐狸牛鬼蛇神下等動物阿米巴等所生，或謂自然無因而生。又謂世間永遠流轉，循還變化，故無涅槃，都無有滅。或計上界隨一靜慮或無色天無想天等，暫時離欲，寂靜安住，卽是涅槃，是卽爲滅。或計有情根身既壞，神識亦亡，無有因果，無有三世，死卽是滅，或由計無有實滅故，亦無有道，或由妄計世間離欲，卽涅槃故，計彼世間禪定止觀卽是出離無上眞道。如是種種徧計所執，非苦非集非滅非道，非眞非實，非諦非理，以是凡愚妄所計故，不名苦聖諦乃至道聖諦。唯佛所說，聖者所證，苦眞是苦乃至道眞是道，眞實無謬，畢竟安立，是故說名四聖諦也。

如是四聖諦，集爲苦因，苦爲集果，是爲世間因果相。道爲滅因，滅爲道果，是爲出世因果相。由於如是世出世間因果生滅觀察修習，多修習故，苦如實知其苦，深生厭離，集如實知爲集，深起對治。滅如實知爲滅，希望證得。道如實知爲道，深起修習。如是精勤知苦斷集證滅修道故，便於世間三界九地永得離欲，如是依於定地緣四聖諦修正智故，名修出世間離欲道。

如是修習出世間道，如修世間道，有七作意，謂初了相作意，乃至最後加行究竟果作意。依大論聲聞地略述如次：

言了相作意者，謂修瑜伽師，於四聖諦增上敎法聽聞受持依止定地作意，由十六行觀察覺了四聖諦相，是名了相作意。

言十六行了四諦相者，謂由無常行，苦行，空行，無我行，了苦諦相，由因行，集行，起行，緣行，了集諦相。由滅行，靜行，妙行，離行，了滅諦相。由道行，如行，行行，出行，了道諦相。

此中復由十種行相觀察苦諦，能隨悟入苦諦四行。何等爲十？一變異行二滅壞行，三別離行，四法性行，五合會行，六結縛行，七不可愛行，八不安隱行，九無所得行，十不自在行。如是十行，依證成道理能正觀察。

此中且依至敎量理，如世尊說諸行無常，又此諸行，略有二種：一有情世間，二器世間。世尊依有情世間，說如是言：苾芻當知，我以過人清淨天眼，觀諸有情死時生時，廣說乃至身壞以後當生善趣天世界中，或有乃至當生捺落迦中，餓鬼傍生中。由此顯示有情世間，是無常性。又世尊言：此器世間長時安住，過是已後漸次乃至七日輪現，如七日經廣說，乃至所有大地，諸山大海乃至梵世諸器世界皆被焚燒，災火滅後灰燼不現乃至餘影亦不可得由此現示諸器世間，是無常性。

依至教量修觀行者淨信增上作意力故於一切行無常之性獲得決定已，卽由如是淨信增上作意力故數數尋思觀察一切現見不背不由他緣無常之性。

云何數數尋思觀察？謂先安立內外二事：言內事者，謂六處等。言外事者有十六種：一者地事，二者園事，三者山事，四者水事，五者作業事，六者庫藏事，七者食事，八者飲事，九者乘事，十者衣事，十一者莊嚴具事，十二舞歌樂事，十三香鬘塗飾事，十四資生具事，十五諸光明事，十六男女承事事，是爲十六種事。

安立如是內外事已，復於彼事現見增上作意力故，以變異行尋思觀察無常之性。此中內事，有十五種所作變異及有八種變異因緣。

云內事十五種所作變異者，一分位所作，二顯色所作，三形色所作，四興衰所作，五支節具不具所作，六劬勞所作，七他所損害所作，八寒熱所作，九威儀所作，十觸對所作，十一雜染所作，十二疾病所作，十三終歿所作，十四青瘀等所作，十五一切不現盡滅所作。

八種變異因緣者，一、積時貯畜，謂有色諸法雖於好處安置守護而經久時自然敗壞。二他所損害。三受用虧損，如衣食器物因於受用而變壞故。四時節變異，謂草木等春夏青翠繁茂，秋冬枯黃零落故。五火所焚燒，謂大火縱逸，村邑王都悉爲灰燼。六水所漂爛，謂大水洪漫，村邑淪沒。七風所鼓燥，謂大風飄扇，諸物枯槁。八異緣會遇，謂如諸受諸識正生起時，隨遇他緣而起變異，如樂復爲苦，善復爲惡，如是等。

依此八緣一切有情內事變異。所謂少年壯盛，轉復衰老。先來妙色，轉復枯黃。先來肥盛後時瘦削。先時眷屬圍繞財寶充盈，後悉衰損。先時支節具足，後時虧折。馳走跳踊營務深思，初來爽適，轉卽疲倦。王賊蟲禽，殺害侵螫，身便損害，血肉橫流。寒時戰慄，希遇温暖；熱時渴惱，轉希清涼。行住坐臥，改易不常。苦樂憂喜，隨緣轉異。貪瞋癡慢，或起或離。疾病災橫，纏繞不息。命終識去，空餘死屍。倏爾青瘀，乃至膿爛。風飄水流，離散磨滅，欲求白骨亦都無踪如是一切，是爲內事分位所作變異，乃至內事一切不現盡滅所作變異，由觀如是諸變異故，了知有情內事無常，其性決定。

如是由現見增上作意力故，十五種行觀察內事無常性已，次更觀察外十六事變異無常。

謂觀地等，先於此處未造屋宇，後乃造作城郭宮室諸大城邑；先來巍峨，後乃朽敗零落焚滅。先見園林青翠茂密，後見衰敗但餘棘荆。先見有山聳石巉岩叢林蓊鬱；後見摧毀彫殘殞隕。先見河池濤波涌溢，醴水盈滿；後時見彼枯涸乾竭。先見諸業營農工商皆悉興盛，後時彼事皆悉衰損，先時庫藏，見彼盈滿；後復見彼，頓成空虛。諸妙飲食，先見妙好；一入腹已，見成屎尿，不可復觸。先來車乘，莊嚴適用，後來見彼，折輪脫輹。上妙衣服，一御身已，數日數月，便見垢膩，或乃破裂。諸莊嚴具，先時着身，見彼莊嚴；後時破壞，轉增醜態。歌舞場中，繁華懽樂，曲終人散，轉覺悽涼。香鬘芬芳，轉復臭爛。資具陳列，倏爾敗亡。日中則昃，月盈則虧，風雲晦霾，星辰失所。初來奴隸滿室，賓客盈門；後時貧賤僕喪，朋亡門可羅雀。如是一切，是為外事，始從地事，乃至男女承事變異無常之性現見如是一切事已了知外事一切無常其性決定。

如是由現見增上作意力故，觀察內事外事變異無常性已，復由正理比度了知一切諸法剎那生滅滅壞無常自性。剎那滅壞者，謂諸行生已不待因緣，卽時滅壞。所以者何？以諸行現見變異無常故。譬如人身，由生至死有幼童成年壯年衰老等位，如斯轉變由漸變成。云漸變者，非唯位變，亦且年變；不唯年變，亦且月變；非唯月變，亦且日時剎那剎那而變。苟剎那不變，則且無時日之變。所以者何？以剎那剎那，前後不變故。時日不變，則年月亦不應變；以時日無變，前後恆住故。年月既無有變，則且無初生，幼年，成年，壯年，衰老死亡等異。所以者何？以年月恆常，無變易故。若爾，便應無有變異無常之性。所以者何？以剎那恆住故。故有生老等變異，卽應有剎那變異。又由生至死，生謂從無而有，死謂從有而滅。設謂生死爲滅壞無常者，則應剎那亦爲滅壞。所以者何？以先來本自無滅壞故，卽是恆住。既恆住者，云何有變異有滅壞耶？故由變異無常，卽知有滅壞無常。前念不滅，則後念不生。前剎那不滅，則後剎那不生。恆滅恆生，故前後相續。前後相續而相似故，卽不覺彼有變異。前後相續而至密故，卽不覺彼有生滅。然積多相似，乃有生老等異，故知刹那爲變異也。相續雖密而有終盡，卽知刹那有起滅也。此如燈光，前後相似相續，實卽前後頓滅頓生。又如電影，非前影轉至後影而變異，乃實前影既去，而後影別來也。又如語言音聲，說諸行無常者，說行時，諸已滅。說無時，行已滅。說常時，無已滅。實卽說諸諸滅，說行行滅，說無無滅，說常常滅也。是謂頓生頓滅，亦卽刹那生滅也。卽刹那滅壞也。一切諸法，生要待因。因不具不生故。如不搖脣動舌，則聲音語言不生。不點燭然油，則光不生。生已自然滅。以生卽滅故。設謂非自然滅者，應待緣滅。則滅緣未生，應常住不滅也。然法無常住，故知滅不待因而自然滅也。如聲光等，一切皆然。而視若前後不變者，乃新新生起，相似相續而至密，故令不測也。滅既無因，乃有相續之物遇緣滅壞，如火燒山叢林盡滅者，何也？曰：此乃障生因緣令不相續耳。亦如絕人飲食斷人生路，遂不復相續而自然死亡，不必更持刀杖乃能令死也。故諸行無常，刹那滅壞。卽此了知，滅壞行義。又由刹那相續故，推知後有。謂雖諸行刹那滅壞而有相續道理，如是既有一期生滅之相續，亦應有多生輪轉之相續，所以者何？諸行刹那生滅相續無斷故，相續故無斷，滅壞故非常，生既非常死亦非斷，三世平等，輪轉不窮，如是覺知無常妙理。

已由淨信現見比度增上三種作意觀察內外諸事變異滅壞無常之性，復由別離行，法性行，合會行故，觀察諸法無常之性。

云別離行者，謂有內外二種別離，內別離者，謂先爲他主，非奴非使，能驅役他作諸事業；後失主性，非奴使性，轉爲他奴及所使性；卽於主性別離無常。外別離者，謂先有資財，大富豪貴，後失資財貧困窮約，卽於資財別離無常。

云法性行者，謂卽所有變異滅壞別離三無常性，於現在世猶未會合，於未來世當有法性。有生必滅，有成必敗，有聚必散，法爾如是性無常故。

云合會行者，謂三無常現前會合：變異，滅壞，別離，現前故。

由是五行修習作意，善觀內外諸行皆是無常，獲得決定。

從此無間趣入苦行，作是思惟：如是諸行皆是無常。是無常故，決定應是有生法性。既是生法，卽有生苦。既有生苦，當知亦有老病死苦，怨憎會苦，愛別離苦，求不得苦。如是且由不可愛行趣入苦行。如是復於有漏有取能順樂受一切蘊中由結縛行趣入苦行。所以者何？以於愛等結處生愛等結，於貪等縛處生貪等縛，便能招集生老病死愁悲憂苦一切擾惱純大苦蘊。如是復於有漏有取順非苦樂一切蘊中，由不安隱行趣入苦行。所以者何？有漏有取順非苦樂一切諸蘊，麤重俱行苦樂種子之所隨逐，苦苦壞苦不解脫故，一切皆是無常滅法。如是行者，於能隨順樂受諸行及樂受中由結縛行趣入壞苦。於能隨順苦受諸行及苦受中由不可愛行趣入苦苦。於能隨順不苦不樂受諸行及不苦不樂受中由不安隱行趣入行苦。如是由結縛行，不可愛行，不安隱行增上力故，通達苦行。

復作是念：我於今者，唯有諸根，唯有境界，唯有從彼所生諸受，唯有其心，唯有假名我我所法，唯有其見，唯有假立此中可得，除此更無若過若增。如是唯有諸蘊可得，於諸蘊中無有常恆堅住主宰或說爲我，或說有情，生者，老者，病者，死者，作者，受者，而少可得。如是諸行皆悉是空，無有我故。是爲由無所得行，趣入空行。

復作是念，所有諸行無常性故，苦相應故，從緣生故，不得自在，不自在故，皆非是我。是謂由不自在行入無我行。

如是行者以其十行攝於四行，復以四行了苦諦相。謂無常行，五行所攝：一變異行，二滅壞行，三別離行，四法性行，五合會行。苦行三行所攝，一結縛行，二不可愛行，三不安隱行。空行一行所攝，謂無所得行。無我行一行所攝，謂不自在行。由彼十行，悟入四行。

如是行者已於苦諦得正觀已，次復審思如是苦者以何爲因，由何而集，待何而起，何爲彼緣，由斷彼故苦不復生耶？如是觀察，謂業煩惱爲苦之因，能集於苦，能起於苦，爲苦之緣。爲彼因者，由無明等緣起於行，由行爲緣引生識故。由彼集者，由行緣識爲業報主，由是能集當來名色六入等法故。待彼起者，待彼愛取三有現生故。以彼爲緣者，三有生已，緣是而有生老病死憎愛合離所求不得一切苦故。設非無明，則不起行。設無有行，卽不引攝當來異熟主識，亦卽無由集起當來名色六入等，故煩惱業爲苦之因，能集於苦也。設無愛取，則不緣有，亦卽無生。由無生故，從何而有生等苦耶？故煩惱業，能起於苦，爲苦之緣也。由是以因集起緣四行，觀察集諦。由正觀察此集諦故，知是集者，爲苦之因。爲離彼苦當先斷集。故於煩惱及所起業，正知過患，正起厭離，正修對治，以期斷滅。

已於集諦正覺了已，復正覺了如是苦集無餘滅故，當得最上寂靜涅槃。如是涅槃，苦集滅故，說名爲滅。無有躁惱無憂苦故，是則爲靜。超過世間，於出世善法最後成就最勝第一，是無上故，是則爲妙，於諸世間若因若果超然解脫常住無動永出離故，是則爲離。（雜集云：煩惱離繫故名爲滅，苦離繫故名靜，自然樂淨以爲自體故名妙，最極安隱常利益故名離。）如是以滅靜妙離四行覺了滅諦相，精勤觀察。

於滅諦相正覺了已，復正覺了眞對治道。謂觀三十七菩提分法等，是證眞義路，於所知境能通尋求義故。能斷煩惱，如實尋求義故。對治四倒，由於四門——無常苦空無我——隨轉義故。一向能趣出離究竟眞常跡（涅槃）故。所以說名道，如行出。如是行者，以四種行了道諦相。

如是名爲於四聖諦自內現觀了相作意。

彼於自內現見諸蘊，依諸諦理正觀察已，復於所餘不同分界不現見蘊比度觀察。謂諸有爲有漏，徧一切處，一切種時，皆有如是法，皆墮如是理，皆有如是性。彼所有滅，皆永寂靜常住安樂。彼所有道皆能永斷究竟出離。當知其中於現見諸蘊諦智是當來能生法智種子依處，於不現見諸蘊比度諦智是類智種子依處。

又卽如是了相作意，當知猶爲聞思間雜。若觀行者，於諸諦中由十六行正觀察故，已得決定，復於諸諦盡所有性超過聞思間雜作意，一向發起修行勝解，此則名爲勝解作意。如是作意唯緣諦境，一向在定。於此修習多修習故，於苦集二諦境中得無邊際智。由此智故，了知無常，發起無常無邊際勝解。如是了知苦等，發起苦無邊際勝解，空無我無邊際勝解，惡行無邊際勝解，往惡趣無邊際勝解，興衰無邊際勝解，及老病死愁悲憂苦一切擾惱無邊際勝解。此中無邊際者，謂生死流轉如是諸法無邊無際，乃至生死流轉不絕常有如是所說諸法。唯有生死無餘息滅，此可息滅更無有餘息滅方便。即於如是諸有諸趣生死法中以無願行，無所依行，深厭逆行，發起勝解精勤修習勝解作意。

彼於諸趣生死流轉雖深厭怖，於涅槃界深心願樂，然猶未能深心趣入，以彼猶有能障現觀麤品我慢隨入作意間無間轉故。作是思惟，我於生死曾久流轉，我於生死當復流轉，我於涅槃當能趣入，我為涅槃修諸善法，我能觀苦眞實是苦，我能觀集觀滅觀道眞實是集是滅是道。我能觀空，眞實是空。我觀無願，無相，眞是無願無相。如是諸法，是我所有。由是因緣，彼於涅槃不能趣入。彼既了知如是我慢是障礙已，便能速疾以慧通達棄捨任運隨轉作意，制伏一切外所知境，趣入作意隨作意行，專精無間，觀察聖諦。隨所生起心謝滅時，無間生心作意觀察方便流注無有間斷。彼既如是以心緣心，專精無替，便能除遣隨入作意障礙現觀麤品我慢。

如是勤修瑜伽行者觀心相續展轉別異新新而生，或增或減，暫時而有，率爾現前，前後變易是無常性，觀心相續入取蘊攝，是爲苦性。觀心相續離第二法，——除心以外更無我故——是爲空性。觀心相續從衆緣生，不得自在，是無我性。如是名爲悟入苦諦。次復觀察此心相續，業及煩惱爲因爲集，爲起爲緣，如是名爲悟入集諦。次復觀察此心相續所有擇滅，是永滅性，是永靜性，是永妙性，是永離性；如是名爲悟入滅諦。次復觀察此心相續究竟對治趣滅之道，是眞道性，是眞如性，是眞行性，是眞出性。如是名爲悟入道諦。如是先來未善觀察，今善作意方便觀察，以微妙慧於四聖諦能正悟入。卽於此慧多修習故，能緣所緣平等平等正智得生。——以心觀心如實通達無異分別，不起增益損減見，故名爲能緣所緣平等平等正智。——由此生故，能斷障礙愛樂涅槃所有現行粗品我慢，又於涅槃深心願樂速能趣入心無退轉，離諸怖畏，攝受增上意樂適悅。

如是行者於諸聖諦下忍所攝能緣所緣平等平等智生是名爲煖，中忍所攝爲頂，上忍所攝名諦順忍。——忍謂認受，由慧抉擇決定印可故。忍有三品，分煖頂忍道火前相，是名爲煖。煖相增故，名之爲頂。從此便得如實智故，於四聖諦印順現觀名諦順忍。——彼既如是斷能障礙麤品我慢，及於涅槃攝受增上意樂適樂，便能捨離後後觀心所有加行，住無加行無分別心。彼於爾時，其心似滅而非實滅，似無所緣而非無緣。又於爾時其心寂靜，雖似遠離而非遠離。又於爾時非美睡眠之所覆蓋，唯有分明無高無下奢摩他行。有類癡闇於美睡眠所覆蓋心似滅非實滅中，起增上慢，謂爲現觀，此不如是。既得如是趣現觀心，不久當入正性離生。（正體之智從眞離欲斷惑所生，故名正性離生。又出世之定，從斷惑離欲生，故名正性離生。）卽於如是寂靜心位，最後一念無分別心，從此無間於前所觀諸聖諦理起內作意，此卽名爲世第一法。從此已後，出世心生，非世間心。此是世間諸行最後邊際，故名世第一法。

從此無間於前所觀諸聖諦理起內作意。作意無間隨前次第所觀諸諦若是現見若非現見諸聖諦中，如其次第有無分別決定智現見智生。由此生故，三界所繫見道所斷附屬所依諸煩惱品一切麤重皆悉永斷，此永斷故，若先已離欲界貪者，今入現觀，已得不還果。若先倍離欲界貪者，今入現觀，得一來果。若先未離欲界貪者，今入現觀，得預流果。由能知智，與所知境，和合無乖，現前觀察，故名現觀。如刹地利與刹地利，和合無乖，現前觀察，故名現觀。即此現觀名爲見道。由彼初得出世無分別智，現證諦理，故名見道。得現觀者，有多相狀，如果中說。

如是行者，乃至世第一法已前名勝解作意。於諸聖諦現觀已後乃至永斷見道所斷一切煩惱，名遠離作意。

復從此後，爲欲進斷修所斷惑，如所得道更數修習，是名修道。即由觀察作意，於一切修道數數觀察，正斷未斷，如所得道而正修習。

所云修者，謂由定地作意，於世出世善有爲法，修習增長，無間所作，殷重所作，令心相續，會彼體性，是爲修自性。

修所作業略有八種：一有一類法由修故得，先所未得殊勝善法修習令得故。二由修故習先已得者轉令數數現在前故。三由修故淨先所已得未令現前但由修習彼種類法當令現前轉清淨故。四由修故遣若有失念染法現行，修善法力令不忍受，斷除變吐故。五由修故知若未生起所應斷法，修善法力了知如病，如癰如箭，障礙無常苦空無我，深心厭壞故。六由修故斷，由正知已數數修習，無間道生斷煩惱故。七由修故證斷煩惱，已證得解脫故。八由修故遠，如如進趣上地善法，如是如是令其下地已斷諸法轉成遠分乃至究竟故。是爲八種修業。

此修品類差別有十一種：一奢摩他修，謂九種住心。二毗鉢舍那修，謂三門六事觀等。三世間道修，謂卽世間離欲道修。四出世道修，謂卽此中出世離欲道修。五下品道修，謂由此故能斷最粗上品煩惱。六中品道修，謂能斷中品煩惱。七上品道修，由此能斷最後所斷下品煩惱。八加行道修，謂由此故爲斷煩惱發起加行。九無間道修，謂由此故正斷煩惱。十解脫道修，謂由此故或斷無間證得解脫。十一勝進道修，謂由此故從此已後修勝善法，乃至未起餘地煩惱能治加行，或復未起趣究竟位。當知是名十一種修品類差別。

如是於修勤修習者，於時時間應正觀察所有煩惱已斷未斷，於時時間於可厭法深心厭離，於時時間於可欣法深心欣慕，如是名爲攝樂作意。彼卽於此攝樂作意，親近修習多修習故有能無餘永斷修道所斷煩惱最後學位喻如金剛三摩地生。由此生故，便能永斷修道所斷一切煩惱——此定於諸有學定中最上最勝最爲堅固，能壞一切煩惱，非上煩惱所能蔽伏。譬如金剛望餘珍寶最爲堅固，非餘寶物所能穿壞，故名金剛喻定。——從此無間心得究竟解脫，證得畢竟種性清淨。於諸煩惱究竟盡中發起盡智，由因盡故，當來苦果畢究不生，卽於此中起無生智。能於爾時成阿羅漢。諸漏已盡不受後有，卽此名爲於出世道已得究竟，由已永離三界所繫欲因欲果煩惱業生三種雜染畢究斷故。彼阿羅漢諸功德相如果中說。

當知此中金剛喻定所攝作意名加行究竟作意。最上阿羅漢所攝作意名加行究竟果作意由如是等多種作意，依出世道證得究竟。

三十七菩提分法第九

出世間道略由三十七種菩提分法次第修習，能正成就出世道果。乃至最後得阿羅漢。諸經論中具廣宣說。今述如次，以明道諦因果體性。

何謂菩提分法？何者三十七種菩提分法？何者所緣？何者自體？何者助伴？如何修習？何者修果？云何如彼次第修習耶？

菩提謂覺。分者，因義，亦釋支義。出世間道斷惑證眞皆爲慧力，是卽正智。智證眞實，斷除迷障，得彼道果，是爲菩提。菩提有因，謂由資糧乃至修道，次第積集乃得圓滿。如是因者，謂卽三十七品菩提分法也。故名菩提分法。如是釋者，菩提唯是果位智，菩提分法唯是因位諸法也。或菩提者，非唯智慧，因緣助伴和合乃成。如說於心，必有心所，法無孤起，和合生故。故此菩提，攝諸法成。詳其支分，有三十七。慧爲主故，特名菩提。

支有多故名菩提分。若如是釋，此通因果果位菩提，五分法身，通攝一切無漏法故。雖修行者爲得離繫，然彼無爲無作用故，故修行者唯修菩提。此是能證能得道故。此旣成就，彼自然得。是故修道，詳菩提分。

四念住，四正斷，四神足，五根，五力，七覺支，八道支，是爲三十七種菩提分法。

四念住者，謂身念住，受念住，心念住，法念住。隨所緣境而得名故。謂身念住，以內身，外身，或內外身，爲所緣境。受心法念住以內，外，內外，受心法爲所緣境。言內身者，內自有情數色身。卽依如是內色身所生受心法名內受心法。外身者，謂外非有情數色身，依彼所生受心法名外受心法。內外身者，謂他有情色身。依彼所生受心法名內外受心法。

此四念住以何爲自體？謂慧及念，是此自體。於身等循觀得念住故。或於身等住念而循觀故。慧謂依身等增上聞思修慧。由此慧故，於一切身受心法一切相，正觀察，正推求，隨觀隨覺。念謂依身等增上受持正法，思惟法義，修習作證，於文於義修作證中心無忘失。若審思惟我於正法爲正受持爲不爾耶？於彼彼義慧善了達爲不爾耶？善能觸證彼彼解脫爲不爾耶？如是審諦安住其念，名爲念住。是故念住慧念爲體。即彼念慧，俱時相應心心所等爲彼助伴。

此四念住云何修習？謂住念於身修循身觀，乃至住念於法修循法觀。言於身等循身等觀者，謂以分別影像身等，與本質身等，平等循觀。於身等境循觀身等相似性故，名於身等修循身等觀。由循觀察分別影像身等門，審諦觀察本質身等，故云何觀察？謂觀身不淨，觀受是苦，觀心無常，觀法無我。觀身不淨者，審觀此身，由毛髮血肉等諸不淨物所集成故，體唯不淨。死亡變壞膖脹青瘀，乃至骨鎖，故一切不淨。是爲觀身不淨。觀受是苦者，觀察諸受三苦攝故。苦苦，壞苦，及以行苦，一切是苦。觀心無常者，觀察諸識，依緣差別，念念變異故。謂隨境界作意別故，心生差別。或時起貪心，或起離貪心。或時起瞋心，或起離瞋心。或起有癡心，或起離癡心。或起略心，或起散心，或下，或舉，或掉，或不掉，或時寂靜，或不寂靜。如是等心起滅不恆，轉變代謝，刹那刹那，曾無暫息，是謂觀心無常。觀法無我者，我謂主宰，作用自在。由善了知善法煩惱，是善惡業等起因故。諸法待緣而生起故。唯有諸法，唯有諸緣，無有主宰，無有作用，無有自在。但隨衆緣有諸法生。由是而有各別功能，造諸業等。是故無我。是謂觀法無我。又由身念住，觀察苦諦。所有色身，皆行苦相，麤重所顯故。由受念住觀察集諦。以樂等諸受，是和合愛等所依處故。謂樂受爲和合愛依處，苦受爲別離愛依處，捨受爲愚癡愛依處。由愛故集起諸苦。是故於受觀察集諦。由心念住，觀察滅諦。觀離我識，當無所有，懼我斷門生涅槃怖，永遠離故。謂執有我者，彼於涅槃生大怖畏。以爲涅槃，我斷滅故。今觀於識本非是我，生是心生，滅是心滅，原無有我，云何斷滅耶？知無所滅，乃證滅諦。是謂由心念住，觀察滅諦。由法念住，觀察道諦。爲斷所治法，修能治法故。謂諸煩惱是所治，善法是能治，是應離斷，是應修習故。是謂由四念住觀察四諦。

此四念住修果云何？斷四顚倒，趣入四諦身等離繫，是此修果。謂於身等善能觀察不淨，無常，苦，無我故，便能對治常樂我淨四種顚倒。佛爲此故，說修念住。又由於身等善能觀察苦等故，趣入四諦。又此四種，如其次第，能證得身受心法離繫果，由此修習漸能遠離身等麤重故。

四正斷者，謂於諸已生惡不善法，爲令斷故，於諸未生惡不善法，令不生故；於其未生一切善法爲令生故；於其已生一切善法，爲欲令住，令不忘失，令修圓滿，令倍修習，令其增長，令其廣大故，生欲策勵，發勤精進，策心持心。是爲正斷。初於已生惡不善法生欲策勵，乃至策心持心令得斷故，名律儀斷。由修律儀，令彼斷故。次於已生惡不善法，生欲策勵，乃至策心持心，令不生故，名斷斷。由本未生，爲斷故斷故。第三於其未生善法，生欲策勵，乃至策心持心，令得生故，名修斷。修習善法，令其現前，能有所斷故，第四於其已生善法，生欲策勵，乃至策心持心，令住不忘，圓滿廣大，故名防護斷。由不放逸，防護退失，得增廣故。是爲四正斷。前二是所斷，後二是能斷。能斷所斷，總名斷故。

四正斷所緣境者，謂卽未生已生，所斷能斷法。由緣已生惡不善法爲境，令斷故，緣未生惡不善法爲境令不生故，緣未生善法爲境令生故，緣已生善法爲境令增長故。

正斷自體者，謂精進。境界雖有四種，能修能斷者，唯是精進故。故四正斷，又名四正勤。約體名正勤，約用名斷故。

正斷助伴者，謂彼相應心心所法。

正斷修習者，謂生欲故策勵故發勤精進故策心故，持心故，是爲正斷修習。謂修斷者，先於所斷能斷諸法應生令斷令生等欲。欲爲依止故發正勤正勤者是卽策勵，精進。策勵精進此二別者，謂一正勤於不善法，諸緣不現見境而起者，或緣下中品纏起者，及由分別力而起者，於其已生令斷未生不生故名策勵於緣現見境而起者，或緣上品纏起者，及由亦境界力亦分別力而起者，於其已生令斷，未生不生故名發勤精進。又於已得善法令現前故，令住令不忘故；又於下品中品善法未生令生，已生令住不忘故名策勵於未得善法令得故令修滿故；又於上品善法未生令生，生已乃至令修圓滿故，是名發勤精進。策勵者用力較微，發勤精進，用力更猛，策勵振作心志爲防放逸。精勤正斷正修猛勇加行也。是爲此二差別，體唯是一，於其策勵名爲策勵，於其精勤名精勤也。策心者，謂若心於修奢摩他一境性中精勤方便，令能所治法生不生等，由是因緣，其心於內極略下劣；觀見是已，爾時隨取一種淨妙舉相，殷勤策勵，慶悅其心，是名策心。持心者，謂修舉時，其心掉動，或恐掉動；觀見是已，爾時還復於內略攝其心，修奢摩他，是名持心。彼由如是生欲策勵發勤精進策心持心故，令於正斷修習圓滿。

正斷修果者，謂盡棄捨一切所治法，於能對治法若得若增，隨應可知。

四神足者，一、欲三摩地斷行成就神足；二、勤三摩地斷行成就神足；三、心三摩地斷行成就神足；四、觀三摩地斷行成就神足。

若於是時純生樂欲，生樂欲已，於諸惡不善法自性因緣過患對治正審思察，起一境念；於諸善法自性因緣功德出離正審思察，住一境念；卽由如是多修習故，觸一境性。是名欲三摩地。以由欲增上所得故。

若於過去未來現在所緣境界，能順所有惡不善法，能順所有下中上品煩惱纏中，未生令不生故，已生爲令斷故，自策自勵，發勤精進，於彼所緣境界自性因緣過患對治，正審思察，住一境念，卽由如是多安住故，能正生起心一境性，是名勤三摩地由勤增上力所得故

若復策發諸下劣心，或復制持諸掉舉心，又時時間修增上捨，由是因緣於諸惡不善法若順彼法，及諸善法若順善法，自性，因緣，過患，功德，對治，出離，正審思察，住一境念；卽由如是多安住故，能正生起心一境性，是名心三摩地，由心增上力所得故

若於能順惡不善法作意思惟爲不如理，復於能順善法作意思惟以爲如理，如是遠離彼諸纏故，及能生起諸纏對治定爲上首諸善法故，能令所有惡不善法皆不現行；便自思惟：我今爲有現有惡不善法不覺知耶，爲無現無惡不善法不覺知耶，我今應當偏審觀察，彼由觀察作意增上力故，自正觀察斷與未斷，正審思察，住一境念。卽由如是多安住故，能正觸證心一境性，由是因緣，離增上慢，如實自知我唯於纏心

得解脫，未於隨眠心得解脫；得纏對治，未得隨眠對治。是名觀三摩地。以由觀增上力所得故。

云斷行者，謂八斷行。爲欲永害諸隨眠故，爲三摩地得圓滿故，差別而轉。八斷行者，一欲，謂起希望樂欲，我於何時修定圓滿，我於何時能斷隨眠。二者正勤，謂修對治不捨加行。三者信，謂於上所證深生信解。四者安，謂由正勤心得定故，生起輕安有所堪能，息諸麤重。五者念，謂奢摩他九種住心。六者正知，謂毗鉢舍那品慧。七者思，謂心造作發起能順止觀二品身業。八者捨，謂行三世隨順諸惡不善法中心無染汙心平等性。由二因緣，於隨眠斷分別了知，謂由境界不現見思，及由境界現見捨故，是名八種斷行。——如是八種斷行，即是爲害隨眠瑜伽。此中欲勤信，即彼欲勤信安念正知，思捨，即彼方便。——又辨中邊論云：此八斷行，能除五失。頌曰：懈怠忘聖言，及惛沈掉舉，不作行作行；是五失應知。爲斷除懈怠，修欲勤信安，即所依能依，及所因能果。爲除餘四失，修念智思捨，記言覺沈掉，伏行滅等流。論曰：爲滅懈怠修四斷行，一欲，二正勤，三信，四輕安；如次應知卽所依等。所依謂欲，勤所依故。能依謂勤，依欲起故。所因謂信，是所依欲生起近因。若信受彼便希望故，能果謂安，是能依勤近所生果。勤精進者，得勝定故爲欲對治後四過失，如次修餘四種斷行：一念，二正知，三思，四捨。如次應知，卽記言等。記言謂念，能不忘境記聖言故。覺沉掉者，謂卽正知，由念記言便能隨覺惛沉掉舉二過失故。伏行謂思，由能隨覺沉掉失已，爲欲伏除發起加行。滅等流者，謂彼沉掉既斷滅已，心便住捨平等而流。義略異瑜伽，而理極明析，故附此焉。

云神足者，世殊勝法，說名爲神。彼能到此，說名神足。四三摩地，由八斷行之所修治，令得圓滿，淸淨鮮白，無諸瑕穢，離隨煩惱，安住正眞，有所堪能，獲得不動，能往能還，騰躍勇健，能得能證出世間法，及能發起種種神通功德聖法，神通，是最勝神。彼能證此，故名神足。四三摩地，由八斷行乃得成就，如是神足，是故說名欲三摩地斷行成就神足，乃至觀三摩地斷行成就神足。

四神足義已備詳釋，所緣諸門一切應知。謂出世間法神變等境，是此緣境，三摩地者，爲此自體。欲勤心觀及彼相應心心所等是此助伴、八種斷行，是此修習。由修斷行，成神足故、能發神通及諸勝法，又能對治隨眠，順生出世間法，是此修果。——此中對治隨眠生出世間法，依當來說。見道已後，神足如是。如資糧位未便能爾以三十七菩提分皆通漏無漏故、資糧亦修八正道，修道猶起四念住故、

言五根者，謂信根精進根念根定根慧根。

何故名根？增上義故名根。於何增上？謂此五根，於出世間法爲增上。又信勤等前前於後，並爲增上。謂信於精進念定慧爲增上，勤於念定慧爲增上，念於定慧爲增上，定於慧爲增上，慧但於出世間法爲增上。謂由信等發起引生勤等，乃至慧證出世得解脫故、以是增上引生義故，說名爲根。

此五根所緣境者，謂四聖諦。由諦現觀加行所攝作此行故、五根自體者，謂各別以自信勤念定慧爲體。五根助伴者，謂彼相應心心所等。五根修習者，謂信根於諸諦起忍可行，修習於他大師弟子所證深心勝解起淨信故。精進根，於諸諦生忍可已，爲

覺悟故，起精進行修習。念根於諦發精進已，起不忘失行修習。定根於諸諦既繫念已，起一境性行修習。慧根於諸諦心既得定，起簡擇行修習。五根果者，謂能速發聖諦現觀。由此增上力不久能生見道故。又能修治煖頂，引起世第一法，卽現此身已入順決擇分位故。

五力者，謂卽五根，由後後修習勢力增盛，但能毀滅所對治障，不爲所治煩惱之所屈伏，故轉名五力。所緣自體助伴修習一切如五根說。然果有差別，謂能損減不信等障，具大威勢，摧伏一切魔軍勢力，能證一切諸漏永盡故。

七覺支者，謂念，擇法，精進，喜，安，定，捨。諸已證入正性離生補特伽羅，如實覺慧用此爲支，故名覺知。此七覺支，三品所攝，擇法，精進，喜觀品所攝，安，定，捨，止品所攝，念俱品攝，念爲所依支，由繫念故，令諸善法皆不忘失。擇法是自體支，此卽是慧覺自相故。精進爲出離支，由此勢力，能到所到故。喜是利益支，由此勢力，身調適故。安定捨是不染汙支，由安故不染汙，以能除麤重過故；依定故不染汙，依止於定得轉依故；捨是不染汙體，永除貪憂不染汙位爲自性故。由是因緣覺支有七。

七覺支所緣境者，謂四聖諦如實性。如實性者，卽是勝義，淸淨所緣故。謂四聖諦有其二種。一言敎所攝，卽聞思加行之所緣境。此由聖者安立施設。爲入實性，方便修習。二者實性所攝，是見修道無漏無分別智之所緣境，永離一切差別戲論相故。由實證彼，乃能斷惑證果故。此七覺支，是見道故以諦實性爲所緣也。覺支自體者，謂卽念，擇法，精進，喜，安，定，捨也。覺支助伴者，謂彼相應心心所等。覺支修習者，謂依止遠離，依止無欲，依止寂滅，迴向棄捨，修念覺支。如念覺支，乃至捨覺支亦爾。謂緣苦體爲惱苦時，於苦境界必求遠離，故名依止遠離修。若緣愛相苦集爲苦集時，於此境界必求離欲，故名依止離欲修。若緣苦滅爲苦滅時，於此境界必求作證，故名依止寂滅修。棄捨者，謂趣苦滅行，由此勢力棄捨苦故。是故若緣此境時，於此境界必求修習，故名迴向棄捨修。如次，卽緣四諦爲境修習覺支。覺支修果者，謂見道所斷煩惱永斷。

八聖道支者，謂正見，正思惟，正語，正業，正命，正精進，正念，正定。諸聖有學，已見迹者，由此八支攝行迹正道，能無餘斷一切煩惱，能於解脫究竟作證，是故名爲八支聖道。此八道支三蘊所攝，謂正見正思惟正精進慧蘊所攝。正語正業正命戒蘊所攝。正念正定，定蘊所攝。

正見者，謂覺支時所得眞覺，若得彼已，以慧安立如證而覺，總略根本後得二智，合名正見。正思惟者，謂由正見增上力故所起出離無恚無害分別思惟，名正思惟。正語者，謂心趣入諸所尋思，彼唯尋思如是相狀所有尋思；若心趣入諸所言論，即由正見增上力故，起善思惟，發起種種如法言論，是名正語。正業者，謂如法乞求衣服飲食諸坐臥具病緣醫藥，供身什物，於追求時若往若還，正知而住；若覩若瞻，若屈若伸，若持衣鉢，若食若飲若噉若嘗，正知而住；或於住時，若行若住，若坐若臥，若修悎寤，若語若默，乃至解於勞睡，正知而住，是名正業。正命者，謂如法追求衣服飲食乃至什物，遠離一切起邪命法，是名正命。正精進者，謂依止正見及正思惟正語業命，勤修行者所有一切欲勤精進，出離猛勇，勢力發起，策勵其心，相續無間，名正精進。成就如是正精進者，由四念住增上力故，得無顚倒九種行相所攝正念，能攝九種行相心住，是名正念及與正定。

如是八正道合立六支，謂正見爲分別支，如先所證眞實揀擇故。正思惟者，是誨示他支，如其所證方便發言誨示他故。正語業命，是令他信支，如次令他於證理者信有見戒，正命淸淨性故。謂由正語故，隨自所證，善能問答論議決擇，由此了知有見淸淨。由正業故，往來進止，正行具足，由此了知有戒淸淨。由正命故，如法乞求佛所聽許衣鉢資具，由此了知有命淸淨。正精進者，是淨煩惱障支，由此永斷一切結故。正念者，是淨隨煩惱障支，由此不忘失正舉止相等，永不容受沈掉等隨煩惱故。正定者是能淨最勝功德障支，由此引發神通等無量勝功德故。

此八聖道支所緣境者，謂卽覺支後時四聖諦如實性，由見道後所緣境界，卽先所見諸諦如實性爲體故。道支自體者，謂卽正見等八道支。助伴者，謂彼相應心心所等。道支修習者，如覺支說。謂依止遠離，依止無欲，依止寂滅，迴向棄捨修習正見，乃至廣說。如是諸句義，如上應知。道支修果者，謂分別，誨示他，令他信，煩惱障淨，隨煩惱障淨，最勝功德障淨，乃至卽由此故斷修所斷一切煩惱，於出世道究竟成辦，得阿羅漢。此爲修果。

修習次第者，出世間道共有五位，一資糧位，二加行位，三見道位，四修道位，五究竟道位。資糧道者，爲求解脫集積資糧。此亦名爲順解脫分，由彼資糧順趣解脫故。既積資糧，當起加行，爲入見道猛勇加行故。卽此又名順決擇分。決謂決斷，擇謂簡擇。決斷簡擇，謂諸聖道，以諸聖道能斷疑故，及能分別四諦相故。是卽見道。由四加行，順趣見道，故名順決擇分。見道位者，謂由加行，得出世間無漏眞智，於諦實性最初證得，故名見道。修道位者，見道已後，爲斷餘惑，發起正行，數數修習眞實智故。究竟道者，謂修道已畢，斷惑無餘，證果圓滿，故名究竟位。此三十七菩提分法，資糧位中最初修習念住，正斷，神足。次於加行道中修五根，五力。次見道位，修七覺支。次修道位，修八正道。由此得入於究竟位。於此位中，不更修習。唯有無漏聖道相續等流，故名無學。以無未學，

可當學故

云何修習菩提分法如是次第？謂修行者，最初當於所緣境界得正觀察，遠離顛倒。於應緣境安住其心。如此方能離顚倒，修不入歧途，心不妄緣，得正安住。是故最初，修四念住。既能住心於應緣境正慧觀察離顚倒已，如此便當勇猛精勤，修習對治。於所治法未生令其不生，生者令其得斷，於能治法，未生令生，已生令得增上廣大。故次修習四種正斷。既能如是修正斷已，惡法日損，善法日純。如是便能得三摩地。爲令圓滿，能於勝法多所作故，修八斷行，成四神足。是故次修四種神足。由得神足，便能生起出世間道，增上五根。故次修五根。五根熾盛，能伏煩惱，不爲一切煩惱所伏，是名爲力，故次修五力，由五力故，伏煩惱已，出世聖道眞實覺慧方得現生，故次修七覺分。已得覺分出世聖道，斷一分惑已，爲斷餘惑及證究竟，故依眞慧修八聖道，故次修八聖道。修究竟，故得果究竟，從此便入無上果位，涅槃解脫。設不先於所應緣境得正觀察遠離顚倒安住其心，卽於境界迷惑，心顚倒生。如是尙於所治能治不能了知，如何能得四正斷耶？正斷不起，則善惡紛乘，如斯何能得三摩地？定之不得，如何能有四神足耶？神足不起卽無由起出世聖道增上五根。根無力無，故卽不能伏除煩惱引眞覺慧。由無眞覺，依何由何修習聖道？聖道不修，何由證果？故三十七菩提分法，修習次第，先後如是。然但可說由修前故引後勝法，而不可說修後法故便不修前。前前由後後轉增勝故，故修道中，有念住等。而念住等，通漏無漏。必如是引生，不如是棄捨菩提分修，如是如是。

修果第十

出世間道，修有修果。果復四種：謂預流果，一來果，不還果，阿羅漢果。以位分別，名初，二，三，四果。

初預流果。何名預流？依何道得？彼果相狀復如何耶？

云預流者，流謂聖流，出世聖道能趣涅槃故名聖流，預是入義，初入聖流，名預流也。

依初見道得預流果。由斷分別我執隨眠成預流果。由先未離欲界貪故，今得見道，粗重永息。又由證得諦現觀故，獲得四智：謂於一切若行若住諸作意中，善推求故，得唯法智得非斷智得非常智得緣生行如幻事智。若行境界，由失念故，雖起猛利諸煩惱纏，暫作意時，速疾除遣。又能畢竟不墮惡趣，終不故思違越所學。乃至傍生，亦不害命。終不退轉棄捨所學。不復能造五無間業。定知苦樂非自所作，非他所作，非自他作，非非自他無因而生。終不求請外道爲師，亦不於彼起福田想。於他沙門婆羅門等，終不觀瞻口及顏面。唯自見法，得法知法，證法源底，越度疑惑。不由他緣，於大師敎，非他所引。於諸法中，得無所畏。終不妄計世瑞吉祥以爲淸淨，終不更受第八有生。——由是預流，又名極七有。謂至多不過受七有生故。具足成就四種證淨。——於佛，法，僧，及戒證淨。是爲預流果相。

次一來果。何名一來果？依何道得一來果？一來果相復如何耶？

一來者，謂於人天往返生死，一往一來便證第四阿羅漢果，故名一來。依初見道及依修道俱得此果。依見道得者，謂見道前修世間離欲道，已能倍離欲界貪者——云倍離欲界貪者，謂已離欲界上品中品貪，今入見道成一來果。依修道得者，謂預流果如所得道，更數修習，永離欲界上品中品諸煩惱已，得一來果。如預流果所有諸相，一來亦爾。然少差別，謂若行境界，於能隨順上品猛利煩惱纏處，由失念故，暫起微劣諸煩惱纏，尋能作意速疾除遣，唯一度來生此世間，便能究竟作苦邊際。

三不還果。何名不還，依何道得？不還果相復如何耶？

言不還者，謂已具斷欲界上中下三品貪，不復還來生此欲界，故名不還果。此依見道修道俱得。見道得者，謂見道前，依世間離欲道已離欲界貪，今入見道，得不還果。修道得者，謂一來果爲斷欲界下品惑故，進修聖道，由此得斷彼下品惑已，得不還果。此果相狀與前世間道離欲者相，當知無異。然少差別，謂當受化生，即於彼處，當般涅槃，不復還來生此世間——謂世間道離欲者未斷欲界隨眠，彼於上界受報盡已還

復來生此欲界故，

四阿羅漢果。何名阿羅漢？依何道得阿羅漢？阿羅漢果相復如何耶？

云阿羅漢者，此方義名應。應者，契當之義。應斷煩惱故，應受供故，應不復受分段生故。總以三義名阿羅漢。此果唯依修道究竟時得，無見道得者。見道無能頓斷三界煩惱九品隨眠故。設已盡離色界欲者，彼依無色乃至有頂觀力微薄，無決擇力可修加行成見道故。故有已離欲界欲勤修加行得諦現觀成不還者，無離色界貪修諦現觀得見道已頓成阿羅漢果者也。　此阿羅漢永害三界一切煩惱麤重種子。其心於彼究竟解脫。證得畢竟種性清淨。於諸煩惱究竟盡中發起盡智，由因盡故，當來苦果畢竟不生，卽於此中起無生智。具足成就十無學法，謂無學正見，正思惟，正語，正業，正命，正精進，正念，正定，正解脫，正智。——如是十法名爲無漏五分法身，謂戒蘊，定蘊，慧蘊，解脫蘊，解脫智見蘊。亦名無漏五蘊，與諸有情五取蘊身根本差別。此阿羅漢於諸住中及作意中，隨心自在，隨所樂住，或聖——空住，無願住，無相住，滅盡定住，名聖住。

或天，——靜慮，無色，名爲天住。或梵住中，——慈住，悲住，喜住，捨住，名爲梵住。卽能安住，隨樂思惟所有正法，能引世出世間諸善義利，卽能思惟。　又於爾時至極究竟畢竟無垢。畢竟證得梵行邊際。離諸關鍵，已出深坑，已度深塹，已能摧伏彼伊師迦，是爲眞聖——西方有高峻山名伊師迦，喻有頂惑也——摧滅高幢。——喻我慢也——已斷五支，成就六支。一向守護四所依止。——依法不依人等四依。——最極遠離，獨一諦實，棄捨希求。無濁思惟。身行猗息。心善解脫，慧善解脫。獨一無侶。正行已立。名已親近無上丈夫。具足成就六恆住法，謂眼見色已，無喜無憂，安住上捨，正念正知。如是耳聞聲已，鼻齅香已，舌嘗味已，身覺觸已，意了法已，無喜無憂，安住上捨，正念正知。彼於爾時，領受貪欲無餘永盡，領受瞋恚無餘永盡，領受愚痴無餘永盡。彼貪嗔癡皆永盡故，不造諸惡，習近諸善。其心猶如虛空淨水，如妙香檀，普爲一切天帝天王恭敬供養。住有餘依般涅槃界。度生死海，已到彼岸，亦名住持最後有身。先業煩惱所引諸蘊自然滅故，餘取無故，不相續故，於無餘依般涅槃界而般涅槃。此中都無般涅槃者，如於生死無流轉者。唯有衆苦永滅寂靜，清涼滅沒。唯有此處最爲寂靜。所謂棄捨一切所依，愛盡離欲永滅涅槃。　又阿羅漢苾芻諸漏永盡，不能習近五種處所。一者不能故思殺害諸衆生命，二者不能不與而取，三者不能行非梵行習淫欲法，四者不能知而妄語，五者不能貯蓄受用諸欲資具。又亦不能妄計苦樂自作，他作，自他俱作，非自他作無因而生。又亦不能怖畏一切不應記事。又亦不能於雲雷電霹靂災雹及見種種怖畏事已，深生驚怖，諸阿羅漢果有如斯等相。總略言之，世間一切所應斷者，一切已斷。出世一切所應作者，一切已作。遠離世間一切過失，一切貪憂。亦且不能作諸過失，起諸貪憂。唯有清淨法性，最上解脫，恆常安住寂滅涅槃。是謂阿羅漢果。一切聲聞厭怖生死，於此上果，常住樂欲，勤修證得。是爲出世間學修道證果。

出世間道唯證如是阿羅漢果耶？曰：亦證辟支佛果，亦證無上大菩提果。謂有獨覺種性有情，先經百劫，於佛處所親近承事，專心求證獨覺菩提，於蘊，界，處，緣起，處非處善巧，及諦善巧，勤修學故，積集資糧；後於無佛世，獨一無侶，無師自能修三十七菩提分法，證法現觀，得獨覺菩提果。或有於佛處所積集資糧，已修加行；後生無佛世，無師自能證法現觀，得沙門果；或有於佛處所積集資糧，發起加行，並得現觀，得沙門果；後生無佛世，自證獨覺菩提。是爲辟支佛。三種辟支佛中，初名麟角喻，第二第三名獨勝部行，樂處孤林，樂獨居住，樂甚深勝解，樂觀察甚深緣起道理，樂安住最極空無願無相作意，是爲麟角喻。獨覺部行喻者，不必一向樂處孤林，樂獨居住；亦樂部衆共相雜住，是故名部行喻。

所以名聲聞者，謂必聞佛聲敎，始能證得阿羅漢果故。所以名獨覺者，既積資糧，或已修加行，或見道已，後於無佛世，能獨成菩提故。當知聲聞性是下根，獨覺性是中根。此二皆以自求出離爲究竟，故佛法通稱之爲小乘。諸大菩薩，自他兼利，所有一切胎生，卵生，濕生，化生，有色，無色，有想，無想，非有想非無想，誓皆令入無餘涅槃而滅度之者，是謂大乘也。大乘道果，四篇大菩提論中當廣宣說。如是出世間學，又名解脫道論，依聲聞地專論出離煩惱業苦解脫道故。

跋

恩洋初到內院，治唯識學。數年之間，於法相般若，眞實了義，甚深意趣，以聞思力，略謂都可通達。獨於行果未深推求。每讀瑜伽聲聞地等，便覺扞格不易悟入。歸來抱病，遂廢聞業。一切經論，皆無力讀。偶翻聲聞地，乃興味悠然，不能釋手。雖病不能多讀，久之遂讀數徧，身心踊躍，喜樂無邊。方知出世間道，條理方法，階序井然。調練身心善巧如是。涅槃解脫，眞實可期。三明六通，一切不妄。獨恨宋明儒者不克讀之，遂使主敬主靜，格物致知，紛紜諍訟，數百餘年。使能窺入如來之門，得見宗廟之美，百官之富，則一切謗議不作，而行歸中道矣。更歎宋明而後學佛者，局於禪宗淨土，而於瑜伽修行方便，證果資糧，九止六觀，四禪八定，三慧三學，證諦現觀，一切弗思，一切弗學。成已斯難，況云濟世？或有以教義相衡，則反謂墮落語言，數人珍寶，義學小乘，眞乘弗貴也。夫三慧之序，由聞而思，由思而修。親近善友，聽聞正法，而後可以如理作意，法隨法行。順抉擇分，四加行位，煖頂忍後，世第一法，於意言境，審決尋求，如理如量，精勤觀察。然後乃捨言觀義，捨境緣心。最後心境兩空，證無所得。修行次第，善巧如斯，云何可廢？譬如行遠，必自邇，譬如登高必自卑。涉重洋者，必仗舟揖，爲夜遊者，必賴明燈。今捨棄大敎，空談修行。聖言不依，依自妄識。方便之門塞，覺慧之光滅，而乃欲度長夜，證無上覺，是誠倒果爲因，流弊所至鮮有免於盲修瞎證者也。今夫離言空性，證之難，而言之則易。瑜伽義海，求之若不易易，行之則次第有功。今捨其可行者，而恣談其易言者，是誠所謂捫象索空，說食不飽者也。雖千餘年來，不無高德由彼而入者。然麟角證覺，自具資糧菩薩現化，各隨機感。不可以概律一般人也。自宋明儒學興，而斥佛法爲空虛無用大而無當之學，寧非學佛者自取之咎哉？而叢林寺宇，積弊相承。義學不興，宗門亦倒。空有佛敎之名，而亡其實。時當今日，固不得不改弦而更張之也。余自習唯識般若之敎，而後知西洋東土之談哲理治玄學者，一切皆妄；唯佛法乃實證其眞。余自閱瑜伽聲聞地世出世間資糧加行作意現觀之道，而後知宋明儒者，禪淨諸宗乃至一切外道之修持，皆缺而不全，偏而不中，不偏不賅，一曲之學也。眞欲得身心之對治出三界之雜染，而證淸涼寂靜之境者，捨斯正法，其誰與歸？抑結論易得，方法難求。唯識般若既深闡諸法實性，而瑜伽大論乃備言其方法。苟無方法，實證難期。實證不可期，則安知乎所謂三界九地，菩提涅槃，萬法唯識，五蘊皆空之非同宗敎哲學之周徧計執也？余自讀聲聞地，乃於佛法，益倍堅固其至誠倚任之信心。所以者何？佛法之可信，非但其說理之圓滿而已矣。其功夫之嚴密，方法之詳盡，修證之玄深，攝機之普徧，條理始終，確乎不易，是非量超三界，學竟三乘，正徧覺知，明行圓滿之薄伽梵，而能道其片詞隻字，彰明顯著若是，以敎人者哉？！由是而後，不但信實有此理，又信實有實證此理之道焉。而後於佛法永無疑惑，永不退轉矣。今編出世間學，是以裒集其義，以正告天下之學佛者。勉之哉！遵是而行，决出三界可無疑也。餘多要義，有未盡述者，幸取大論原文熟讀深思之。洋愧知之而未行之。未得實證，遂騰口說，然表彰聖言，以開愚昧，是亦自未得度而先度他之意也。陽明有云，凶年饑歲，忽得嘉種，自未種植，分以與他。同情所驅，未可以汝既未行，何以敎人爲病也。區區之心，亦復如是。或復謂大乘了義，慈悲無畏聲聞獨覺厭世自私。方今時衰道喪，正當提倡大乘之教，以拯濟世間。出世之學，宜非所重。而乃詳述出離之學，勸人行修意者其非應病之藥乎？曰否。菩薩發心，普濟一切。濟一切者，非復一道。是以外道書論，尚可詳求。於佛法中何一可廢？是以誹謗聲聞乘教，犯菩薩戒，苟不知此，不能攝受此種有情故。故三乘教，皆應善巧。既自修學，亦教他故，又必能自度，方可教他淨行淨惑，止觀作意，是皆自度之道，與諸聲聞等應修學。苟此不知，攝心無術。熾貪嗔癡，增煩惱病。惛沈掉舉，散亂縱逸。軌範不立，何以教他歟？今之肆言大乘而不生人敬信，反滋謗毀者，無亦德之不立，其所以自修者無術耳。故吾今所言，乃不但為聲聞種性有情言之，乃實欲諸發菩提心，修大士行者，從此鞭辟近裏，眞實求己，庶乎致曲有誠，明著變化，有以感動乎有情，而不空騰口說矣已若夫大士之行，原不止此。詳其廣大，請俟下篇。癸酉年六月初一日識於龜山書房。

本篇跋中有批評禪淨語，余非輕毀禪淨者，言其弊耳。余於禪淨有深切之愛重心。以爲爲禪宗修己之深切，淨土攝機之普徧，皆爲學佛者所當崇敬。且禪重實證，淨求往生，學不求證，是說食也。不期淨域，將何歸耶！故學到證時，皆是禪，學到果時，皆是淨。特證必有其資糧，果必有其功德。資糧不具而求證，是謂盲參。無其功德而望果，是謂僥倖。故余人之重敎理勤方便者，爲求實證也，爲求實果也。昔者余告友人曰，念佛者不但念其名字而已，當念佛之發願而同彼發願，當念佛之修行而同其修行，念佛之敎理而實際聞思，念佛之果德而眞切求證。如是則行事處心，言語動作，無處無時非學佛者。是謂眞實念佛。眞實念佛者，功行必備，往生可期，亦且能得上品上生。經中所謂不得以少善根福德而往生者是也。昔在隋唐，敎理盛興，學者不免徒事誦習，耽著文字之弊。故宗門不立語言，直指本心，見性成佛。然諸大德除六祖示現目不識丁，餘多學問廣博，聞思深沈者也。故能實參實證，有所成就，今日敎衰學微，人根轉劣，誰具知見，可受棒喝者乎？故於禪悟眞實有得之善知識，亦以興學爲當務之急也，而學莫備於瑜伽，切莫切於聲聞地。茲篇所述，願與天下學者共奉行之，

國家圖書館出版品預行編目資料

人生之實相：人生學. 上 / 王恩洋著. -- 1 版. -- 新北市：
華夏出版有限公司, 2023.03
面； 公分. -- （Sunny 文庫；249）
ISBN 978-626-7134-32-0（平裝）
1.CST：佛教修持 2.CST：人生哲學

225.87 111010026

Sunny 文庫 249
人生之實相：人生學（上）

著　作　王恩洋
印　刷　百通科技股份有限公司
電話：02-86926066 傳真：02-86926016
出　版　華夏出版有限公司
220 新北市板橋區縣民大道 3 段 93 巷 30 弄 25 號 1 樓
電話：02-32343788 傳真：02-22234544
E-mail：pftwsdom@ms7.hinet.net
總 經 銷　貿騰發賣股份有限公司
新北市 235 中和區立德街 136 號 6 樓
電話：02-82275988 傳真：02-82275989
網址：www.namode.com
版　次　2023 年 3 月 1 版
特　價　新台幣 680 元 (缺頁或破損的書，請寄回更換)

ISBN：978-626-7134-32-0

《人生之實相》由佛教書局授權華夏出版有限公司出版